고전의 배후

춘추、비루한 왕들의 카니발

리징쩌
李敬澤

김태성
옮김

〔 古典的背後 〕

고전의 배후

춘추、비루한 왕들의 카니발

글항아리

춘추에 펼쳐진 고대의 풍경

'춘추春秋'라는 단어는 '춘春'과 '추秋'의 합성으로 이루어진다. 상고시대 황하黃河 유역은 기후가 온난했다. 중국에서 가장 오래된 문자인 갑골문甲骨文에서는 아직까지 '하夏' 자와 '동冬' 자가 발견되지 않았다. 따라서 '춘추'라는 단어가 소생과 쇠락을 의미했음을 알 수 있다. 이 단어는 원래 1년의 시간을 의미했지만 점차 한 해를 왕복 순환하는 자연을 의미하게 되었다.

당시 중국의 사학자들은 궁정의 사관史官으로서 연월年月을 기준으로 간략하게 인간세계의 대사를 기록했다. 이러한 편년사를 통상 『춘추』라고 불렀다. 인간의 활동과 인간의 역사가 의미심장하게 자연의 질서에 수용된 것이다.

대략 기원전 11세기에 해당됐던 주周 왕조는 여러 분야에

서 중국 문명사의 단초를 만들었고 결정적인 입법자 역할을
했다. 이 왕조는 문명을 창조하여 발전시켰고 제후들을 분
봉하는 방식으로 권력을 황하 중하류, 장강長江 중류의 광대
한 영역으로 확대했다. 물론 이 시기의 문명은 우리에게 익
숙한 진秦 왕조에서 청淸 왕조에 이르기까지의 통일 제국이
아니었다. 주왕과 제후들의 관계는 유럽 중세기의 국왕과 귀
족 영주들의 관계와 크게 다르지 않았다. 정교하고 세심하
게 직조된 씨족과 종족의 그물을 통해 주왕은 천하의 종주宗
主로 공인되었다. 이것이 정치의 합법적인 근원이다. 그의 또
다른 칭호는 '천자天子'였다. 하늘의 아들이라는 뜻이다. 이는
그가 지고의 도덕적, 문화적 권위를 지녔음을 의미한다. 왕
조 초기의 섭정왕이었던 주공周公은 플라톤의 꿈을 완벽하게
실현했다. 중국의 이 '철인왕哲人王'은 아주 복잡하고 후대 사
람들이 가장 아름답고 완벽한 것으로 추앙하며 회고하는 예
악제도를 설계했다. '예禮'는 인간과 인간의 교류의 의식이자
규칙이고 '악樂'은 '예'에 상응하는 시와 음악, 춤이었다. 그래
서 이 왕조를 유지해주는 것은 권력이자 도덕이며 예의와 예
술일 수 있었다.

　하지만 서쪽 오랑캐들과의 충돌에서 굴욕과 실패를 경험
한 뒤로 주왕은 겁을 집어먹고 나약하게 자신의 권력 기반을
포기해버린 뒤 기원전 770년에 나라의 도읍을 지금의 시안西
安 부근에 있는 관중關中평원에서 동쪽인 지금의 허난河南 뤄
양洛陽으로 이전했다. 그리고 이 천도한 왕조를 동주東周라 칭

했다. 이 일이 있기 전에도 주왕은 이미 각 제후국에 대한 권위와 영향력을 점차 잃어가고 있었고 동천으로 인해 철저하게 하나의 상징적 부호로 전락했다.

지금 우리가 읽고 있는 편년사 『춘추』는 노魯나라 사관들이 편찬한 것으로서 동주 이후 얼마 지나지 않은 기원전 722년부터 시작하여 기원전 468년까지의 서사를 펼치고 있다. 이런 이유로 이 시대에 붙여진 이름이 춘추시대. 중국 고대에 사람들은 이 『춘추』를 통상 『춘추경春秋經』이라고 부르면서 공자가 이 책에 대해 정리와 수정 작업을 진행했을 것이라고 확신했다. 공자는 노나라 사람이긴 하지만 현시점에서 그가 『춘추』를 수정했는지 여부는 실증할 수도 없고 진위를 판단할 수도 없는 문제다. 『춘추』가 중국 문명의 가장 중요하고 기본적인 경서 가운데 하나인 이상, 이런 사실의 진위를 가릴 수 없다 해도 일단 믿어두는 게 바람직할 것이다. 『춘추』가 공자와 관련되어 있다는 것은 분명한 사실이다. 그 가운데는 인류 생활에 대한 성인들의 근본적인 견해와 훈계가 담겨 있기 때문이다.

공자와 관련 있는 이 책 『춘추』는 극도로 간략하다. 겨우 1만6000여 자로 240여 년의 역사를 서술하고 있다. 후대의 역사가와 학자들은 이 책에 대해 끊임없이 보충과 해석을 가했다. 그 가운데 가장 유명한 저작이 『춘추좌씨전春秋左氏傳』으로 줄여서 『좌전左傳』이라 부른다. 춘추시대 노나라 사람 좌구명左丘明의 작품이라고 전해지고 있다. 『좌전』이 저술된 정확한 시기에 관해서는 지금까지도 정론이 없는 실정이다. 위대한 역사가 사마천司馬遷은 우리에게 좌구명이 맹인이었다고 전하고 있다. 이런 사실은 너무나 쉽게 실명한 시인 호르메스를 떠올리게 한다. 실제로 좌구명은 호르메스와 비견할 만한 인물이었다. 그의 웅장한 서사는 단지 상세하고 믿을 만한 역사 기록을 제공하는 것으로 그치지 않는다. 더 중요한 것은 그가 중국 문명 청춘 시대의 이미지와 성격, 영혼을 대단히 생동감 있게 묘사하고 있다는 것이다.

공자는 자신이 살았던 춘추시대에 대해 극도로 부정적인 견해를 보였다. 이른바 '예악이 붕괴하고 파괴되었으며禮崩樂壞' 모든 것이 쇠퇴하고 사람들은 탐욕과 폭력으로 방종했다고 판단했다. 견고했던 모든 사물이 구름이 되어 흩어져갔고 공동의 문명생활을 이어주던 질서와 준칙들이 와해되었다고 주장했다. 그의 이런 견해는 후대 중국인들에게 깊은 영향을 미쳤다. 사람들은 보통 춘추시대를 난세로 인식했다. 정치질서에서만 그런 것이 아니라 도덕적 실천에서도 그렇다고 여겼다.

하지만 춘추에 대해서도 디킨스의 말을 똑같이 적용할 수 있다. 춘추는 가장 안 좋은 시대인 동시에 가장 좋은 시대이기도 했다. 춘추가 가장 좋은 시대였다는 것을 증명할 수 있는 가장 유력한 증거가 바로 공자 자신이다. 그 시대는 공자를 배출했고 노자老子와 묵자墨子를 배출했다. 백가百家가 쟁명爭鳴했고 제자諸子의 의론이 종횡했다. 춘추는 중국 정신의 원류였다. 그리고 고고학적 발견들은 춘추시대가 문명이 고도로 비약했던 시대였음을 증명하고 있다. 춘추는 주周 왕조와 구질서가 쇠퇴하는 가을이었지만 동시에 혁명성과 시대의 생기가 넘쳤던 봄날이기도 했다.

야스퍼스는 일찍이 서양 문명과 중국 문명, 인도 문명을 비교하면서 기원전 500년을 전후하여 인류는 대단히 중요한 축심시대The Axial Age를 거쳤으며 이 시기에 정신적인 성찰과 각성이 근본적으로 그다음 시대 문명의 틀을 잡았다고 지적한 바 있다. 중국에서는 춘추가 바로 이러한 축심시대에 해당된다.

이 책에서 얘기하고자 하는 사람과 사건들은 춘추시대 이후의 전국시대까지 이어지지만 그 중심은 여전히 춘추에 있다. 예컨대 맹자에 관해서도 이야기하지만 그 전체적인 초점은 여전히 춘추에 맞춰져 있다. 춘추는 구질서가 훼멸하고 신세계가 강림한 시대였다. 문명의 소년기와 청년기에 해당된다. 사람들은 혼란과 아득한 무력감 속에서 자신을 위한 길을 열어야 했다. 그들은 후대인들처럼 그렇게 고지식하지 않았다. 맹수요 거인으로서 정력이 왕성했고 천진하면서도 방자했다. 동시에 진지하고 깊이 있는 도덕적 체험과 바다처럼 호방하고 넘치는 창조력을 지니고 있었다. 그 시대에는 폭력과 탐욕, 욕정이 가득했지만 동시에 역사에 있어서 가장 위대하고 가장 순결한 성인들을 배출함으로써 항구적이고 깊이 있는 도덕과 정치의 교훈을 남겼다.

이 책에 담긴 나의 이야기는 주로 『좌전』을 근거로 했고 『여씨춘추呂氏春秋』와 『사기史記』 『오월춘추吳越春秋』 등의 저작을 참고했다. 물론 저술 과정에서 『시경詩經』과 『논어論語』 『맹자孟子』 등의 고전에 대한 감상도 상당한 역할을 했다. 나는 현대를 사는 작가이지만 동시에 고전의 대담한 해석자이기도 하다. 이 책에 담긴 이야기들은 항상 내게 셰익스피어의 연극을 생각하게 한다. 춘추시대인들이 가졌던 깊은 어둠과 광포한 힘, 복잡성, 내재적 깊이가 『햄릿』이나 『리어왕』 『맥베스』와 비견할 수 있다는 생각을 하게 된다. 이들 역시 거친 들판에서 아무런 도움 없이 외롭고 고독하게 애욕과 이지理智, 선과 악의 영원한 충돌을 경험해야 했다. 그들의 운명 속에는 광활하고 멋진 인생이 펼쳐져 있었다.

역자인 김태성 선생에게 감사의 마음을 전하고 싶다. 이 책의 번역이 쉽지 않다는 것은 충분히 상상할 수 있는 일이다. 그의 박학과 끈기에 마음 깊이 경의를 표하는 바다.

리징쩌 李敬澤

차례

1. 오생의 두세 가지 사건

『춘추』에 담긴 유구하고 수많은 사건 가운데 첫 번째 사건은 정백鄭伯이 언鄢 땅에서 공숙단共叔段을 죽인 일이다. 기원전 722년의 일로서 『춘추』가 사건을 기록하기 시작한 첫해의 일이다.

『고문관지古文觀止』 첫 번째 편장의 제목 역시 '정백이 언 땅에서 공숙단을 죽이다'로서 내가 중학교에 다닐 때 교과서에도 나왔던 이야기다. 누구나 이 글을 가슴에 익히고 있을 것이다. 그렇다면 이 글에서 얻을 수 있는 교훈은 무엇일까? 내 생각으로는 주로 정치를 배울 수 있을 것 같다. 대권을 장악했을 때는 침착하게 기운을 가라앉히고서 소인배들이 마음껏 자신들을 드러내게 해야 한다. 성공적인 정치가는 성공적인 연극배우이기도 하다. 적이 튀어나오려고 할 때는 조용히 미소 지으면서 튀어나오는 적을 바라보고 있으면 된다. 어차피 사물의 물리적 법칙에 의해 아무리 높이 튀어오른다 해도 결국에는 밑으로 떨어지기 마련이기 때문이다. 적이 너무 높이 튀어올라 소리와 음조를 잃으면 그때가 바로 자신의 모습을 드러낼 때다. 그렇게 단번에 손바닥 한 번 휘둘러 적을 죽였을 때의 효과는 대단히 드라마틱하다. 2000년이 지나도 사람들로부터 지속적으로 칭찬을 듣게 되는 것이다.

정백은 정나라 군주로 시호가 장공莊公이다. 정나라 장공은 춘추 초기의 위대한 정치가로서 평생 약간의 큰일을 이루어냈다. 지금 얘기하고자 하는 것은 그가 이룬 작은 일들이다. 예컨대 동생(공숙단)의 반란 모의를 진압하여 다른 나라로 보내버린 일 같은 것이다. 사실 이는 비교적 중대한 일이었다. 방향을 돌린 그는 또 친어머니(무강)를 잡아 가뒀다. 이는 사후 처리를 끝낸 뒤의 작은 일이었다. 그의 어머니는 중국 역사상 가장 편애가 심했던 어머니였다. 작은아들이 성을 공격하는 데 성공하자 노부인인 그녀는 안에서 성문을 열 준비를 했지만 큰아들은 아들 취급을 하지 않았다. 춘추시대에 대해 공자는 단호한 어투로 "군주는 군주답지 않고 신하는 신하답지 않았다. 아비는 아비답지 않고 자식은 자식답지 않았다"라고 직언했다. 말하자면 이때 공자는 아직 그림자도 없는 존재였다. 하지만 성인의 말은 항상 시대의 외침을 반영하기 마련이다. 장공은 이를 악물고 발을 굴러댔다. 어미가 어미답지 않고 자식이 자식답지 못하니 이 노모를 가두도록 해라! "죽어서 땅에 묻히지도 않았으니, 더 이상 만날 이유도 없다!"[1]

아우를 대할 때를 보면 장공은 청동처럼 냉정했고 정치가로서의 충분한 자질과 풍격을 지니고 있었다. 하지만 자신의 어머니를 대함에 있어서는 감정적으로 움직였다. 정치를 따지지 않고 어리광을 부리며 무분별하게 말하고 행동했던 것이다.

그 뒤의 일은 누구나 알고 있는 바와 같다. 영고숙潁考叔이라는 사람이 와서 권고하자 장공은 몹시 후회하게 된다. 하지만 어찌한단 말인가? 이미 말은 입을 떠난 뒤였다.

"죽어서 땅에 묻히지도 않았으니, 더 이상 만날 이유도 없다!"

죽기 전까지는 모르는 사람으로 치겠다는 것이다. 그리고 자신은 죽음으로부터 아직 멀리 떨어져 있다는 생각이다.

다행히 영고숙은 일찌감치 굴레를 벗길 큰 대안을 준비하고 있던 터였다. 황천은 땅 밑에 있지 않습니까? 지하도를 파는 것이 또 뭐 그리 어렵겠습니까?

어렸을 때 『고문관지』를 읽으면서 지하도를 판다는 대목에서 몹시 흥분했던 기억이 난다. 지금 나이 마흔이 되지 않은 사람들은 아마도 지하도가 어떤 모양인지 알지 못할 것이다. 우리 세대는 어렸을 때 주로 놀았던 장소가 바로 원자院子* 안에 있는 지하도였다. 전해지는 바에 따르면 지하도를

• 중국 특유의 주거 형태로 마당을 공유한 공동주택 또는 그 마당을 말한다.

건설하는 이유가 외국 군대의 폭탄 공격을 방어하기 위한 것이라고 했다. 폭탄은 예정했던 때에 날아오지 않았지만 지하도는 화하華夏의 대지 전역에 두루 분포하게 되었다. 이 무수한 지하도 안에서는 사람들이 알지 못하는 많은 일이 일어났다고 한다. 때로는 인육을 꺼내 햇볕에 말리는 일도 있었다고 한다. 인육은 아주 희었다. 인민들은 아주 시원해했다. 당시에는 아직 어려서 볼 수 없는 일들은 이해하지 못했다. 하지만 지하도를 통과하는 일은 뼈에 새겨야 할 모험이었다. 몹시 어두운 데다 습기 때문에 아주 눅눅했기 때문이다. 거대한 동물의 입속 같았다. 앞에 가는 사람이 날카로운 비명을 지르면 뒤에 가던 서너 명은 재빨리 몸을 돌려 미친 듯이 달아나야 했다.

2700년 전의 지하도에서 정나라 장공은 엄마를 찾았다. 그는 횃불을 손에 들고 벽을 더듬어 앞으로 나아갔다. 조금도 두려워하지 않았고 심지어 시를 지었다.

"커다란 굴 안에도 즐거움이 가득하구나!"[2]

아무래도 이상한 시 아닌가?

당시 사람들은 아직은 나무로 깎아놓은 닭처럼 그렇게 멍청하지 않았다. 이런 모습은 그 이후에야 나타나기 시작했다. 정나라와 위나라 땅에서는 서로의 노래가 유행했다. 갑자기 불빛이 번쩍이더니 그의 엄마가 다가와 그의 노래에 대구를 달았다.

"커다란 굴 밖에도 즐거움이 가득하구나!"[3]

아주 재미있는 구절이었다. 나가자는 말이었다. 나가서 해를 보면 정말로 즐거울 것이라는 뜻이었다.

요컨대 어머니와 아들의 목소리였다. 극도로 뜨거운 눈물과 박수 소리였다.

어른이 되어 이 대목을 다시 읽다가 갑자기 앞뒤가 맞지 않는다는 생각이 들었다. 내가 생각이 많은 게 아니라 프로이트도 일찍이 이런 문제를 제기한 적이 있다. 장공은 지하도를 통과하면서 어머니를 찾았다. 지하도에 들어서자 마음속에 즐거움이 가득했다. 어쩌면 그는 정말로 돌아가고 싶었을지도 모른다. 그 어두운 곳으로 돌아가고 싶었는지도 모른다. 그는 정말로 자궁 밖이 싫었던 것인지도 모른다.

그의 이름은 오생(寤生)이다. 일부 훈고학자들이 2000년 넘는 세월 동안 연구에 매진한 결과 17~18가지 해석을 내놓았다. 이런 해석들을 종합해보면 '오생'은 태어날 때 난산이었거나 역생(逆生)이었을 가능성이 크다. 세상에 나오고 싶지 않았던 이 아이는 두 발이 잡힌 채 억지로 끌려나왔다. 하마터면 어머니의 목숨을 요구할 뻔했다. 어머니는 상상에 이어 두려움에 사로잡혔다. 마음이 다른 곳에 가 있었다.

오생의 일생은 중국 최초의 성문화된 역사의 서막을 열었다. 이는 정말 훌륭한 지위였다. 전혀 조심하지 않고 아무 짓이나 해도 '최초'가 되는 것이었다. 그는 중국 역사상 최초로 난산으로 태어난 인물이었고 중국 역사상 최초의 '동지(同)

志'•였다.

하지만 정나라의 군주는 좋은 자리가 아니었다. 지금의 허난河南 정저우鄭州는 사통팔달의 대도시로 변모해 있다. 하지만 이런 지리적 우세를 지닌 땅이 고대에는 '사방으로 전쟁을 치러야 하는 땅四戰之地'으로 불렸다. 사방에 온통 호랑이와 늑대라 심각한 지리적 열세인 셈이었다. 태어나는 건 얼마나 힘들고 죽는 건 또 얼마나 쉬운가? 오생은 평생 정나라의 멸망에 대해 언급했다. 파산과 정리까지 설명하는 데 5분밖에 걸리지 않았다. 그는 중요한 전략적 원칙의 발명가이자 실천가였다. 열세에 처한 상황에서 가장 좋은 방어는 공격이었다. 멈춰서는 안 될 일이었다. 여유를 부렸다가는 공격당할 수밖에 없기 때문이다. 재빨리 동작을 취해 남에게 얻어맞기 전에 먼저 남을 때려야 했다.

춘추시대의 전쟁은 귀족 전쟁이었다. 싸운다는 것은 대단히 고귀한 일로서 엘리트들만의 고유 권리였다. 공자 시대까지만 해도 지식인은 서재에 틀어박혀 있을 수도 있고 전장에 나가 싸울 수도 있었다. 레이하이쭝雷海宗은『중국의 병사中國的兵』라는 책에서 진한秦漢 이후 병사들이 점점 지역 부랑아나 깡패로 변했던 현상에 대해 언급하면서 병사兵와 비적匪이 구분되지 않았고 도처에 병사의 우두머리들이 설쳐대는 바람에 중국 민족의 무도武道와 무력이 아주 오랫동안 부

• 홍콩 사회학자가 영어 'gay'를 한역하면서 '同志'라는 단어를 사용하기 시작했다. 그때부터 중화권에서는 모든 형태의 동성애자를 지칭하는 단어로 쓰인다.

진했다고 지적한 바 있다. 이는 논외의 이야기니까 이쯤에서 접도록 하자. 어쨌든 그 시기에는 전쟁을 시작하기 전 종묘에서 장엄한 '수병搜兵' 대전을 거행했다. 전차를 비롯한 각종 병기를 고귀한 무사들에게 전수하는 의식이었다.

한번은 바로 이런 '수병' 대전에서 일이 터졌다. 앞서 말한 그 영고숙이란 인물은 이를테면 군자였다. 하지만 춘추시대에는 성깔이 없는 군자는 거의 없었다. 대부분의 군자가 체력도 대단해서 싸움을 피하지 않았다. 그는 또 다른 장군 자도子都와 전차 한 량 때문에 충돌했다. 영고숙이 전차의 굴대를 들고 도망치자 자도가 창을 뽑아들고 뒤를 쫓았다. 장안長安 거리를 10리 넘게 달리고서야 두 사람은 지쳐 쓰러지고 말았다. 싸움을 그만두는 수밖에 없었다.

이 일이 그것으로 끝났다면 『춘추』에 기록되지도 않았을 것이다. 문제는 그다음이었다. 전장에서 영고숙은 정말로 용맹을 떨쳤다. 손에 커다란 깃발을 들고서 가장 먼저 적의 성벽에 올라갔다. 바로 이때, 성 아래에서 군대가 어지럽게 몰려 있는 터에 활이 만월 같고 화살이 유성비 같은 상황이 펼쳐졌다. 화살 하나가 날아와 애석하게도 적군의 성벽에 올라가 있던 영고숙을 맞혀 떨어뜨리고 말았다!

이는 전장의 혼란을 틈타 뒤에서 몰래 공격하는 암살 행위로서 예부터 오늘날까지 범인을 잡으면 사면 없이 무조건 사살했다. 오생은 몹시 화가 났다. 성을 함락시키긴 했지만 이 일은 말끔하게 정리되지 않았다. 그는 삼군에 명령을 내려 정연하게 도열하게 한 다음 돼지와 개, 닭을 잡아놓고 암살자를 저주하는 의식을 거행하게 했다. 누가 그랬을까? 누가 그랬을까? 그놈은 절대 편하게 죽지 못하리라!

누가 그랬을까? 모두가 알고 있었다. 자도가 그랬던 것이다.

사실 오생은 짐짓 멍청한 척한 것일 뿐이다. 저주 의식은 쇼일 뿐이었다. 병사들은 중얼중얼 말이 끊이지 않았지만 나서서 자도를 지명하는 사람은 한 명도 없었다.

그 이유는 무엇이었을까? 자도는 이 세상에서 최고의 미남이었기 때문이다. 정나라에서 유행하던 노래가 이를 증명한다.

"산에는 무궁화 꽃이 있고 습지에는 연꽃이 피어 있네, 여기에 자도는 보이지 않고 미친 녀석들만 보이네."[4]

마음속으로 자도를 생각하기만 하면 이 세상 다른 남자들은 눈에 들어오지 않는다는 뜻이다. 이리하여 오생과 자도가 어떤 관계였는지 분명해진다. 모두가 서로의 눈빛만 쳐다보았다. 누가 그랬을까? 누가 그랬을까? 그놈은 절대 편하게 죽지 못하리라!

오생은 성장 과정에서 여자를 사랑했을 가능성이 거의 없다. 고대에는 이것이 그다지 체면 깎이는 일이 아니었다. 서쪽으로 몇만 리 떨어진 곳에 있었던 알렉산더 대제에게도 당시에 생사를 같이했던 '동지'가 있었지만 그가 세계의 절반을 정복하는 데 전혀 방해가 되지 않았다. 문제는 오생과 자도가 이 일로 인해 귀족 공동체의 공의公義를 깨뜨렸다는 것이다. 그들이 얻은 보응은 그 뒤로 아주 오래 수다의 대상이 되는 것이었다. 「자도를 정벌하다^{伐子都}」라는 제목의 경극^{京劇}도 생겨났다. 누군가 분노를 발산하기 위해 창작한 연극일 것이다. 이 연극에서 자도는 정말로 귀신에게 잡혀가고 만다. 무생^{武生}•인 자도는 아름답기가 요정 같기도 하고 신 같기도 했다. 애석하게도 이 연극은 해방 후에 공연 금지 목록에 들어가는 바람에 지금까지 다시 볼 기회가 없었다.

물론 멍청한 척했다는 사실은 오생이 아주 똑똑한 인물이었음을 증명한다. 이 전쟁에서 정나라는 허^許나라를 점령했다. 오늘날 같았으면 목소리만 크고 몸집은 형편없는 호한들이 외쳐댔을 것이다.

"허나라를 멸하라! 완전히 멸망시켜라!"

온통 똑같은 함성이었을 것이다. 하지만 오생은 그러지 않았다. 그는 허나라 공족^{公族}들을 선하게 대하면서 특별히 점령군 우두머리에게 지시를 내렸다.

"저들에게 방자하게 굴지 말고 예의를 갖추도록 하라. 그리고 내가 죽으면 곧장 짐을 챙겨 철군하라. 허나라는 누가 뭐래도 허나라 사람들의 허나라니라. 내 친동생도 나와 항상 같은 마음이 아니었는데 어떻게 허나라가 나와 같은 마음일 수 있겠느냐? 허를 남기면 완충 지대이자 병풍으로 삼을 수 있겠지만 허를 멸망시키면 우리가 바로 적의 눈앞에 놓이게

• 경극을 포함한 중국의 각종 전통 지방극에 등장하는 남자 무사 배역을 통칭하는 말.

된다."

감히 전쟁을 벌여 이길 수 있다면 이는 능력이다. 전쟁에
이기고도 평화를 유지할 수 있다면 이는 큰 능력이다. 오생
은 큰 능력을 가진 인물이었다. 그래서 큰일을 이룰 수 있었
던 것이다. 기원전 707년, 오생은 일생에 있어서 가장 빛나
는 전쟁을 맞게 된다. 군주가 군주 같지 않고 신하가 신하 같
지 않았다. 천자인 주왕과 진을 갖춰 대결하게 된 것이다. 이
는 진정으로 춘추 최고의 전투였다. 주왕은 대패하고 어깨에
화살을 맞았다. 여러 장수가 한목소리로 외쳤다.

"쫓아라! 쫓아야 한다!"

오생은 말고삐를 조이면서 망설이다가 긴 탄식을 내뱉는다.

"군자는 감히 남들 위에 있고자 하지 않는 법인데, 하물며
군왕보다 위에 서고자 할 수 있겠는가?!"[5]

감히 적을 야무지게 괴롭히지도 못하는 사람이 어찌 군주
가 군주답지 못하고 신하가 신하답지 못한 상황을 만들겠냐
는 뜻이었다.

이날 밤 오생은 잠을 잃어버렸다. 한밤중에 일어나 사람
들에게 명령하여 주나라 영채로 들어갈 것을 명령했다. 가장
먹기 좋고 마시기 좋은 약을 가지고 가서 주왕을 위문하게
한 것이다.

태어나기 싫었던 이 사람은 뜻밖에도 산처럼 높고 물처럼
긴 인생의 다양한 맛과 의미를 깊이 알고 있었다.

2. 같은 배를 탄 두 아들

기원전 696년 위衛나라에 정변이 일어났다. 국왕은 도망쳤다. 이것이 그해의 가장 큰 국제적 사건이었다. 하늘의 이치가 분명하게 드러나 위나라에 새로운 군주가 세워졌다!

시아버지와 며느리가 간통하여 그 화가 자손에게 미치고 국왕은 피난처를 찾았다. 새 국왕 검모黔牟는 도덕을 다시 세우고 음란하며 저속한 노래를 엄금하겠다는 뜻을 밝혔다!

각국의 사관史官들은 그 시기에 밤을 새우느라 눈이 빨개졌다. 모두 극도로 흥분한 토끼들 같았다. 민공民工들은 이리저리 서간書簡을 옮기느라 허리가 다 끊어질 지경이었다. 사관들은 산처럼 쌓인 서간을 뒤져 사건의 원인과 결과를 찾아 한 장 또 한 장 맑은 향기가 나는 나무 조각 위에 자신들의 깊이 있는 분석을 써내려갔다.

민간에서는 소문이 넘쳐흘렀다. 그리고 이해에 '이자동주
二子同舟'라는 노래가 천하의 인기 가요가 되었다.

그대들 둘이 같은 배를 타고 가네. 배 그림자가 멀리 떠
가네. 그대가 얼마나 그리웠는지, 마음속에 번뇌가 가득
하네.
그대들 둘이 같은 배를 타고 가네. 배 그림자가 점점 사
라지네. 그대들이 얼마나 그리웠는지, 화를 면할 수는 있
을까?[6]

이해에 같은 배를 탄 두 사람은 유행가계의 가장 찬란하
게 빛나는 스타가 되었다.

2011년 11월, 나는 난시강楠溪江 위에 있었다. 이곳은 옛 동
구국東甌國*이 있던 자리로 교화의 힘이 미치지 못하는 지역
이었다. 중원에서는 경천동지할 소식이 이곳에서는 기러기
털처럼 하찮고 가벼웠다. 왕쩡치汪曾祺**라는 오吳나라 출신
문인은 일찍이 "내가 책임지고 말하건대 난시강은 세상에서
가장 아름다운 강이다"라고 말한 바 있다. 하지만 그 아름다

---

* 한족漢族 선민의 한 지파인 구월甌越족이 지금의 저장성 남쪽에 세운 나라. 월왕 무강無彊의
둘째 아들 구양제歐陽蹄가 세운 나라라는 설도 있다.
** 1920-1997. 중국의 유명 작가이자 산문가이며 극작가이다. 베이징의 풍물과 인정을 주요
창작 배경으로 하는 이른바 경파京派 작가의 대표 인물이다. 장쑤江蘇 가오유高邮 출신이다. 이
지역은 춘추시대의 오나라 지역에 해당된다.

운 강이 지금 황하로 변하고 있다. 이곳 사람들이 정신없이 강바닥의 모래를 파내 여기저기 팔고 있기 때문이다. 그들은 왕쩡치의 의견에 전적으로 동의하면서 그의 말을 벽에 써 붙임으로써 모든 사람의 각성을 요구했다.

"이 강은 황금빛으로 반짝인다."

이름이 각각 급자急子와 수자壽子인 젊은이들이 이 강물 위에 있었다면 애당초 죽는 일은 없었을지도 모른다. 그들은 절대 죽지 않았을 것이다. 청결을 가장 중시하는 사람들이었기 때문이다.

이야기를 다시 서술하게 된 것은 색정소설가의 상상력 때문이었다. 위衛나라 선공宣公은 먼저 자기 아버지의 젊은 아내를 사랑하여 급자라는 아들을 낳았다. 나중에 그는 왕위를 이어받아 국왕이 되자 공공연하게 급자의 엄마를 왕후로 봉했다. 급자는 자연스럽게 태자가 되었다. 이 시기에 그는 이미 장성하여 아내를 맞을 때가 되었다. 자상한 아버지는 그를 위해 제齊나라의 제강齊姜을 며느리로 선택하고는 강가에 아주 아름다운 누대를 지어주었다. 제나라는 대국이었고 제강은 대단한 미녀였다. 제강의 할아버지가 말했다.

"우리 귀한 여식이 치욕을 당하게 할 수는 없지. 신부를 태운 배가 요란하게 풍악을 울리면서 도착해 우리 미녀가 배에서 내려 누대에 오를 때, 누대에서 그녀를 기다리는 사람은 급자가 아니라 급자의 아버지여야 한다는 내 뜻을 전하도록

하여라."

인정하지 않을 수 없는 사실은 당시 위나라 백성이 대단
히 유치했다는 것이다. 그들은 고집스럽게 미녀는 나이와 외
모가 비슷한 미남과 어울려야 한다고 생각했다. 수염을 기른
성공한 인사가 한 명 혹은 몇 명의 아름다운 아가씨를 차지
하면 그들은 화를 내면서 천하가 불공평하고 인간 세상에는
정의가 없다고 생각했다. 그러면서 서글프고 애잔한 노래를
지어 부름으로써 불만을 발산했다.

"고운 님 구하러 왔는데, 두꺼비처럼 형편없이 더러운 사
람을 만났네."[7]

원이둬聞一多*가 지적한 것처럼 신부가 동방에 들었을 때,
신랑이 두꺼비인 것을 알고는 화들짝 놀라는 일은 중국에만
있었던 것이 아니라 외국에도 비일비재했다. 위나라 백성은
놀라움이 컸지만 크게 탓하지는 않았다. 하지만 순진한 사람
들은 여전히 이를 신부의 커다란 불행으로 여기면서 그녀가
물고기로 변해 그곳을 빠져나가야 한다고 말했다. 다행인 점
은 제강이 그렇게 순진하지 않았다는 사실이다. 세월은 한없
이 길지만 인생은 아주 짧았다. 그녀는 시간을 놓치지 않고
남편을 위해 연달아 아들 둘을 낳아주었다. 이런 사실은 적
어도 위 선공이 아직 건강했다는 것을 입증해준다.

그 뒤의 일은 매우 상투적인 양상으로 변한다. 급자가 눈

● 1899~1946. 중국의 현대 시인이자 고전문학 연구자다. 후베이湖北 치수이蘄水 출신이다.

엣가시가 되자 급자의 엄마가 괴로워하던 나머지 목을 맨 것이다.

그러고는 얼마 지나지 않아 아버지는 아들 급자에게 제齊나라에 사신으로 갈 것을 명한다.

이제 제강의 큰아들에 관해 얘기해보자. 그의 이름은 수자壽子였다. 수자라는 이 친구가 장차 왕위 계승자가 되리라는 것은 누구나 다 알고 있었다. 물론 그러기 위해서는 먼저 이복형을 제거해야 했다. 하지만 전하는 바에 따르면 이 젊은이는 그때 나이가 겨우 열일고여덟밖에 되지 않았다고 한다. 그가 이복형을 찾아가 말했다.

"형님, 빨리 도망치세요. 도망치라고요! 아버지가 사람을 시켜 형을 죽이려 한단 말이에요!"

급자는 조금도 다급해하지 않고 말했다.

"죽이면 죽는 거지! 누가 아버지가 그랬다고 했느냐?"

두 형제는 말없이 술을 마셨다. 급자가 취하자 수자는 백모白旄●를 챙겨 도망쳤다. 깜빡 잊고 얘기하지 않은 것이 있다. 그들의 아버지는 아들에게 사신이 소지해야 하는 백모를 하나 주었다. 텔레비전도 없고 사진도 없는 시대였다. 화가가 그린 초상은 전부가 한 사람을 그린 것 같았다. 그런 까닭에 길에 매복해 있던 자객은 급자를 알아보지 못했고 백모를 들고 있는 사람을 보면 무조건 칼을 휘두를 작정이었다.

●　털이 긴 소의 꼬리를 장대 끝에 매달아놓은 깃발.

그리하여 수자는 한칼에 죽고 말았다.

잠에서 깬 급자는 수자와 백모가 보이지 않자 서둘러 말을 타고 달려왔다. 칼을 든 자를 만나자 외쳤다.

"잘못 죽였어. 잘못 죽였다고! 나를 죽여. 나를 죽이란 말이야!"

물론 그 역시 단칼에 목숨을 잃었다.

사람들은 급자를 이해할 수 없었고 수자도 이해하지 못했다. 사람들은 나와 마찬가지로 둘 모두 불쌍한 바보라고 생각했다. 그들에게는 갈 수 있는 길이 무수했다. 하지만 가장 비참한 길을 선택했다.

도덕주의자들은 이 일에 대해 급자와 수자가 이런 방식으로 죽음을 택한 것은 객관적으로 보나 주관적으로 보나 아버지를 불의의 오명에 빠뜨린 행위였다고 분석했다. 다시 말해 이 사건에서 가장 동정받아 마땅한 사람은 아버지라는 것이다. 이 불쌍한 아버지는 자신의 뜻을 거역한 철없는 두 아들을 묻기 위해 구덩이를 파야 했다.

전문가들의 의견은 나중에 '전통'이라는 이름이 붙어 경서經書에 기록됨으로써 각국 백성에게 학습 자료로 제공되었다.

나중에는 「이자동주」라는 제목의 대작 영화로 제작되어 수천수만의 관객이 이런 사실을 다 알게 되었다. 문제의 핵심을 알려면 융통성 없게 한 가지 측면에만 매달려서는 안 된다. 두 아들이 가장 필요로 했던 것은 심리적인 가이드였다. 『조씨고아趙氏孤兒』*에 나오는 도안고屠岸賈도 사실은 좋은 사람이었다. 그의 나라가 사라져 역사는 그를 나쁜 사람으로 기록했던 것이다.

자, 그럼 내가 과거 동구국의 땅, 난시강 위에 있을 때 보고 들은 것들에 관해 얘기해보겠다. 술자리에서 나이 든 사람 한 명이 자신의 조카를 훈계했다.

"마누라 하나 제대로 관리하지를 못해! 나를 좀 봐라. 마누라가 여섯인데도 함부로 자신들의 생각을 떠들어대지 못하잖니!"

이 형씨는 도축장을 운영하고 있었다. 낮에는 돼지를 500마리나 잡고 밤에는 여섯 여자를 거느렸다.

이때 나는 문득 그 두 아들이 왜 죽었던 것인지 깨달았다. 부끄러워서 죽었던 것이다. 사람을 절망하게 만드는 깊디깊은 수치였다. 이 두 아들은 이상하게도 아무런 이유 없이 결벽증을 앓고 있었다. 그들은 사람들이 얼마나 많은 도리를 제시하든 간에 진정으로 부끄러워 더 이상 이 세상을 살아갈 수가 없었다.

그들은 자기 아버지를 원망하지도 않았다. 그들은 이 세상이 싫었던 것이다. 이 세상은 당신네 것이다. 그렇다면 우리

● 춘추시대 진플 영공 시기에 권세가인 조돈을 시기한 도안고가 일을 꾸며 조씨 집안사람 300명을 몰살했지만 조돈의 아들 조삭의 유복자인 조씨 고아가 천신만고 끝에 살아남아 성인이 되어 가문의 원수를 갚는다는 이야기로 원나라 극작가 백박白樸의 작품이다. 2010년 중국에서 영화로 제작되어 관객들로부터 큰 환호를 받았다.

는 떠나겠다.

『춘추』의 기록에 따르면 두 아들은 육지에서 죽은 것이 분명하다. 하지만 왠지 모르게 사람들은 그들이 물 위에서 죽었다고 완강하게 주장한다. 이 사건에서는 물에 숙명적인 의미가 부여된다. 제강이 물을 통해 와서 두꺼비(위 선공)의 누대에 올랐기 때문이다. 따라서 두 아들도 물을 통해 사라져야 한다는 것이다.

깨끗한 물은 모든 더럽고 혼탁한 것을 씻어낸다.

배 그림자 멀리 떠가네.—배가 흔들리며 가네.
배 그림자 멀리 사라지네.—배가 사라져버렸네.

두 아들은 물고기가 되었다.

3. 월나라의 토끼몰이

옛날에 월나라 사람들은 지금의 저장浙江에서 활동했다. 와
신상담臥薪嘗膽과 미인계를 통해 중국인들에게 비교적 깊이가
있고 참을 줄 알며 아주 매서운 사람들이라는 인상을 남겼
다. 하지만 월나라 사람들도 처음에는 아주 용맹했다. 머리
를 짧게 깎고 온몸에 문신을 했으며 기분이 좀 나쁘면 주저
없이 사람을 죽였다. 예컨대 한동안 월나라 사람들은 한 가
지 활동에 심취했었다. 다름 아니라 자신들의 국왕을 죽이는
것이었다. 한 명 또 한 명 죽여 연달아 세 명의 국왕을 죽였
다. 국왕을 죽이는 일 자체는 그다지 재미있는 일이 아니었
다. 그보다 재미있는 일은 국왕 하나를 죽이면 형제들이 화
를 풀었다가 다시 화가 나기 시작하는 것이었다. 국왕이 없
는데 어떻게 하지? 이리하여 황급히 새 국왕을 찾기 위해 그

물을 쳤다.

분명한 것은 월나라 사람들에게는 국왕이 기본적으로 키워서 죽이는 대상이었다는 점이다. 가축과 다를 바 없었다. 이리하여 왕위에 오를 자격이 있는 사람들은 불안과 두려움에 떨면서 하루도 편히 지낼 수가 없었다. 언제든지 사람들이 몰려와 큰소리로 자신을 왕으로 선포할 것만 같았다. 이처럼 세 번째 재수없는 국왕이 피살당하자 이런 소식이 온 나라에 두루 전해졌다. 왕자 '수搜'•가 손가락을 꼽아가며 셈해보니 이번에는 자신의 차례일 것 같았다. 누구도 가축이 되길 원치 않았다. 수도 마찬가지였다. 그는 뒷문을 열고 연기처럼 빠져나가 산굴 속으로 들어가 숨었다.

사람들은 수를 아주 빨리 찾아냈다. 한 무리의 '팬'이 산굴 앞에 무릎을 꿇고서 애절하게 외쳤다.

"나오세요. 어서 나오십시오! 우리의 왕!"

하지만 왕자 수는 산굴 속에 숨어 얼굴을 드러내지 않았다. 천 번 만 번 불러도 좀처럼 모습을 드러내지 않았다. 점점 월나라 사람들의 성깔이 드러나기 시작했다. 안 나오시겠다? 좋아, 그럼 장작을 때서 연기로 질식시켜드리지요!

이 귀여운 월나라 사람들은 토끼사냥이라도 하는 듯했다. 그들의 이처럼 사소하지만 간절한 바람이 어떻게 만족되지 못할 수 있겠는가?

• '찾는다'의 뜻이 있음.

왕자 수는 결국 굴에서 나왔다. 나였어도 견디지 못하고 나왔을 것이다. 사람들은 환호했고 그는 국왕의 화려한 마차에 올랐다. 의견을 구하면서 묻는 사람은 아무도 없었다. 그는 이미 왕이었다.

불쌍한 '수', 그는 수레 위에 고립무원하게 서서 "하늘을 우러러 울부짖으며 물었다. '왕의 자리여, 어찌 나를 그대로 두지 못하는가?'"[8] 왜 자신을 그냥 자유롭게 놓아주지 않느냐며 하늘을 원망한 것이다.

이 이야기는 『여씨춘추』에 기록되어 있다. 상국相國 여불위呂不韋는 여기서 자신이 얻은 한 가지 교훈을 말한다.

"나라의 사정으로 자기 몸을 상하게 해서는 안 된다. 작은 목숨이라도 부지하고 싶다면 왕도 되지 말아야 한다."

하지만 왕자 수와 관련해서는 여불위가 오해했다는 생각을 지울 수 없다. 사실 그는 죽음을 두려워한 것이 아니었다. 그의 도피와 몸부림에는 한 가지 질의가 담겨 있다. 내가 자신의 주인이 될 수 없는 것인가, 의지대로 살아갈 수 없는 것인가, 진정으로 자유로울 수 없는 것인가 하는 문제였다.

이는 실제로 인간에게 주어지는 시간이 가치가 있는 것인가 하는 문제이기도 하다. 물론 왕자 수에게는 그럴 수 없다는 것이 결론이었다.

4. 거짓말이 키운 왕

연燕나라 장군 악의樂毅가 육국 연합군을 이끌고 제齊나라를 공격하자 제나라 왕*은 위衛나라로 도망쳤다. 이 제나라 왕은 생각이 넓은 인물이었다. 역사 기록에 따르면 그는 도망 중에 살이 엄청 붙었다고 한다. 그런 까닭에 위나라에서 그가 주로 한 일은 먹고 자는 것 외에 살을 빼기 위해 산보하는 것이 전부였다. 하루는 너무 많이 걸어서 지친 그가 바위 위에 멍하니 앉아 있었다. 그러다가 문득 자신의 나라가 생각났다. 이때의 제나라에 남아 있는 것이라고는 두 개의 고성孤城밖에 없었다. 임치臨淄 왕궁에 있던 금은보화가 깡그리 약탈당한 것은 물론이요, 사람들의 몸과 영혼이 도탄에 빠져 백

* 민왕湣王을 말한다.

성이 뿔뿔이 흩어져버린 것은 두말할 것도 없었다. 하지만 위대한 왕은 이처럼 사소한 일들을 마음에 둘 리가 없었다. 그는 아예 이런 것들을 생각하지 않기로 했다. 생각하면 할수록 큰 문제가 되기 때문이다. 이는 역사의 경험이 준 교훈이었다.

이리하여 제나라 왕은 한참을 멍하니 앉아 있다가 갑자기 옆에 있던 대신 공옥단公玉丹에게 말했다.

"내가 지금 쫓겨나 망명생활을 하고 있지만 이렇게 된 이유를 알지 못하겠다. 내가 이렇게 망명생활을 하게 된 원인이 무엇인가? 이대로 끝나고 마는 것인가? 내게 말 좀 해주게. 고쳐야 할 것이 있으면 반드시 고치도록 하겠네."[9]

왕의 말투는 대단히 간절하고 상냥했다. 심지어 약간 불쌍하기까지 했다. 공옥단은 정말로 뭔가 말을 하지 않을 수 없을 것 같았다. 말을 안 하면 왕에게 너무 미안할 것 같았다. 이리하여 대신인 공옥단은 의관을 가다듬고 거침없이 앞으로 나아갔다. 이번에는 정말로 마음속 생각을 다 털어놓을 작정이었다.

"대왕께서 망명하시게 된 것은 현명하시기 때문입니다. 천하의 모든 왕이 어리석어 대왕의 현명함을 싫어하기 때문에 서로 군대를 연합하여 대왕을 공격한 것입니다. 이것이 바로 대왕께서 망명하시게 된 원인입니다."[10]

다시 말해서 대왕이 돼지도 먹지 않고 개도 물지 않는 이 밭으로 오게 된 데에는 다른 원인이 있는 것이 아니라 대왕이 너무 훌륭하기 때문이라는 말이었다. 천하의 다른 왕들은 전부 나쁜 놈들이라 그들이 대왕의 훌륭함을 알아보지 못하기 때문에 서로 연합하여 대왕을 공격하고 괴롭히는 것이라는 말이었다.

제나라 왕은 이 말을 듣고 하늘을 우러러 긴 탄식을 내뱉었다.

"현명함이란 것이 원래 이렇게 힘든 것이었던가?"

그의 눈가가 붉어졌다. 그가 시를 쓸 줄 알았다면 또 다른 「이소離騷」* 한 편이 나왔을 것이다.

이 왕은 결국 '나쁜 놈'들에 의해 끌려나와 죽임을 당하고 말았다. 그가 나라를 망치고 자신도 망했던 원인에 대해 틀림없이 당시 사람들 사이에 의론이 분분했을 것이다. 하지만 만일 제나라가 여론조사를 해보았더라면 앞서 말한 '훌륭한 사람' 이론에 표를 던지는 이는 아마도 두 명밖에 없었을 것이다. 조사가 익명으로 이루어졌다면 그나마 한 표가 더 깎여나갔을 것이다. 그래서 온 천하에 공옥단이 거짓말을 했고 유일하게 그 거짓말에 속은 사람은 그들의 왕이었다는 소문이 나돌았다.

나는 이 왕의 지능지수 문제를 연구하려는 것이 아니다. 지능지수가 낮은 사람에 대해 우리는 동정해 마땅하다. 더 재미있는 문제는 공옥단이 왜 거짓말을 했느냐 하는 것이다.

● 전국시대 초楚나라 시인 굴원屈原이 귀양 가서 자신의 억울함을 토로하여 쓴 시.

당시의 제나라 왕은 이빨 빠진 호랑이에 지나지 않았다. 그가 몇 마디 솔직한 말을 했다 하더라도 쫓겨나거나 목이 잘리는 일은 없었을 것이다. 게다가 제나라 왕의 태도는 그토록 간절하지 않았던가? 하지만 공옥단은 참지 못하고 계속 거짓말을 이어나갔다. 왜 그랬을까? 이를 통해 즐거움을 얻을 수 있었기 때문이다.

그랬다. 나는 당시에 공옥단이 무척 즐거웠을 거라고 생각한다. 그는 자신의 왕을 바라보면서 한마디 한마디 정교한 거짓말을 지어냈을 것이다. 그는 자신의 총명함 때문에 즐거웠다. 더 은밀하고 더 달콤한 즐거움은 왕을 괴롭히는 것, 자신이 생각하기에 아무것도 모르고 아무것도 할 수 없는 이 사람을 괴롭히는 것이었다.

인류의 역사에는 아주 가련한 유형의 사람들이 존재한다. 다름 아니라 고독한 사람들이다. 절대다수의 사람은 그들이 엉덩이를 다 드러내고 거리에 나간다 해도 아무도 그들이 옷을 입지 않고 있다고 말해주지 않을 것이다. 그들은 거짓말에 둘러싸여 사육된다. 그들의 이름은 황제 혹은 국왕이다.

이 제나라 왕은 고독한 사람들의 뛰어난 대표였다. 그는 한때 절대적인 권력을 갖고 있었고, 모든 사람이 그에게 거짓말을 했다. 사람들이 거짓말하는 이유는 두려움 때문일 뿐만 아니라 즐거움을 위해서기이도 했다. 이 괴수가 진지한 태도로 흥미진진하게 거짓말을 삼키는 것을 바라보면서 그들은 약자를 괴롭히는 것에 가까운 악독한 즐거움을 느꼈다. 이 일은 공평한 느낌을 주기도 했다. 절대적인 권력은 사람들을 두려움에 떨게 했고 두려움은 거짓말을 낳게 되었다. 그리고 거짓말은 또 절대적인 권력을 웃음거리로 만들었던 것이다.

하지만 나는 공옥단의 즐거움이 대단히 복잡한 즐거움이었다고 생각한다. 악독한 즐거움인 동시에 따스한 즐거움, 약간의 연민을 동반한 즐거움이었다. 제나라 왕은 줄곧 거짓말로 사육되어 통통하게 살이 쪘다. 지금 그에게 마지막 한 입의 거짓말을······.

5. 푸줏간에 숨다

옛사람들은 기인奇人이 민간에 숨어 있다고 믿었다. 2000년 내지 3000년 전의 이들이라면 각별히 조심해야 했다. 길에서 만난 수심 가득한 늙은 농부가 사실은 방금 공자孔子를 비웃었던 사람이고, 내일 아침 일찍 호미를 들고 밭에 나가다가 마주치게 되는 사람이 국왕이라 정오쯤에는 자신이 이미 재상이 되어 있을지도 모를 일이기 때문이다…….

민간의 기인은 농부가 가장 많은 편이었다. 방 하나도 제대로 치우지 못하는데 어떻게 천하를 평정할 수 있겠는가? 마찬가지로 1무畝 3분分의 땅을 갈면서 천하를 경영하는 것도 쉽지 않은 일이었다. 이것이 바로 옛날 사람들의 생각이다. 그들은 전부 시인이라 논리를 중시하지 않았지만 비유에는 능해 항상 곤두박질 한 번으로 작은 분류에서 큰 분류로 넘어가곤 했다. 그 사이의 천산만수千山萬水는 전부 건너뛰거나 생략했다.

이처럼 시 같은 지혜에 근거하여 노자는 대국을 다스리는 것이 작은 물고기 한 마리를 요리하는 것과 같다고 말했다. 한 나라를 다스리는 것이 작은 조기 한 마리 굽는 것처럼 작고 사소한 일이라는 것이다. 그렇다면 정치인은 농부들 사이에서 나와도 될 뿐만 아니라 주방장들 사이에서 나와도 될 것 같다. 이 부분에 대해 대단히 설득력 있는 사례가 한 가지 있다. 상商나라 탕湯왕의 재상 이윤伊尹이 바로 국자를 잡았던 유명 조리사 출신이었던 것이다.

요컨대 나는 그 시대가 무척이나 재미있는 시대였다고 생각한다. 내가 말하고자 하는 것은 진한秦漢 이전의 시대로 사람들은 재능과 신분, 운명에 대해 천진난만한 상상을 갖고 있었다. 기적을 믿었고, 기적은 정말로 일어났다. 나중에 사람들은 점점 고생을 견디며 노력하는 자세를 신봉하게 되었고 공부와 시험을 믿게 되었다. 규율을 잘 지켜야 하고 인지상정과 세상 돌아가는 이치를 잘 알아 노련하게 조금씩 위로 기어 올라가야 한다고 믿었다……

밭과 부엌 말고도 고대에 기인이 자주 출몰하는 공간이 하나 더 있었다. 다름 아니라 푸줏간이다. 날카로운 칼을 손에 쥔 뚱뚱한 백정들은 저잣거리에 나가 고기를 해체하는 판때기 앞에서 차가운 눈으로 바삐 왕래하는 사람들과 번화한 거리를 바라보았을 것이다. 그들의 마음속에는 아마도 당일의 고깃값 외에 아주 깊고 어두운 충동이 자리하고 있었을지도 모른다.

『사기』에 기록된 춘추전국시대의 천하를 뒤엎을 만한 몇 가지 대형 사건에는 항상 백정의 그림자가 어른거리고 있는 것을 알 수 있다. 유명한 자객 섭정聶政은 "저잣거리 사람으로 칼로 가축을 잡았으며"[11] 신릉군信陵君은 훔친 병부兵符로 조趙나라를 구했다. 용사 주해朱亥는 철퇴를 휘둘러 위魏나라 무장 진비晉鄙를 죽였다. 주해도 '저잣거리에서 가축을 잡던 사람'이었다. 시대의 흐름을 몰라 진秦왕을 칼로 찔렀던 형가荊軻는 연燕나라에서 빈둥거리고 있을 때, 친한 친구로 음악을 하는 고점리高漸离가 있었고 또 다른 친구로는 이름 없는 '개 백정狗屠'이 있었다.

백정들에게도 송곳 끝이 주머니를 뚫고 나오듯이 두각을 나타낼 기회가 찾아온다는 것은 분명한 이치겠지만 농부나 주방장들에 비하면 그들의 기회는 본업에 더 가깝다고 할 수 있다. 돼지 백정이든 개 백정이든 바뀌어봤자 사람을 죽이는 백정이 된다. 게다가 섭정은 주해와 마찬가지로 남들의 몇 마디 좋은 말을 이겨내지 못하고 지기知己를 위해 자신을 도살해 죽였다. 밑도 끝도 없이 자기 목숨을 팔아버린 것이다.

백정들의 이야기에 나오는 장면의 전환은 너무나 매력적이다. 피비린내 가득한 푸줏간이건 아주 깨끗한 궁전의 대청이건 간에 비천한 백정들은 아주 거친 방법으로 역사에 간여했다. 게다가 그들은 자신들이 무슨 짓을 하는지 알지 못했다.

사마천도 이에 대해 큰 흥미를 느끼고 있었다. 그가 기록하고 그려내는 섭정은 기인이었다. 섭정의 운명은 정말 놀라운 기적이었다. 사마천은 자신의 서재에 앉아 섭정이 한 걸음 한 걸음 너무 놀라 눈을 휘둥그레 뜨고 입을 헤벌린 사람들 사이를 가로지르는 모습을 두려운 마음으로 응시하고 있었다. 그의 붓 아래서 아드레날린이 마구 분비되고 있었다.(물론 그의 붓 아래서만 그랬다.) 그는 역사 속의 그 어둡고 광포한 힘을 보았다. 이러한 힘은 푸줏간에도 숨어 있고 핏속에도 감춰져 있었다. 이는 가지런하게 구획된 밭이나 부엌과는 완전히 다른 세계였다. 혼란과 비이성, 본능과 훼멸의 세계였다.

사마천은 이런 세계를 정신없이 써내려갔다. 그러고 나서 아주 빨리 다 잊어버렸다.

6. 새 울음소리

『시경詩經』의 맨 첫 번째 시는 「관저關雎」다.

"끼륵끼륵 우는 물수리들, 강가 모래톱에 앉아 있네."[12]

대부분의 사람이 외우고 있는 시라서 굳이 여기서 소리 내서 다 낭송할 필요는 없을 것 같다.

지금 내가 묻고 싶은 것은 이 시가 도대체 어떤 의미를 갖고 있느냐 하는 것이다.

건너편에 있는 여자를 바라보면서 얼굴이 빨개져 우물쭈물 말한다. 무슨 뜻인가? 상사병일 것이다.

맞다. 상사병이다. 상사병과 동시에 불면증도 함께 갖고 있는 것 같다.

"긴 밤, 잠 못 이루고 이리 뒤척이고 저리 뒤척이네."[13]

누군가 사람들이 언제부터 불면증을 갖게 되었냐고 묻는

다면 현재로서는 가장 이른 문헌 기록이 바로 이 「관저」라고 대답하는 수밖에 없을 것이다. 이 시기는 적어도 상(商)나라 말기 주(周)나라 초기에 해당될 것이다. 그리고 불면의 원인은 여자다.

물론 「관저」에서 상사병은 결국 치유된다. '착하고 아름다운 아가씨(窈窕淑女)'를 아내로 맞아 집에 데려다가 '금(琴)과 슬(瑟) 같은 악기를 타면서 애모하고(琴瑟友之)' '종을 치고 북을 울려 그녀를 즐겁게 하는(鍾鼓樂之)' 것이 이 시의 결말이다. 가라오케에서 한밤중까지 노래를 부르다보면 도처의 새 울음소리도 3000년 전의 춘몽(春夢)을 깨진 못할 것이다.

하지만 틀렸다. 친구들이여, 자네들이 전부 틀렸다. 『모시(毛詩)』「서(序)」에서 어떻게 말하고 있는지 보자.

"「관저」는 후비(后妃)의 덕이다."[14]

"착하고 아름다운 여자가 군자의 배필이 되면, 어진 사람을 나아가게 하는 데에 즐거움을 두고, 그 미색을 보고도 음란한 생각을 하지 않으며, 착하고 아름다움을 애틋하게 여기고 어진 능력을 사모하게 되니, 선한 마음을 상하지 않게 된다."[15]

이 말은 황상의 큰 부인이 어린 여자아이 하나가 예쁘게 생긴 것을 보고 밤새 잠을 이루지 못하다가 황급히 두 손으로 마구 딴다는 것이다.("올망졸망 마름 풀을 이리저리 마구 뜯네(參差荇菜, 左右采之)") 뭐가 그리 급한 것일까? 사람을 보내 어린 요정을 만들려는 것이 아니라 서둘러 여자아이를 궁 안으로 데려다가 황제의 작은 마누라가 되게 하려는 것이다. 이때부터 동궁東宮과 서궁西宮이 좌우 한마음이 되어 공동으로 황상을 보좌하고 천하를 다스린다. 이것은 어떤 경지일까? 모르긴 해도 인간 세상에 질투가 없는 그런 상태가 아닐까? 이것이야말로 진정한 '후비의 덕'인 것인가.

내가 「관저」를 이렇게 해석한다면 사람들로부터 얼굴 가득 침 세례를 받을 것이다. 하지만 『모시』「서」는 지금까지 『시경』에 관한 가장 권위 있고 가장 정통한 해석으로 인식되어왔다. 지난 2000년 동안 무수한 유명 인사와 머리가 잘 돌아가는 학자들이 모두 이 책의 내용을 배우고 또 그대로 믿었다. 『시경』 안에 어떻게 남녀의 사랑만 있을 수 있을까? 그랬다면 그건 '개인의 사적인 글쓰기'가 되는 것이 아닐까? 이 문제는 그렇게 간단하지 않다. 틀림없이 사소한 말 속에 아주 깊은 뜻이 담겨 있을 것이다. 위하渭河 강가의 두 마리 새는 틀림없이 조정의 상황 및 천하의 대세와 서로 연관되어 있을 것이다. 이런 연계가 없다면 이 시는 온통 자기애에 빠진 남자의 미친 거짓말이 되고 만다.

『시경』은 훌륭한 시집이다. 하지만 『시경』의 훌륭함을 읽어내려면 반드시 진한秦漢 이후의 모든 해석을 폐기하고 단도직입적으로 그 시절 그 땅에서의 시 읽기로 돌아가야 한다. 그 시편을 읊조렸던 사람들은 실제로 살아 있어 산이 산인 것을 보고 물이 물인 것을 보며 미인이 미인인 것을 보았을 것이다. 미인이 밤새 잠 못 이루는 것을 보고서 마음속으로 천하를 걱정한다고 말하진 않았을 것이다. 그러다가 정말로 나라를 위해 출정해야 하는 때가 되면 자신의 책임을 다하기 위해 기꺼이 활과 화살을 들고 전장으로 나가 싸우다 죽었을 것이다. 이것이 각양각색의 거대담론과 뜬구름 같은 이야기에 가려지지 않은 실제 인생의 모습이다.

전해지는 바에 따르면 '물수리雎鳩'라는 새는 가마우지라고 한다. 목에 항상 줄이 매여 있어 물고기를 잡아도 목구멍으로 삼키지 못하고 하는 수 없이 다시 토해내면 사람들이 가져다 홍소紅燒°나 청증淸蒸의 방식으로 조리해 먹는다고 한다. 나도 가마우지를 본 적이 있다. 하나같이 세상을 원망하는 듯한 노곤한 모습이었다. 가마우지는 물고기를 잡을 때 외에는 절대로 입을 열지 않는다. 이상하지 않은가! 어떤 새들이 평생 속박을 당하고 있으면서 한두 번 울음소리를 내면 구름과 안개에 묻힌 산처럼 실제에서 만 리나 떨어진 이상한 얘기들이 나온다. 내가 그 새였다 해도 절대로 울지 않았을 것 같다. 마음속으로 인간이라는 동물은 물고기와 거짓말에만 의지해서 생존해나간다고 단정해버리고 계속 침묵 상태를 유지했을 것이다.

하지만 나는 3000년 전 어느 날 밤, 가마우지 한 마리가 한가롭게 관關— 하고 울자 또 다른 가마우치가 역시 관— 하고 호응했던 것만은 확실한 사실이라고 믿는다. 이날은 달

• 고기나 생선 등에 기름과 설탕을 넣어 살짝 볶고 간장을 넣어 익혀 검붉은 색이 되게 하는 중국 요리법의 한 가지.

이 밝고 바람이 맑았을 것이다. 모든 지식인이 잠들었을 때, 젊은 남자 하나만 잠 못 이루고 있었다. 그는 이 새 울음소리를 듣는 순간 마음이 곧장 위하를 향해 달려갔다. 3000년이 지난 지금은 이미 말라버린 그 강은 때로는 범람하여 큰 재난을 가져다주기도 했던 아주 오래된 강이다.

7. 마부와 차부, 하이힐

"남쪽에 교목이 있어도 그 아래서 쉴 수 없네. 한수에 놀러 나온 아가씨 있어도 다가가 구할 수 없네. 한수가 너무 넓어 다가가 가까이할 수 없네. 강물이 너무 길어 다가가 가까이 할 수 없네."[16]

참 좋은 시다. 하지만 세상에 '할 수 없는' 일이 너무 많다면 살아 있는 것이 무슨 의미가 있을까? 눈 내리는 밤에 「한광」을 읽는 것밖에 할 만한 일이 없을 것이다. 그리고 그 소리는 무척이나 처량하고 그윽할 것이다.

『시경』 제9편 「한광」은 실패자의 시다. 성공한 사람의 시라면 이렇게 바뀌어야 한다.

"남쪽에 교목이 있으니 그 아래서 쉴 수 있네. 한수에 놀러 나온 아가씨가 있으니 다가가 구할 수 있네. 한수가 넓지만 다가가 가까이할 수 있네. 강물이 너무 길지만 다가가 가까이할 수 있네."

한수건 장강이건 그를 막지 못했을 것이다. 강 위에 선녀가 있었다면 그의 차지가 되었을 것이고 남산 위의 나무는 그를 위해 햇볕을 가려주었을 것이며 그가 길을 걸으면 모든 풀이 싹을 틔웠을 것이다.

하지만 문제는 그가 이렇게 득의양양하다면 무슨 시를 쓸 수 있었겠느냐 하는 것이다. 그러나 우리가 작은 고민들을 갖고 있을 때 하느님은 관례대로 '가피' 자를 허락하셨다. 삶은 설사약을 먹은 것처럼 순조로울 것이다. 그러면 우리는 시를 한 수 써서 얼마나 즐거운지 밝히기만 하면 될 것이다.

그래서 지나치게 무기력하고 낙담한 사람들에게는 「한광」이라는 시가 남아 자신의 연약함과 미천함을 깊이 이해하고 실감할 수 있게 해주고 있다. 그 반복되는 무력한 음조 속에서 연약함이 무한히 길어지면서 몸에서 한 가닥 정신의 줄을 뽑아내 반짝반짝 빛이 나도록 흔들어댄다. 이는 운명으로 정해진 보편적이고 절대적인 연약함이다.

그렇다. 한수는 너무나 넓다. 우리가 헤엄칠 수 있는 수영장이 되지 못한다. 장강은 너무나 길어 배를 타고 뭍으로 흘러가지도 못한다. 남산의 나무는 우리를 위해서 자라는 것이 아니고 이 세상은 원래 우리 욕망과 목적에 맞춰 설계된 것이 아니다.

하지만 인간은 항상 실의에 빠져 있을 때만 생명의 중원

^{中原} 곳곳이 막혀 있고 도처에 '불가능'이 깔려 있는 것을 깨닫는다. 예컨대 「한광」의 주인공은 눈으로 선녀 같은 아가씨를 바라보면서 그녀가 누구의 아내가 될지 알지 못한다. 그는 계속 생각을 이어가지만 마음속 생각들은 잡초(곧게 뻗은 땔감)가 되고 만다. 풀이 그렇게 크게 자라면 벨 수 있을 것이다.(가시나무를 베라 하네.) 그렇게 많은 풀을 베면 가져다 말을 먹여야 할 것이다. 그러고 나면 그 주인공은 눈이 밝아질 것이다. "그 아가씨가 시집갈 때 말을 먹이라 하네".[17]

그녀가 시집을 가게 되면 나는 그녀를 위해 말을 먹이고 차를 운전할 것이다. 나는 매일 그녀를 바라보기만 하면 되는 것이 아닌가?

물론 그렇게는 되지 않을 것이다. 그는 자신을 속이고 있다. 마부나 차부, 장부^{丈夫}(남편)는 전부 '부^夫'다. 그렇다고 세 가지가 전부 같은 것일까? 그래서 그 주인공은 백일몽에서 화들짝 깨어나지만 결과는 여전히 "한수는 너무 넓어서 헤엄쳐 갈 수 없고, 장강은 너무 길어서 뗏목을 타고 갈 수 없다".[18]

대학에 다닐 때, 친구 한 명이 미친 듯이 스페인어과 '유학생'을 쫓아다닌 적이 있다. 매일 기숙사에서 연애편지를 제작하고 자신을 극도로 낮춰 그녀의 환심을 사려고 노력했다. 어느 날 멋진 시구를 하나 써낸 그가 다급하게 여러 사람에게 두루 보여주면서 소감을 말하게 했다. "그대의 하이힐이 되어 이 세상 끝까지라도 그대를 따라가고 싶네"라는 구절이었다. 이 시구를 읽는 순간 나는 입안 가득 머금었던 차를 내뿜고 말았다. 당시에 마침 『시경』을 읽고 있던 나는 그에게 한 가지 계책을 바쳤다.

"미인의 신발이 되는 것은 사실 별 실속이 없어. 차라리 「한광」에서처럼 그녀의 마부나 차부가 되는 것이 훨씬 더 실속 있는 방법이라고."

옆에서 듣고 있던 친구는 의도를 알 수 없는 미소를 짓더니 느릅나무처럼 완고한 내 머리를 쓰다듬으면서 말했다.

"아직 뭘 모르는군. 마부나 차부는 될 수 있겠지만 어떻게 마음대로 계약하고 서명을 할 수 있겠나? 하이힐은 어차피 될 수 없으니 효력이 없는 계약인 셈이지. 낭만이란 게 뭐야? 낭만은 원래 효력이 없는 계약이라고. 어차피 신발이 되지는 못하겠지만 그런 말에는 한 가지 분명한 태도가 담겨 있잖아. 알겠어?"

10여 년이 흘러 미녀는 지구 반대쪽 필라델피아를 떠돌고 있었다. 과거의 신데렐라는 10년 넘게 신던 '하이힐'을 중국에 남기고 갔다. 대서양은 너무 넓어 헤엄쳐 갈 수 없고, 이미 오래 신어서 반쯤 낡은 친구는 탄식했다.

"이제는 그 시절 차부가 될 자격마저 없어졌군!"

어쨌든 그는 이제 이 '지구화'된 세계가 처음 설계될 때 자신의 위치는 고려하지 않았다는 사실을 분명히 깨달았다.

8. 바람의 저작권

『시경詩經』은 일종의 민간 문학이라고 전해지고 있다. 고대의 노동인민이 집단적으로 창작한 것이라는 뜻이다. 대학에 다닐 때 나는 머리가 지금보다 훨씬 더 단순했다. 이런 설명을 들으면 곧장 마음이 쏠려 멀리 상주商周시대를 생각하곤 했다. 노예들은 노동을 하면서 간단한 노래를 흥얼거렸을 것이다. 그럼 노예주들은 어땠을까? 채찍을 손에 들고 밭머리에 쭈그리고 앉아 그들의 노래를 들었다. 듣고 나서 좋다고 느껴지면 관부로 달려가 국왕의 사자에게 들려주었다. 국왕의 사자가 듣고서 몹시 기뻐하며 말했다.

"이건 인민의 환호성이다. 내가 얼른 달려가 국왕께 들려드려야겠다!"

이렇게 말하고는 말 등에 채찍질을 해 한 줄기 먼지 연기를 남기며 달려갔다……. 가는 도중에 노래를 잊어버리면 어떻게 할까? 문제 될 게 없다. 인민의 노래는 인민이 부르는 법이고, 사람의 입은 말의 건강한 다리보다 빨랐다. 아마도 그는 반쯤 가다가 같은 노래를 또 듣게 되었을 것이다.

어느 날, 나는 이런 깨달음을 선생님께 전했다. 연세가 지긋하신 선생님은 한참을 곰곰이 생각하시더니 나의 불행을 안타까워하고 나의 명징하지 못한 사유에 분노하신 듯한 눈빛으로 나를 쳐다보면서 말씀하셨다.

"에그, 너희 세대 아이들이란……."

여음이 귓가를 계속 맴돌았지만 선생님은 더 이상 말씀하지 않으셨다. 나는 잠시 기다리다가 멋쩍은 듯한 표정으로 선생님 방문을 나서는 수밖에 없었다. 내 방으로 돌아온 나는 침대에 누워 많은 생각을 이어나갔다. 왜 나는 선생님께서 가르쳐주신 대로 생각하면 안 되는 걸까? 설사 내 생각이 좀 빗나갔다 해도 어른인 선생님은 왜 우리 세대까지 거론하면서 나를 나무라시는 걸까? 내가 아는 같은 세대 사람들은 다 합쳐도 100명이 채 되지 않았다. 그리고 이 100명은 반장 투표에서 내게 표를 준 적도 없는데 어째서 내가 갑자기 그들의 대표가 될 수 있단 말인가?

밤낮으로 생각에 잠겨 전전반측展轉反側하다가 결국 잠이 들고 말았다.

세월은 유유하게 흘러 지금은 나도 "너희 세대 친구들은 말이야……" 하면서 탄식할 수 있는 자격을 갖게 되었고, 어느 정도 세상 돌아가는 이치와 인지상정을 터득하게 되었다. 선생님의 가르침이 옳을 수도 있고 틀릴 수도 있으며 바를 수도 있고 그릇될 수도 있다는 사실을 알게 되었다. 어떻게 해야 남의 말을 제대로 알아들을 수 있는지는 자신의 행운과 오성悟性에 따르는 수밖에 없다는 생각이 든다. 예컨대 『시경』에 관해 지금은 선생님의 생각을 무조건 진리로 받아들여서는 안 된다는 사실을 잘 알고 있다. 『시경』의 시편들 중에서 왕후장상과 자신들의 조상을 칭송하고 찬미하는 「아雅」와 「송頌」은 묘당의 노래라고 할 수 있고 「국풍國風」은 대부분 귀족계층의 무병신음無病呻吟 혹은 유병신음有病呻吟이라고 할 수 있다.

그렇다면 선생님은 왜 『시경』을 민간 문학이라고 가르치셨던 것일까? 선생님은 이러한 명칭이 고대 노동자들에 대한 칭송이고, 고대의 노동자들을 칭송하는 것은 절대로 잘못된 일이 될 수 없다고 생각했기 때문일 것이다. 그래서 옳든 그르든 칭송부터 하고 본 것이다. 또한 『시경』에는 한 가지 특수한 문제가 있다. 다름 아니라 개별적인 편장篇章 외에 그 시들의 저자가 누구인지 알 수 없다는 것이다. 시의 작자들이 장삼張三도 아니고 이사李四도 아니라면 인민이나 민간이라고 하는 수밖에 없을 것이다. 요컨대 물건을 잃어버리고 찾지 못하면 일정 기간이 지나 공공의 소유로 귀속되는 것과 마찬가지 이치다.

선생님은 실수로 시대의 앞을 걸었던 것이거나 아니면 시대가 지금 과거에 선생님이 걸었던 길 앞까지 와 있지 않은 것일 수도 있다. 지금 인터넷에 들어가 글을 남기면 일시적으로 요란한 반응을 얻을 수 있을 것이다. 하지만 그것도 사실은 무명無名이나 마찬가지다. 무명이기 때문에 한 사람의 목소리는 더 이상 '나'의 목소리가 되지 못하고 개인이 지명하여 인식할 수 없는 '우리'가 되고 만다. 그리고 개인은 자신의 이름을 포기할 때 또 다른 권력을 얻게 된다. '민간' 혹은 '대중'으로 휩쓸려 들어가 권력이 되는 것이다.

우리 선생님은 과거에 이런 논리를 『시경』 연구에 사용하셨던 것이다. 전해지는 바에 따르면 상주시대는 노예제 사회였다고 한다. 사실은 봉건제 사회였다고 주장하는 사람들도 있다. 노예제 사회를 주장하는 사람들은 교과서를 독점하고 있고 봉건제 사회를 주장하는 사람들은 논문 쪽에 결집해 있다. 노예제와 봉건제를 다 내려놓고 그냥 귀족사회였다고 말해도 대체로 틀린 표현은 아닐 것이다. 그 대인 군자들은 대다수라는 집단에 섞여 들어가는 것의 장점을 알지 못했을 것이다. 그들이 서명을 하지 않은 것은 단지 그들에게는 서명이 아무 의미도 없었기 때문이다. 그들은 짧은 글을 한 편 쓰거나 간단한 노래를 부를 때 자신의 이름으로 표시해두는 것이 얼마나 멋진 일인지 알지 못했다. 그들에게는 무슨 저작권 따위의 의식이 전혀 없었던 것이다. 당연히 인세를 받을 곳도 없었다.

책을 써서 자신의 주장을 펼치는 것은 이름을 날리고 얼굴을 알리는 일이기도 하다. 하지만 이는 기본적으로 한漢나라 이후, 특히 사마천 같은 사람들로부터 시작된 생각이다. 사마천은 개인의 특수한 경험으로 인해 승화昇華의 충동이 대단했다. 「보임안서報任安書」에서는 피와 눈물에 젖은 고독한 작가가 벌떡 일어선다. 그는 전승의 시간을 속세와 함께 불후하게 만들었다. 이때부터 사람들은 글을 쓸 때마다 그 글이 바로 자신이고, 자신은 글을 통해 기억된다는 것을 깨달았다. 거꾸로 말하자면, 기억되고 싶으면 반드시 글을 써야 하는 것이다.

하지만 공자는 그렇게 생각하지 않았다. 공자는 자신이 무척이나 훌륭한 사람이라고 생각했다. 하지만 그는 평생 말을 했을 뿐, 글을 쓰진 않았다述而不作.* 『논어』는 제자들이 수업 시간에 들었던 내용을 필기해놓은 것에 지나지 않는다. 그가 불행히도 현대의 대학에 들어왔다면 부교수쯤 되지 않았을까 하는 것도 하나의 수수께끼일 것이다.**

공자가 보기에 '도道'는 진리이기도 했다. 천지간을 말없이 운행하면서 모든 인간이 해야 할 일은 겸허하게 그 도를 인식하고 이를 정확하게 서술하여 전하는 것뿐이다. 진리는 바람과 같다. 시가 바람과 같은 것과 마찬가지다. 긴 머리가 바람에 펄럭인다고 해도 바람이 자기 것이라고 생각하는 사람

---

* 일반적으로 선인의 학설이나 이론을 기술할 뿐 자기의 생각을 가미하여 창작하지 않는다는 뜻으로 해석되고 있지만 여기서는 글자 그대로의 뜻이다.
** 논문 실적이 부족하다는 의미의 위트다.

은 없을 것이다. 바람 위에 저작권 표시로 자신의 이름을 적
으려 하는 사람도 없을 것이고, 이를 자랑스럽게 여기는 허
영심을 갖는 사람도 없을 것이다.

이는 고대 사람들의 생각이다. 우리 이 시대의 맨 앞과 맨
끝은 어떨지 모르겠다.

9. 진리의 탄생

『좌전左傳』은 애공 6년, 기원전 489년에 오나라가 대거 진陳나라를 정벌하는 사건을 기록하고 있다. 초나라는 목숨을 바쳐 진나라를 구해주기로 약속했다. 하지만 진나라는 아주 작은 나라였다. 장강 유역의 두 거물은 진나라를 놓고 누구의 주먹이 더 크고 강한지 겨뤄보기로 마음먹었다.

정세가 복잡하게 급변했고 전쟁은 크고도 무거웠다. 전쟁은 그다지 중요하지 않아 삭제되어도 되는 디테일들을 전부 쓸어가버렸다. 전쟁에 끌려간 남편의 피와 아내의 눈물, 아무런 도움도 받지 못하는 노인과 어린아이들의 힘없는 눈동자, 굶어 죽은 서생들이 그렇게 전쟁의 와중에 사라졌다.

공자는 마침 이 전쟁에 휩쓸려 있었다. 진나라와 채蔡나라 사이에 끼어 있는 이레 동안 음식이 떨어졌다. 먹은 것이라고는 맑은 물에 삶은 채소가 전부였다. 제자 재여는 이미 굶주림에 혼절해버렸다. 이 재여라는 제자는 대낮에 잠을 잤다는 이유로 공자에게 '썩은 나무'요 '썩은 거름흙'이라는 욕설을 들었던 바로 그 제자다. 이런 사례로 미루어 나는 공자가 사람들을 욕하는 것이 사실은 어떤 일을 빌려 자신의 진의를 표명하거나 그 일과는 무관한 의론을 발표하는 것이라는 점을 간파하게 되었다. 당시 진나라와 채나라 사이에서 두 눈이 뒤집힌 채 혼절해버린 그는 체질이 비교적 허약한 편이었다. 반면에 그보다 몸이 더 허약한 안회顔回는 마당에서 야채를 고르고 있었다. 그리고 나이가 가장 많았던 공자는 방 안에서 북과 현악기를 연주하면서 노래를 부르고 있었다. 노랫소리는 여전히 맑고 깨끗했다. 이는 신체의 문제가 아니라 정신의 문제라는 것을 누구나 알 수 있었다.

이런 중요한 순간에 호된 시련을 견디지 못하는 사람은 재여 한 명뿐이 아니었다. 자로子路와 자공子貢도 동요하기 시작하면서 현실에 부합하지 않는 주장들을 늘어놓기 시작한 것이다.

"선생님께서는 두 번째로 노나라에서 쫓겨나셔서 위衛나라에 은둔하셨고 송宋나라에서는 큰 나무 밑에서 예를 가르치시다가 환퇴桓魋에게 나무를 뽑히는 변을 당하셨는데 이제 진나라와 채나라 사이에 포위당하셨는데도 선생님을 죽이려 하는 자들은 죄로 다스려지지 않고 선생님을 짓밟는 자들도 잡혀가지 않고 있습니다. 그런데도 선생님께서는 북과 현악기를 연주하면서 춤을 추고 노래를 하시니 일찍이 음악이 끊어지지 않았네요. 군자에게 부끄러움이 없다는 것은 아마도 이와 같은 것이겠지요?"[19]

이 말의 속뜻은 이렇게 해석할 수 있다.

"선생님은 권력도 없고 돈도 없으며 그다지 유명하지도 않고 잘나가지도 못하는 처지에 사방에서 벽에 부딪히고 있고 실패에서 또 다른 실패로 나아가고 있습니다. 그런데 지금 이런 곤경에 처해 있는데도 자살하지 않고 우울증에 걸리지도 않으시며 굶주린 와중에도 뜻밖에 신바람 나서 노래하고 춤을 추시는군요. 설마 군자라는 존재가 이렇게 체면을 중시하지 않는 부류였던가요?"

이런 말을 하는 것을 보면 이 두 제자의 신념이 이미 몹시 흔들려 추락하기 일보직전이었던 것 같다. 게다가 그들은 이 말을 안회 앞에서 했다. 이는 거의 공자의 코를 향해 삿대질을 한 것이나 다름없었다. 과연 안회는 나물을 한 가닥 다듬고 또 한 가닥을 다듬고는 세 번째 나물을 내려놓은 채 몸을 흔들며 방 안으로 들어갔다.

갑자기 현악기 소리가 멈추더니 공자가 악기를 한쪽으로 밀어놓고 대로하여 말했다.

"자로와 자공 이 두 녀석, 정말 소인배로구나! 당장 불러오너라. 내가 녀석들에게 할 얘기가 있느니라."

두 제자는 부를 필요도 없이 이미 문 앞에 와서 기다리고 있었다. 방 안에 들어서자 두 사람의 기세는 약간 가라앉았다. 하지만 자공은 여전히 투덜댔다.

"이런 걸 곤궁이라고 하나요?"[20]

이런 상황이 되자 막다른 골목에 처한 것이나 다름없었다. 공자가 위엄 있는 목소리로 말했다.

"그것이 무슨 말이냐? 군자가 도에 통달한 것을 현달이라 하고 도에 궁색해진 것을 곤궁이라고 말한다. 지금 내가 인의仁義의 도를 끌어안음으로써 난세의 환란을 만났으면서도 자리를 지키고 있는데 어떻게 이를 곤궁이라고 할 수 있겠느냐? 그러므로 안으로 자신을 살펴서 도에서 멀어짐이 없고 어려운 일을 당해도 덕을 잃지 않는 것이다. 큰 추위가 닥치고 서리와 눈이 내리고 나니 이제야 나는 소나무와 잣나무가 무성함을 알 수 있게 되었다. (…) 진나라와 채나라 사이에 갇혀 위험한 일을 당한 것이 내게는 큰 행운이었느니라!"[21]

대단히 바르고 위엄이 넘치는 말이었다. 원문을 그대로 옮기는 수밖에 없을 것 같다. 이해하지 못해도 상관없다. 어차피 지난 2500년 동안 이런 말을 이해하는 사람은 그리 많지 않았다. 자로는 원래 무사였고 자공은 장사치였다. 생명에 대한 그들의 이해는 오늘을 살고 있는 우리와는 차이가 컸다. 진리가 현세의 성공으로 전환될 수 없다면 진리는 단 한 푼의 가치도 없다고 할 수 있을 것이다. 하지만 공자는 결연하게 장엄한 어투와 표정으로 말했다.

"진리는 그냥 진리다. 생명의 의미는 진리의 도에 대한 인식과 실천에 있느니라."

그 이전에는 어떤 사람도 이렇게 말하지 않았다. 기원전 489년 흙먼지로 뿌연 그 황야에서 공자는 이렇게 말했다. 말을 마친 그는 "의연한 자세로 현악기를 다시 끌어다가 연주했다".[22] 하늘까지 울려 흘러가는 구름마저 멈추게 하는 음악소리에 맞춰 자로는 "꿋꿋하게 방패를 들고 춤을 추었고"[23] 자공은 나무를 깎아 만든 닭처럼 멍한 표정으로 중얼거렸다.

"저는 하늘이 얼마나 높은지도 몰랐고 땅이 얼마나 깊은지도 몰랐습니다."[24]

나는 이것이 정신과 문명의 핵심적인 순간이라고 생각한다. 소크라테스나 예수가 곤경에 처했던 것처럼 공자는 궁핍하고 위험한 시련 속에서 자신의 문명을 정신으로 승화시켰다. 이때부터 우리는 출세하고 치부하고 남들과의 경쟁에서 이기고 작은 마누라를 얻고 처세의 융통성을 갖는 것 외에 실패와 가난과 연약함이 침식할 수 없는 정신의 존엄도 있다는 사실을 알게 되었다.

물론 지금 서양 학문의 영향을 받은 학자들은 중국인이 낙후된 것이 전적으로 공자가 애당초 소크라테스나 예수처럼 억울한 죽임을 당하지 않았기 때문이라고 논증하려 덤빌수도 있다. 하지만 나는 공자는 이미 말해야 할 것을 분명하게 다 말했지만 성인의 가르침을 우리가 지금까지 제대로 깨닫지 못하고 있는 것이라고 생각한다. 우리는 모두 자공과 같아서 하늘이 높고 땅이 두터운 걸 모르고 있는 것이다. 그러면서 하늘이 높고 땅이 두터운 것보다 더 중요한 것이 있

다고 굳게 믿고 있다. 하지만 진리가 시간 속에 눈에 띄지 않
게 운행하고 있다는 사실을 증명하는 것이 있다. 다름 아니
라 우리가 일찌감치 2500년 전 닭이 날고 개가 뛰던 전쟁은
잊어버렸으면서도 그 전쟁 속의 아주 편벽한 한구석에 공자
와 제자들의 음악과 노랫소리, 춤추는 그림자와 낮은 목소리
의 대화가 있었다는 것은 기억하고 있다는 사실이다.

그 기억은 영원히 사라지지 않을 것이다.

10. 공자의 제자들이
행한 좋은 일들

공자에게는 제자가 3000명이나 됐고 그 가운데 현인이 72명
이었다. 공자의 제자들은 하나같이 '살아 있는 레이펑雷鋒'•
으로서 어지러운 춘추시대에 좋은 일을 하려고 노력했다. 좋
은 일을 한다는 것은 두 가지 유형으로 나눌 수 있다. 첫째는
안회처럼 누추한 골목에 틀어박혀 어디에도 가지 않고 매일
인생의 의미를 사유하는 것이다. 거친 음식이 있으면 먹고
맑은 물 한 바가지 있으면 마시면서도 안회는 즐겁기만 했
다. 공자는 이것을 좋은 일을 하는 것이라고 생각했다. 세상
이 이토록 어지러운데 사람이 집 안에 틀어박혀 밖에 나가지

• 인민해방군 전사로 1962년 8월 15일, 공무 집행 과정에서 만 22세의 젊은 나이로 순직했
다. 그의 희생정신은 후에 공산주의를 위해 분투하고 인민과 공의를 위해 봉사하는 이른바 '레
이펑 정신'으로, 그는 희생과 봉사의 상징으로 자리 잡게 되었다.

않아 어지러움을 더하지 않는 것이야말로 가장 큰 덕행이라고 여긴 것이다.

프랑스의 수학자이자 사상가였던 파스칼은 일찍이 세상의 모든 재난은 사람들이 자기 집에 틀어박혀 '생각하는 갈대'가 되기를 거부하기 때문에 발생한다고 말한 바 있다. 안회에게는 갈대의 풍격이 있었던 것이다. 공자는 여러 제자 가운데 안회에 대해 가장 높은 평가를 내렸다. 말하자면 공자에게도 범인의 문제가 있었던 것이다. 『논어』를 읽어보면 그가 뒤에서 남들에 대해 험담하기를 좋아했다는 사실을 알 수 있다. 하지만 안회에 대해서만큼은 일관되게 칭찬만 했다. 이는 공자 자신이 할 수 없었던 일을 안회는 할 수 있었기 때문일 가능성이 크다.

공자는 집 안에 틀어박혀 있는 것을 몹시 싫어한 인물이었다. 그는 여기저기 돌아다니면서 생각을 실천하려 했다. 요컨대 항상 무언가를 해야 했다. 그의 제자 대부분은 그와 마찬가지로 모든 일에 적극적이었고 몹시 바빴다. 벼슬한 사람도 있고 외교 업무를 담당한 사람도 있고 장사를 한 사람도 있었다. 세상을 변화시키기 위해 모두 그렇게 바삐 움직였다. 이들은 좋은 일을 하는 사람들에 속했다. 좋은 일을 하는 사람 중에서도 행동파라고 할 수 있었다.

행동파의 대표적인 인물은 자공과 자로다. 그들이 했던 좋은 일은 틀림없이 아주 많을 것이다. 하지만 역사에 기록된 사례는 매우 드물다. 고대의 역사가들은 인간 본성에 대해 아주 음침하고 어두운 시각을 갖고 있었다. 그런 까닭에 그들은 안 좋은 일에 대해 쓰는 것을 더 좋아했다. 하지만 몇 가지 사건은 대대로 전해질 수 있었고 공자도 이에 대해 평론을 더한 바 있다.

예컨대 한번은 자공이 외지에 나갔다가 고향인 노魯나라 사람들을 만났다. 그들은 잡혀온 것인지 아니면 사기를 당해 끌려온 것인지 모르지만 이미 노예가 되어 있었다. 자공은 어진 사람이었다. 게다가 같은 고향 사람이었다. 이리하여 그는 주머니를 털어 그들의 몸값을 내줌으로써 풀려나 노나라로 돌아갈 수 있게 해주었다.

그런데 당시 노나라에는 한 가지 정책이 있었다. 노예가 되어 외지로 끌려갔다가 몸값을 내고 풀려나 돌아온 사람에게는 국가가 그 몸값을 지원해주는 제도였다. 하지만 자공은 좋은 일을 했을 뿐, 어떻게 영수증을 받아 나라에 그 돈을 청구할 수 있었겠는가? 결국 그는 "(노나라 노예들을) 고향으로 돌아가게 하고, 배상금은 받지 않았다".[25]

이런 사례를 보면 자공이 좋은 일을 끝까지 선하게 완성했음을 알 수 있다. 그는 '좋은 일'에 대한 일반인들의 전체적인 예상과 기대를 완벽하게 실현한 셈이었다. 하지만 이 일이 공자에게 전해지자 전혀 다른 반응을 보였다. 공자가 말했다.

"모두가 자공처럼 하면 노나라 사람이 또다시 외지에 노예로 끌려가도 더 이상 아무도 몸값을 대신 내주고 데려오려

하지 않을 것이다."

이와 정반대로 한번은 자로가 정의를 위해 용감하게 나선 일이 있었다. 물에 빠진 사람을 구해준 것이다. 구조된 사람은 천은에 감사하면서 이렇게 말했다.

"달리 드릴 수 있는 것이 없으니 이 소라도 끌고 가십시오."

뜻밖에도 자로는 사양하지 않고 득의양양하게 소를 끌고 집으로 돌아왔다. 이 이야기는 사실에 부합하지 않는 것 같다. 아주 훌륭한 '사적'을 안 좋게 기록한 것이다. 하지만 공자는 이 이야기를 듣고는 뜻밖에도 매우 긍정적인 반응을 보이면서 단언했다.

"이제부터 노나라 백성은 앞다투어 '물에 빠진 사람'을 구하게 될 것이다."

공자는 이처럼 두 가지 좋은 일에 대해 두 가지 태도를 보였다. 이로써 공자가 인간의 도덕적 실천에 대해 상당히 현실적인 태도를 지니고 있었음을 알 수 있다. 그는 인간에게 도덕적 마음이 있다고 믿었다. 하지만 동시에 이기적인 본성도 있다고 믿었다. 한 사람의 도덕적 경지가 범인들이 따라오지 못할 정도로 높으면 덕행도 괴벽^{怪癖}으로 변해 교육적 의미를 상실하게 된다는 것이 그의 생각이었다.

물론 내 상상은 다르다. 어쩌면 자공도 굴복하지 않고 마음속으로 이렇게 말했을지 모른다.

"좋은 일을 잘못하면 실수할 수도 있다. 하지만 모두가 안회처럼 한다면 실수하는 일이 없을 것이다. 하지만 그가 무엇을 했단 말인가?"

공자가 말했다.

"모두가 안회 같으면 뭔가를 할 필요도 없다."

11. 군자의 수면 문제

『역경易經』「건괘乾卦」에서는 "품덕이 고상한 군자들은 하루 종일 자강불식해야 한다. 심지어 밤중에도 곧 위기가 다가올 것처럼 근신하며 해이해지지 말아야 한다"[26]고 일깨우고 있다. 요컨대 군자는 해이해지지 말고 '아침부터 저녁까지 부지런히 힘써 일하면서朝乾夕惕' 더 발전하기 위해 노력해야 하고, 매사에 대로를 가로지르는 쥐처럼 조심해야 한다는 것이다. 요컨대 아드레날린이 충분히 분비될 수 있도록 유지하면서 영원히 분투하고 긴장해야 한다는 것이다.

왜 그래야 하는 걸까? 공자는 이에 대해 두 가지 이유를 제시하고 있다. 첫째, 군자가 된다는 것은 끊임없이 발전하려 노력하는 것이고, 발전하지 못하고 퇴보하거나 타락하면 더 이상 군자가 아니기 때문이다. 둘째, 군자가 되면 번거로운 분쟁을 유발하게 되므로 항상 조심하여 소인들이 몰래 음모를 꾸미는 것을 방지해야 하기 때문이다.

두 번째 이유는 숲에서 나무 한 그루가 유난히 빼어나면 바람이 반드시 이를 밀어댄다는 속담에 근거하고 있다. 여기서 장자莊子를 소환해보자. 그는 이렇게 말할 것이다.

"됐어. 우린 군자가 되지 않아도 돼. 작은 관목이 되는 게 얼마나 좋아?"

하지만 공자는 그렇게 생각하지 않았다. 그는 관목이 되어서는 안 될 뿐만 아니라 갈수록 더 크고 높은 나무가 되어야 한다고 생각했다. 그럼 거센 바람이 불어오면 어떻게 해야 하나? 가슴 졸이며 두려워하는 것 말고는 한 그루 미루나무가 되어 잔 가지들이 모여 큰 가지를 잘 간수함으로써 흉포하게 날뛰는 바람을 잠재우는 수밖에 없을 것이다.

전부 늙어서 치아가 빠져버린 지혜다. 게다가 지혜와 지혜 사이에 모순과 갈등이 존재한다. 다행히 내가 여기서 얘기하고자 하는 것은 이와 관련된 아주 작은 문제, 즉 군자의 수면 문제일 뿐이다.

군자가 되어 장기간 흥분과 긴장 상태를 유지하면서 몸 상태가 망가지는 것은 절대로 안 될 일이다. 춘추시대 사람들의 평균 수명은 많아야 39세였지만 공자는 70세가 넘게 살았다. '고희古稀'의 단계에 속한 사람인 것이다. 공자가 장수할 수 있었던 비결을 고찰해보면 식사량이 많지 않고 여행을 즐겼으며 수면에 반대했다는 것에 있다는 걸 알 수 있다.

이 대목에서 '재여宰予의 낮잠'을 예로 들 수 있다. 제자 재여가 대낮에 잠자는 것을 보고서 공자는 몹시 화가 나서 한마디로 단언했다.

"썩은 나무를 가지고는 조각을 할 수 없고, 썩은 거름흙으로 쌓은 담에는 흙손질을 할 수가 없다."[27]

이 사건은 현대인들이 '공가점孔家店'을 타도*할 때 선정적인 구실로 작용했다. 내가 중학교에 다닐 때 바로 그 유명한 비린비공批林批孔** 운동이 한창이었다. 선생님은 화난 목소리로 '극기복례克己復禮'***를 성토했고 학생들은 전부 그렇게 화낼 일이 아니라고 생각하면서 오히려 커다란 깨달음을 얻은 듯한 모습을 보였다. 하지만 '재여의 낮잠'에 대한 얘기가 나오자 학생들은 전부 그 늙은이(공자)에 대해 안 좋은 인상을 갖게 되었다. 대낮에 잠깐 낮잠 좀 자는 것이 뭐 그리 대단한 일이란 말인가? 그것이 정치적인 입장에서 분석하고 검토해야 할 일이란 말인가?

나중에 어른이 되어 『역경』을 읽고 이어 『논어』를 읽으면서 독서를 통해 합리적 이치를 터득하게 되었고, 그제야 나

* 1915년부터 시작된 중국의 신문화운동의 일환으로 구문화를 대표하는 유교문화와 그 대표인 공자를 부정하고 그가 남긴 정신적 유산을 제거하려는 운동으로 문화대혁명 때 정점에 이르렀다.

** 중국에서 1973년 말부터 전 국방부 장관이자 당 부주석이었던 린뱌오林彪와 그가 즐겨 인용했던 공자를 아울러 비판한 운동으로, 노예를 부리는 귀족을 편든 공자의 사상을 당 노선에 도입하여 자본주의의 부활을 도모했다고 비판했다.

*** 자신을 이기고 예로 돌아간다는 뜻으로 사리사욕에 대한 욕심을 버리고 공공의 이익을 위한 사회적 질서인 예를 회복시키는 것을 말한다.

는 마침내 공자의 고심을 이해할 수 있었다. 고대에는 확실히 수면이 작은 문제가 아니었다. 그 시대에는 일찍 자서 기본적으로 수면 시간이 길었다. 게다가 공기가 아주 맑았기 때문에 사람들은 늘 몸이 개운했다. 하지만 낮의 오락활동은 기본적으로 존재하지 않았다. 생활은 전면적으로 무료했고 혼자 있다보면 너무나 쉽게 졸음이 찾아왔다. 밤에는 잠을 자고 낮에는 한가롭게 상상했다. 너무 한가롭다보니 또 잠시 쪽잠을 자기도 했다. 이렇게 나태해질 수밖에 없었고 비교적 느긋하다보니 '아침부터 저녁까지 부지런히 힘써 일하는' 것이 쉽지 않았다. 그 결과 점차 타락했다.

이런 이치를 잘 알기 때문에 고전 시대 중국의 뜻있는 청년들은 늙을 때까지 수면을 상대로 지극히 힘들고 어려운 투쟁을 전개했다. 이 과정에서 노래 부르게 할 만한 일과 눈물 짓게 할 만한 일이 무수히 일어났다. 그 가운데 사람들을 가장 놀라게 한 것이 바로 '머리를 대들보에 메고, 송곳으로 뼈를 찌른頭懸梁, 錐刺骨' 사례다. 다름 아니라 소진蘇秦이 힘들게 공부하면서 졸음을 쫓기 위해 머리칼을 대들보에 메고 송곳으로 뼈를 찔렀다는 이야기다.

여기서 다시 우리의 '오래된 지혜'로 돌아가보자. 공자는 사람들에게 계속 발전해나갈 것을 요구하고 강조했다. 발전한다는 것은 아주 좋은 일이다. 하지만 발전을 위해 너무 애쓰다보면 자학과 변태로 왜곡되는 경우를 피하기 어렵다. 자신과 자신이 서로 친하지 못하고 갈등하게 되는 것이다. 남들이 보기에도 눈에 거슬릴 수밖에 없다. 누군가 내게 한 가지만 선택하라고 하면 나는 장자의 태도를 따를 것이다. 우리의 문제는 발전하지 않는 데에 있는 것이 아니라 지난 2000년 동안 너무 발전하려고 몸부림쳤다는 데에 있다. 스스로 자신을 눈에 거슬릴 정도로 핍박한 것이다. 따라서 이제는 다시 자신을 자연스럽게 되돌릴 필요가 있다. 그 방법 가운데 하나는 잠을 제대로 자면서 마음을 편하게 갖고 자신이 좋아하는 일을 하는 것이다.

12. 과인에게
한 가지 문제가 있으니

과인에게 한 가지 문제가 있으니, 바로 재물을 좋아한다는 것이오.[28]

과인에게 한 가지 문제가 있으니, 바로 여색을 좋아한다는 것이오.[29]

과인에게 한 가지 문제가 있으니, 바로 용맹을 드러내기를 좋아한다는 것이오.[30]

돈을 좋아하고 여색을 좋아하는 데다 용맹함 또한 대단한 사람이 있다면 이런 사람에게 우리는 또 무슨 말을 할 수 있을까? 이에 대해 맹가孟軻는 아주 훌륭하다고 말했다. 백성이 배불리 먹을 수 있고 거리에 시집 못 간 노처녀와 홀아비들이 없고, 한 번 화를 내서 천하를 안정시킬 수 있다면, 재물을 좋아하고 색을 좋아하며 용맹을 드러내기를 좋아해도 된다는 것이다.

『논어』를 읽다보면 공자는 노인이자 평화주의자로서 세상
사를 훤히 꿰뚫어보고 있다는 느낌을 받게 된다. 물론 노인
특유의 괴상한 성벽도 느껴진다. 이에 비해 『맹자』를 읽다보
면 목소리가 곱고 낭랑한 중년의 사내를 떠올리게 된다. 그
는 위엄이 있고 날래며 용감하다. 그는 틀림없이 얼굴에 구
레나룻이 나 있을 것이고 사람들을 관찰하는 예리한 눈빛을
갖추고 있을 것이다. 수시로 싸울 준비를 갖추고 있고 언제
든지 웅변과 뛰어난 언사, 풍부한 경험으로 사람들의 양심을
소환할 준비가 되어 있을 것이다.

맹자는 그 시대의 양심이었다. 공자는 자신이 상상했던 것
처럼 지는 해의 잔광 속에서 살았지만 맹자 앞에는 이미 아
득하고 긴 밤이 내려와 있었다. "위아래가 서로 이익을 다투
고"³¹ "짐승에게 사람을 먹여 기르는"³² 시대였다. 루쉰보다
2000여 년 앞서 맹자가 '식인'이라는 이미지로 사회의 짐승
같은 본질을 단언했던 것이다. 또한 어두운 밤이 눈앞에 있
었기 때문에 맹자는 격렬하면서도 굳세고 안정된 태도를 보
였다. 그는 공자가 창시한 '인의仁義'의 전통에 행동하는 이상
주의를 덧입혔다. '인의'는 오래된 기억에서 흘러나오는 가
치로 그치는 것이 아니라 반드시 전투적인 사회사상이 되어
야 한다는 것이 그의 생각이었다.

이상주의는 아름답다. 사람들은 오로지 이상주의의 아름
다움 때문에 이상주의자가 될 가능성이 매우 크다. 그래서

오늘날 '이상주의자'들 가운데는 중국문학을 공부하는 사람이 아주 많다. 그 결과 우리가 볼 수 있는 것은 쇼하는 사람들뿐이다. 그런 까닭에 내가 존경하는 이상주의자는 얼마 되지 않는다. 맹자는 그 가운데 한 명이다. 맹자는 열국을 동분서주하면서 수많은 군왕을 만났지만 한 번도 권력에 아부하거나 권력 앞에서 비굴한 모습을 보인 적이 없다. 그는 영원히 위에서 아래를 내려다보는 태도를 견지했다. 대중은 높은 곳에서 자신들을 내려다보면서 얘기하는 사람들을 좋아하고 숭배한다. 예컨대 무대 위에 선 스타들이나 텔레비전 화면에 나오는 전문가들, 사람들을 비판하고 욕하는 작가들을 좋아한다. 하지만 군왕들에게는 이처럼 자신을 비천한 존재로 설정하는 취미가 없었다. 그런 까닭에 군왕들에게 높은 곳에서 내려다보는 듯한 모습을 보이는 맹자의 태도는 대단히 위험한 것이었다. 뜻밖에도 그는 위험한 길을 가면서도 평탄한 길을 걷는 듯이 전혀 위험에 개의치 않았다.

그러기 위해서는 진정한 용기가 필요했지만 맹자는 한 번도 그런 용기를 결여한 적이 없었다. "그는 자신의 호연지기를 길렀던 것이다."[33] 이는 일종의 '기운氣'으로서 고대 유생들에게서는 찾아보기 힘든 자질이었다. 유생들이 정말로 뭔가를 두려워하지 않았다면 이는 그들의 담이 컸기 때문이라기보다는 맹자에게서 한 가지 근본적인 신념을 계승했기 때문일 가능성이 더 크다. 다름 아니라 군왕의 권위 위에 또 다른 도덕과 윤리의 권위가 있다는 신념이다. 이러한 권위에 의지하여 그들은 두려움 없이 용감하게 인간 삶의 가장 기본적인 권리를 지켜냈던 것이다. 예컨대 굶주리지 않고, 남들에게 업신여김당하지 않고, 남들에게 먹히지 않는 권리다.

그 유생들은 이미 다 잊혔다. 오로지 맹자만 남아 우리가 아무리 잊으려고 애써도 그의 기지와 열정, 금처럼 매섭고 분명한 목소리가 고전의 텍스트 안에서 여전히 메아리치고 있다. "오십 보 도망친 사람이 백 보 도망친 사람을 보고 겁쟁이라고 비웃는다"[34] "태산을 팔에 끼고 북해를 뛰어 넘을 수 있는가?"[35] "나무에 올라가 물고기를 찾는다"[36] "군자는 부엌을 멀리해야 한다"[37] "(군왕은) 백성과 함께 즐거워할 수 있어야 한다"[38] "나라 사람들이 모두 죽여야 한다고 말한다"[39]……

하지만 목소리가 가장 컸던 것은 맹자와 대화를 나눴던 진지하고 성실한 사람들이었을 것이다.

"내게 한 가지 문제가 있으니 돈을 좋아한다는 것이다. 내게 한 가지 문제가 있으니 여색을 좋아한다는 것이다. 내게 한 가지 문제가 있으니 가난한 사람과 약자를 보거나 저 멀리 있는 외국인들을 생각하면 화를 억누를 수 없다. 어찌하면 좋을까?"

맹자는 말이 없다.

13. 인간의 본성과 물

한번은 맹자가 고자告子를 만났다. 두 학자는 인성의 본질이라는 커다란 문제를 놓고 토론을 벌였다. 고자가 말했다.

"인간의 본성은 홍수의 급류와 같습니다. 동쪽을 터놓으면 동쪽으로 흘러가고 서쪽을 터놓으면 서쪽으로 흘러가지요. 인간의 본성은 선함과 선하지 않음의 구별도 없습니다. 물이 동서로 정해진 방향이 없는 것과 마찬가지지요."[40]

맹자는 그렇게 생각하지 않았다. 말주변이 좋았던 맹자가 차갑게 웃으면서 물었다.

"물이 동쪽으로 흐를 수도 있고 서쪽으로 흐를 수도 있다는 것은 분명한 사실입니다. 그렇다고 설마 물이 위로 흐를 수도 있고 아래로 흐를 수도 있는 것은 아니겠지요?"

이 물음에 고자는 그 자리에서 멍한 표정을 짓고 말았다.

"그렇습니다. 물은 아래로만 흐르지요. 물은 낮은 곳을 향해 갑니다. 다시 말해서 물은 그다지 좋은 성질이 못 되지요. 사람들이 이끌고 빚는 대로 형태와 방향을 갖게 되는 겁니다."

이것이 인간의 본성과 무슨 관계가 있단 말인가? 확실히 관계가 있다. 맹자는 높은 산이나 큰 강처럼 웅장한 기세로 말했다.

"인간의 본성이 선한 것은 물이 아래로 흐르는 것과 같습니다. 사람이라면 누구나 선한 기질을 갖고 있고, 물은 어떤 물이든지 아래로 흐르는 성질을 갖고 있지요."[41]

확실히 맹자는 "사람이 처음 태어날 때는 그 본성이 원래 선하다"[42]라는 주장을 펼치고 있다. 옳고 그르고의 시비 문제는 차치하고 나는 맹자의 이런 변론 방법을 칭찬할 수 없다. 인간의 본성은 본성이고 물은 물이다. 서로 비유가 불가능한 두 가지 개념인 것이다. 반드시 비유해야 한다 해도 물이 아래로 흐른다는 것이 인간의 본성이 선하다는 것을 증명하진 못한다.

하지만 고전에서는 맹자의 견해가 줄곧 주류의 지위를 차지해왔기 때문에 사람들은 자신은 원래 선하고 훌륭한 인성을 갖고 있다고 믿는다. 단지…… 에이! 세속의 이치는 어쩔 수 없는 것 아닌가? 지금 이 모양 이 꼴이 된 것을 어떻게 가릴 수 있단 말인가? 하고 한탄할 뿐이다. 모든 사람이 원래 선한 본성을 지니고 있다면 '악'은 어디서 온 것일까? 이 문제에 대해 2000년이 넘도록 사람들은 제대로 충분한 사유와 상상을 해내지 못하고 있다.

21세기에 이르러 탐관오리들이 감옥 안에서 이룬 글쓰기의 성과를 진지하게 읽고 연구해보면 늘 쓰던 수법과 전략이 전혀 변하지 않았다는 것을 알 수 있다. 사람을 먹고 자라던 '사나운 호랑이'들이 여전히 맹자의 신도들인 것이다. 이들은 평생 『맹자』를 한 줄도 읽지 않았고, 맹자가 이런 자들을 언급할 때마다 격분하여 이를 갈았다 할지라도 이들은 통상적으로 흥얼흥얼 자신들의 순수했던 유년 시절과 열정에 넘쳤던 청년 시대를 추억하면서 그 시절에 자신들이 얼마나 선량했는지 반추하곤 한다. 그런 다음에는 또 맹자의 말을 써먹는다.

"지금 물을 격하게 흘러가게 하면 산에도 있게 할 수 있지만 이것이 어찌 물의 본성이겠는가? 그 기세가 그렇게 만든 것일 뿐이다."

다시 말해 자신은 이 무고한 물과 같아서 원래는 아래로 흘러가야 하지만 불행히도 양수기를 만나면 산으로 올라갈 수도 있는데, 그것이 어째서 자신을 탓할 일이냐는 것이다.

이런 상황에 처할 때마다 나는 이런 놈들은 하느님을 만나러 가는 수밖에 없겠다는 생각을 떨칠 수 없다. 어쩌면 하느님만이 이들을 심판하여 자신들의 죄를 깨닫고 사람으로 산다는 것이 기세를 따라 흐르는 무고한 물과 같은 것이 아니라 엄준한 도덕적 책임이 따르기 때문에 모든 것을 자신이 선택하고 그 결과에 대해서도 자신이 책임을 져야 하는 사실을 알게 할 수 있는 것인지도 모른다.

간단히 말해서 우리의 논리는 똥을 퍼내지 못하는 뒷간과 같다. 이러한 논리는 맹자로부터 시작되었다. 나중에 20세기 초에 이르러 갑자기 또 서양의 낭만주의와 루소 같은 철학자들도 사람의 본성이 원래 선하다는 주장을 펼쳤다는 사실을 알게 되었다. 그리하여 우리는 또 값싼 낭만주의자들이 되었다. 자세히 살펴보면 중국의 작가와 탐관오리들이 공통된 글쓰기 경향을 지니고 있다는 것을 알 수 있다. 다름 아니라 홍얼홍얼 자신의 유년을 노래하기 좋아한다는 것이다.

현대 심리학 연구에 따르면 유년 시절은 백지와 같다고 한다. 선과 악을 구별하지 못하는 것이다. 이는 고자의 관점과 일치한다. 하지만 여기에는 중대한 차이가 있다. 예컨대 피아제*는 인간 본성의 형성이 '인식'에서 시작되고 '인식'이라는 것은 주체에 의해 이루어진다고 단언했다. 다시 말해서 사람은 사람일 뿐, 막연한 물이 아니라는 것이다. 악한 일을 행하려면 먼저 사회를 탓하지 말아야 한다. 적어도 자신의 행위에 대해 책임지는 용기가 있어야 하는 것이다. 중국인들은 "호한好漢은 어떤 일을 하든지 남에게 책임을 미루지 않는다"고 하지 않던가?

하지만 '호한'은 매우 드물다. 맹자는 내가 특별히 존중하

● 1896~1980. 스위스의 철학자, 자연과학자이며 발달심리학자다. 어린이의 학습에 대한 연구인 인지발달 이론과 자신의 인식론적 관점인 '발생적 인식론'으로 잘 알려져 있다.

는 선현이다. 그가 바로 호한이다. 하지만 안타깝게도 한 번의 실수로 후대의 무수한 무뢰한들에게 세상을 탓하고 남을 탓할 수 있는 구실을 제공하고 말았다.

14. 순의 울부짖음

"근심할 때는 근심하는 모습이 보이고, 즐거워할 때는 또 즐
거워하는 모습이 보인다."[43] 소설 『홍루몽紅樓夢』에 이런 수수
께끼가 나온다. 독자 여러분, 흥분하지 마시고 잠깐 기다려
주길 바란다. 일단 더 이상 『홍루몽』 얘기는 하지 않기로 한
다. 『홍루몽』이라는 소설 한 권을 놓고 지난 100년 동안 중국
에서는 유명한 문인들은 물론 이름 없는 문인들까지 무수한
생각을 쏟아냈지만 전부 잡다한 수다에 지나지 않았다. 트루
먼 커포티는 "모든 문학은 이러쿵저러쿵 온갖 낭설을 퍼뜨리
는 것이다"라고 말한 바 있다. 이 말은 적어도 '홍학紅學'●에
는 충분히 적용될 수 있다고 생각한다. 전문가와 아마추어를

● 소설 『홍루몽』을 연구하는 학문.

막론하고 수많은 사람이 이 책이 대청大淸제국 정치의 온갖 소문과 고위층의 잡다한 내막을 담고 있는 책이라는 사실을 인정하고 있다. 아주 재미있는 책이라고 말들 하지만 나는 차라리 오늘날의 오락소설에 나오는 화려한 이야기들이 훨씬 더 짜릿하다고 생각한다.

이제 본론으로 들어가보자. "근심할 때는 근심하는 모습이 보이고, 즐거워할 때는 또 즐거워하는 모습이 보인다"는 『맹자』에서 나온 것으로서 순舜이 자신의 동생을 아껴서 한 말이다. 그 동생의 이름은 상象이다. 신화학자들의 연구에 의하면 그는 정말로 한 마리 커다란 코끼리였다고 한다. 코끼리가 어떻게 순임금의 동생이 될 수 있었는지에 대해 학자들은 아무것도 말해주지 않았다. 우리가 알고 있는 사실은 상이 즐거워하면 순도 좋아했고 상이 얼굴을 찡그리면 순도 덩달아 근심 어린 표정을 지었다는 것뿐이다.

그렇다면 상도 마찬가지로 그의 형을 사랑하지 않았을까? 아니다. 동생인 상이 애타게 기다렸던 것은 형 순이 죽는 것, 그것도 당장 죽는 것이었다.

여기서 우리는 큰 성인聖人 순임금의 골치 아픈 가세에 관해 살펴보지 않을 수 없을 것 같다. 전해지는 얘기에 따르면 순의 아버지는 이름이 고수瞽瞍였다고 한다. 이 두 글자 모두 눈이 멀어 앞을 볼 수 없는 것을 의미한다. 나는 이런 작명이 그가 시비를 분명하게 가리지 못하고 판단력이 몹시 떨어진다는 점을 풍자하기 위한 것이 아니었을까 하는 의심을 가져본다. 물론 고수가 정말로 장님이었고, 아마도 최초의 떠돌이 악사였을 것이라는 추측도 사실이다. 전해지는 바에 따르면 현이 열다섯 개인 고금古琴을 처음 만들어낸 사람이 바로 고수였다고 한다. 이 음악가는 순의 어머니가 세상을 떠나자 새 아내를 얻어 아들을 낳았다. 그가 바로 상이다.

부친-계모-이복형제, 권력-혈연-재산-개인적 욕망 및 잔인함의 구도는 가정과 혼인, 사유재산제가 생겨난 이후 중국의 수많은 이야기를 구성하는 상투적인 틀이 되고 있다. 게다가 순의 이야기는 옛날이야기들 가운데서도 가장 오래된 최초 단계의 이야기다. 순은 한 가족 세 식구의 눈엣가시가 되고 말았다. 세 식구는 엄마가 없는 이 아이를 온갖 방법으로 학대했다. 그럼 순은 어땠을까? 당시에는 경찰이나 부녀연합회도 없었고 매체도 없었다. 그로서는 그냥 모든 걸 참는 수밖에 없었다. 게다가 그는 대단히 선량했고 이런 상황을 일종의 시험으로 여겼다. 자기 아버지와 가족에 대한 사랑을 시험하는 것이라 여겼다. 물론 그는 그런 시험을 다 통과할 수 있었다. 그는 수천 년 뒤의 아이들을 위해 가정폭력을 견딜 수 있는 가장 정확한 원칙을 발명하기도 했다. 작은 매는 맞고 큰 매는 피해 도망치는 것이다. 다시 말해서 어른인 아버지가 작은 막대기를 들고 때릴 때는 어깨로 다 받아내고 길고 두꺼운 몽둥이로 때리려고 할 때는 재빨리 도망치는 것이다.[44] 도망치는 이유는 아프거나 맞아 죽을 것이 두려워서가 아니라 철없는 자신을 때리지 않을 수 없는 것이 격정되었기 때문이다. 또한 자신이 몽둥이를 맞고 죽기라도 하면 아버지가 불의의 오명을 뒤집어쓰지나 않을까 하는 걱정도 도망의 주된 원인 가운데 하나였다.

나는 어렸을 때 아버지에게 맞은 적이 없지만 우리가 살던 그 큰 원자院子 안의 아이들은 일찍이 뜨거운 마음으로 자신이 호랑이 의자老虎凳* 나 고춧가루를 탄 물, 목매달기, 채찍으로 때리기 등 다양한 방법으로 혹형을 당하는 상상을 하곤 했다. 자, 덤벼!(물론 실제로 혹형을 당하는 일은 일어나지 않았다.) 우리는 진리를 위해 수난을 당하고 희생양이 되는 어둠의 달콤함과 아름다움을 즐겼던 것이다. 지금 돌이켜 생각해보면 그 안에는 틀림없이 마조히즘 경향이 싹트고 있었을 것 같다. 고통은 일종의 사랑이고 아름다움이고 충성이고 도덕이고 쾌락이었던 것이다.

바로 이런 방식으로 순은 온갖 박해와 학대 속에서 성인聖人으로 성장했다. 요임금은 그에게 천하를 맡기려 했지만 사전에 그를 시험하고 검증해볼 필요가 있었다. 시험의 방법 가운데 하나는 자신의 두 딸을 한꺼번에 그에게 시집보내는 것이었다. 물론 푸짐한 혼수와 지참금도 함께 보냈다.

순은 이렇게 엄청난 인물이 되었고 재산과 권력, 명성과 배경을 두루 갖추게 되었다. 그럼 눈먼 그의 아버지는 어떻게 되었을까? 고집이 몹시 센 이 노인은 자신의 큰아들을 더

* 뒤에 사람의 두 팔을 매달 수 있도록 십자가형 등판이 달린 의자 모양의 형구.

미워할 수 있는 충분한 이유가 생겼다고 생각하여 결국 아들을 죽이기로 마음먹는다.

이리하여 맹자의 진술에 따르면 아버지 고수는 자상한 표정으로 웃으면서 큰아들을 불러 양곡창고를 수리하라고 지시했다. 아버지가 지시한 대로 순이 지붕 위로 올라가자 아버지는 사다리를 치우고 불을 질러버렸다.

물론 순을 죽이는 일은 뜻대로 실현되지 않았다. 낯짝이 어지간히 두꺼웠던 아버지는 며칠 후 또다시 순을 불러 다정한 목소리로 가서 우물을 좀 파라고 시킨다. 순은 또 군말 없이 우물 깊이 파내려가기 시작했다. 우물을 파다가 문득 고개를 드는 순간, 위에서 뜨겁게 내리쬐는 햇빛처럼 황토가 쏟아져내렸다.[45]

코끼리처럼 힘이 셌던 작은아들 상은 단숨에 우물을 메워버렸다. 자신의 형을 우물 속에 묻어버린 다음, 그 위를 발로 밟아 잘 갈무리했다. 그러고는 몸을 돌려 순의 집으로 향했다. 가는 길 내내 그는 큰소리로 외쳤다.

"순이 죽은 것은 내가 한 짓이야. 그러니 소와 양은 부모님 몫으로 돌리고 양곡 창고도 부모님께 드려야지. 무기는 전부 내가 갖고 현악기도 내가 차지할 거야! 붉은 칠을 한 귀중한 활과 화살도 내가 차지하고 두 형수도 이제부터 내가 데리고 자야지."[46]

그는 이렇게 재물을 약탈할 계획을 늘어놓으면서 순의 집으로 들이닥쳤다. 그런데 뜻밖에도 죽었어야 할 형 순이 편안하게 앉아 현악기를 타고 있는 것이 아닌가! 이때 상도 약간 미안함을 느꼈던 것 같다. 이렇게 미안하고 어색한 상황이 닥쳤을 때 당시 사람들은 이런 미안함과 어색함을 기념하기 위해 한참을 생각하다가 마침내 '쑥스럽다忸怩'는 단어를 생각해냈다. 상이 쑥스러운 표정과 어투로 말했다.

"헤헤, 형님, 무사하셨군요. 저는 형님을 걱정하고 있었어요."

순이 자애로운 눈빛으로 동생을 바라보면서 말했다.

"상아, 마침 잘 왔다. 이 형은 과도한 가업을 다 감당할 수 없어 네게 맡겨 관리하게 할까 한다."

아주 오랜 시간이 지나 누군가 물었다.

"순은 상이 자신을 죽이려 했다는 걸 몰랐나요?"

맹자가 말했다.

"물론 알았지요. 하지만 여전히 상이 근심하면 순도 근심하는 모습을 보이고, 상이 즐거워하면 순도 즐거워하는 모습을 보였습니다."

이 이야기는 그리스 비극처럼 매섭고 음산하며 절망적이다. 하지만 아주 아름답고 따스한 중국식 결말을 맞는다. 순은 마침내 눈먼 아버지를 감동시키고 상을 감동시킨다. 이때부터 그들은 더없이 화목하고 행복한 생활을 이어간다.

선善에는 적이 없고 인仁에도 적이 없다. 맹자의 강의에서 순의 이야기는 신성한 계시가 되었다. 우리는 선을 믿어야 하고 사랑도 믿어야 한다. 아울러 너그러운 용서와 인내도 믿어야 한다.

나도 믿고 싶다. 하지만 나는 맹자가 대단히 중요한 한 대목을 생략했다는 점에 주목한다. 순이 어떻게 반복되는 모살을 피할 수 있었는가 하는 것이다.

이에 대해 『사기』에는 상세하진 않지만 재미있는 기록이 남아 있다. 대략적인 뜻은 배경이 대단한 두 아내가 법보法寶를 제공했다는 것이다. 다름 아니라 새 무늬와 용 무늬가 그려진 옷을 지어 입힌 것이다. 덕분에 순은 새가 되어 불바다를 벗어날 수 있었고 용이 되어 황천을 빠져나올 수 있었던 것이다.

물론 맹자는 이런 상상을 믿지 않았다. 그런 까닭에 이를 생략하고 기록하지 않은 것이다. 동시에 나는 사마천의 해석에 치명적인 구멍이 하나 있다는 것을 의식했다. 만일 정말로 순이 두 아내의 도움에 의지하여 악의 힘에서 벗어날 수 있었다면 선善의 힘은 어떻게 체현되고 또 어떻게 성립될 수 있는 것인가? 설마 선한 사람이 불에 타 죽거나 우물에 파묻혀 죽고 싶지 않다면 먼저 든든한 배경을 지닌 한두 명의 아내를 가져야 한단 말인가? 설마 선의 전제가 권력 혹은 성공이란 말인가?

맹자의 논술과 정반대로 우리는 항상 선한 행위와 상태가 세상에서 가장 연약한 것이라는 사실을 발견한다. 선은 우리에게 어떠한 현세적 이익도 제공하지 못한다. 선은 뭔가를 획득하고 취하는 일에 관한 이야기가 아니라 포기하고 버리는 일에 관한 이야기다. 선의 어려움은 바로 여기에 있다. 이 것이 인류의 보편적인 고통이자 곤혹이다. 공자와 맹자 모두 이러한 문제에 대해 유력한 해답을 제시하지 못했다. 훌륭한 마음을 가진 이 두 어른은 우리에게 좋은 사람이 되는 것은 절대 어렵지 않다고, 좋은 사람이 되면 반드시 그에 대한 보응이 따른다고 장황하게 말하고 있을 뿐이다.

순임금의 이야기에서 가장 아득하고 심오한 장면은 "순이 밭에 나가 하늘을 우러러 울부짖곤 했다"[47]는 것이다.

거친 들판에서 순은 하늘을 향해 긴 통곡을 했다. 이에 대해 맹자는 아주 재미없고 견강부회적인 해석을 내놓았다. 나는 그의 이런 해석을 한 글자도 믿지 않는다. 나는 그저 수천 년 전의 그 사람을 바라볼 뿐이다. 그는 아주 고독하게, 기댈 곳 하나 없는 상태에서 굳세게 선을 지키고 있었다. 이때, 그는 공자나 맹자가 상상했던 것처럼 선 때문에 성공한 인사가 아니었다. 그가 고난을 당하고 극도로 연약했을 때, 하늘은 말이 없고 거친 들판도 말이 없었다. 그의 영혼만 흔들리고 있었을 뿐이다.

"근심할 때는 근심하는 모습이 보이고, 즐거워할 때는 또 즐거워하는 모습이 보인다." 『홍루몽』에 나오는 이 수수께끼를 나는 잊었다. 굳이 답이 무엇이었는지 찾아보고 싶지도 않다. 정답은 아마 거울이거나 배우였을 것이다.

15. 용기

전해지는 바에 따르면 고대 중국에는 용감한 사람이 세 명 있었다고 한다.

그 가운데 한 명은 북궁유北宮黝다. 그는 조금이라도 억울한 일을 참지 못했다. 그는 "거친 천으로 지은 헐렁헐렁한 옷차림의 가난뱅이들로부터도 치욕을 당하길 원치 않았고, 만승의 병거를 거느리는 군주로부터도 치욕을 허용하지 않았다.[48] 누구든지 그의 비위를 건드리면 즉시 얼굴을 붉혔고 자신에 대한 험담이 들리면 반드시 그대로 되갚아주었다.[49] 심지어 칼을 뽑아 들고 덤비기도 했다.

북궁유는 협객이었지만 한가할 때는 잡다한 글을 쓰기도 했던 것 같다. 용감한 사람으로 알려진 두 번째 인물은 맹시사孟施舍로서 아마 무사 아니면 장군이었던 것 같다. 그의 용감함은 비교적 단순했다. 소규모로 습격해오는 상대든 대규모 병력으로 국경을 압박해오는 상대든 간에 "이길 수 있는 상대인지 이기지 못할 상대인지는 나중에 따지기로 하고 우선 이길 것이라 믿고 싸움부터 벌였다".[50]

나중에 누군가 맹자에게 어떻게 해야 용감한 사람이 될 수 있는지 물었다. 이에 맹자는 북궁유와 맹시사를 예로 들어 설명했다. 분명한 설명이 되지 못했다고 생각한 그는 다시 세 번째 용감한 인물로 공자를 언급했다.

공자의 용기는 "나는 자기 자신을 돌아보았을 때 옳지 못하다면不縮 상대가 비록 하찮은 사람이라 할지라도 두려워 어쩔 줄 모를 것이다. 하지만 나 자신을 돌아보았을 때 옳지 못한 바가 없다면 상대가 천만 명이라 해도 나는 가서 당당히 맞설 것이다"[51]라고 말한 데서 찾아볼 수 있다.

여기서 말한 '축縮'이라는 글자는 위축된다는 뜻이 아니라 고대에 관면冠冕*의 이음새에 생긴 직선 형태의 틈을 가리킨다. 다시 말해 그 틈을 손으로 누르듯이 마음을 어루만지면서 생각하는 것을 의미한다.

맹자는 공자의 용기를 '큰 용기大勇'라고 평가했다. 이런 평가에는 나도 동의한다. 공자의 용기와 앞서 언급한 두 사람의 용기가 다른 점은 공자는 용기를 일종의 윤리의 문제로 변환시켰다는 데에 있다. 용기란 한 사람의 힘이 상대적으로

* 옛날 왕이나 관리가 쓰던 일종의 관모.

센 것을 체현할 뿐만 아니라 정의의 문제로 연결되기도 한다. 정의를 통해 힘과 존엄을 동시에 얻어야 한다는 것이다.

하지만 여기에도 한 가지 문제가 있다. 다름 아니라 공자는 모든 사람의 마음속에 동일한 직선 형태의 틈이 있어 이를 만져보기만 하면 이치에 맞는지 안 맞는지, 정의로운지 그렇지 못한지를 알 수 있다고 가정하고 있다는 것이다. 옛날에는 이러한 가정이 통했을지도 모른다. 하지만 오늘날에는 내 마음속에 있는 직선의 틈과 다른 사람의 마음속에 있는 직선의 틈이 같다고 단정하기 어렵다. 나는 내 이치가 옳다고 생각하고 상대방은 자신의 이치가 옳다고 주장하는데, 이 두 가지 이치가 일치하지 않을 수 있는 것이다. 그 결과 누구도 자신을 돌이켜 옳지 못하다고 생각하지 않게 된다. 자신의 이치가 옳은데 누굴 두려워하겠냐는 것이다. 누구의 이치가 옳은지는 결국 주먹의 크기에 의해 결정된다.

그래서 우리의 용기가 합리적인 이치를 장착할 수 있도록 하기 위한 가장 좋은 방법은 모두가 한자리에 앉아 상의하여 한 가지 공통의 직선의 틈을 찾아내는 것이다. 하지만 이에 대해서도 나는 극도로 낙관적이지 못하다. 적어도 200년은 더 지나야 그 직선의 틈을 상의를 통해 도출해낼 수 있고, 모든 사람의 마음에 든든하게 자리 잡게 할 수 있을 것이다. 또한 여기에는 한 가지 전제가 더 있다. 이 200년 동안 인류가 전쟁에서 요행으로 계속 살아남아야 한다는 것이다.

그럼 어떻게 해야 할 것인가? 맹자는 이 문제에 관해 사유

15. 용기

해보지 않았다. 그런 까닭에 그는 아무 말도 하지 않았다. 곰곰이 심사숙고한 결과 나는 문득 이 세 가지 유형의 용감한 사람들에게 사실은 또 한 가지 공통된 직선의 틈이 있다는 사실을 깨달았다.

북궁유는 백성을 두려워하지 않았고 맹시사는 소규모 적도 두려워하지 않았으며 대규모 적도 두려워하지 않았다. 공자는 합리적인 이치 없이는 어떤 사람도 괴롭히지 않았고 이치만 있으면 상대가 천만 명이라 해도 두려워하지 않았다. 요컨대 이 세 사람은 혼자 제자리에 서서, 밝은 곳에 서서, 이 세상을 상대했다.

나는 이것이 용감한 사람들의 가장 큰 한계라고 생각한다. 수많은 사람 무리 속에서 외치는 것은 용기라고 하지 않는다. 그냥 소란을 피운다고 한다. 말을 할 때 걸핏하면 자신이 천만 명을 대표하고 있다고, 대다수를 대표하고 있다고 말하는 사람들이 있다. 이 역시 용기라고 할 수 없다. 이는 밤길을 가면서 휘파람을 불어 자신이 용감하다고 자기최면을 거는 것과 다르지 않다. 용감한 사람은 스스로를 존중하기 때문에 요란하게 밀고 당기고 소리치는 일에 휘말리지 않는다. 허구나 진실을 가지고 남을 능욕하는 것은 더더욱 불가능하다. 그의 존엄은 상대방을 공평하게 바라보는 시각을 견지하는 데에 있다. 그가 무사였다면 노인이나 부녀자, 아이들, 그리고 손에 어떠한 무기도 들지 않은 사람은 절대로 죽이지 않았을 것이다. 하지만 상대방이 천군만마였다 할지라도 불공평하다고 생각되면 "좋다, 덤벼라!"라고 말했을 것이다. 이 것이 바로 용기 있는 사람의 모습이다.

이 세 용감한 사람은 하나의 근본적인 지표를 수립했다. 다름 아니라 자신이 정말로 모든 책임과 결과를 감당할 마음이 있는지를 살피는 것이다. 이런 용기를 가진 사람들은 인류 역사를 통틀어도 소수에 그친다. 물론 3000년이라는 세월이 흘렀고 이제는 인터넷 시대가 도래했다. 인터넷에 들어가보면 천지에 용감한 사람들이 가득한 것 같다. 하지만 나는 상술한 지표가 계속 적용되어야 한다고 생각한다. 예컨대 인터넷에서 자신의 생각이나 사실과 다른 정보나 주장에 대해서는 격분하여 키보드가 망가지도록 반론을 전개하면서도 얼굴을 돌려 직장 상사로부터 심한 욕설을 듣고도 반박하지 못한다. 길거리에서 깡패를 만나면 재빨리 꼬리를 내리고 도망친다. 이런 용기는 전혀 쓸모가 없다. 인파 속에 감춰진 용기, 공짜 용기이기 때문이다. 사실 이런 용기는 유약함이나 비겁에 가깝다.

여기까지 말하고 나니 용기라는 것이 어떤 것인지 알 것 같다. 하지만 나도 감히 자신이 용기를 가질 수 있다고 장담하진 못한다. 공자는 또 "부끄러움을 아는 것은 용기에 가깝다"[52]고 말하기도 했다. 내가 할 수 있는 일은 자신이 전기에 감전된 것처럼 이빨을 드러내고 발톱을 치켜세울 때, 상술한 지표에 따라 이리저리 따져보는 것뿐이다. 갑자기 미안하고 창피하다는 생각이 들면 그건 부끄러움을 안다는 것이니 플

러그를 뽑고 이빨과 발톱을 씻은 다음, 침대에 올라가서 자면 되는 것이다.

16. 수학자의 도시

400여 년 전, 선교사 마테오리치(1552~1610)가 중국 명나라 땅에 들어왔다. 그는 어느 편지에서 이렇게 한탄했다.

"중국 전체가 수학자 한 사람에 의해 지어진 것 같네."

이 나폴리 출신 선교사에게는 대명제국의 도시가 정말로 가지런하고 가로세로가 아주 반듯한 것이 기하학 도형처럼 느껴졌다. 모든 것이 보이지 않는 수학자의 두 손에 의해 규획된 것 같았다.

이는 중국을 칭송한 말이었을까 아니면 폄하한 말이었을까? 나는 마테오리치가 중국을 칭송한 것이었다고 생각한다. 그는 만 리나 떨어진 유럽에서 중국으로 왔다. 선교를 위해 오면서 그는 자명종과 아르키메데스 원리 같은 것들을 가져왔다. 요컨대 그는 중국 백성을 향해 우호의 감정을 품고 온 것이다. 하지만 400년 전에는 나폴리든 파리든 간에 전부 악취가 넘치는 엉망진창의 도시들이었다. 도시 규획이라는 개념은 그로부터 적어도 200년이 더 지나서야 유럽인들의 머릿속에 자리잡게 되었다. 그런 까닭에 마테오리치는 당시 명나라 수도의 모습에 놀라움을 금치 못했을 것이다. 그는 이 세상의 어느 수학자가 이러한 기적을 창조했으리라고 상상할 수조차 없었다.

마테오리치는 중국의 다양한 고전 저작물을 두루 읽었으니 틀림없이 『맹자』도 읽었을 것이고, 다 읽고 나서는 맹자가 바로 '수학자'라는 사실을 알게 되었을 것이다. 그의 교육 덕분에 나중에 중국에는 무수한 '수학자'가 생겨났다. 그들의 근본적인 신념은 세상만사에 반드시 간단하고 획일적인 해법이 있다는 것이었다.

예컨대 '삼농三農 문제'*에 관해 맹자는 2000년 전에 이미 깊이 사유한 적이 있다. 그 결과로 그가 제시한 방법이 바로 '정전제井田制'였다. "땅을 사방 1리里를 기준으로 정井 자 모양의 정전으로 규획하면 하나의 정전은 900무畝가 된다. 맨 가운데 있는 100무를 공유전으로 하여 공동으로 경작하고 주위의 800무를 사유전으로 하여 땅 소유자가 경작하게 한다. 공유전의 경작이 다 끝나야 사유전을 경작할 수 있게 한다."[53] 이 말을 번역하면 기본적으로 한 가지 기하학의 문제

• 농업과 농촌, 농민에 관련된 모든 문제와 그 결합.

가 된다.

이것이 바로 이른바 '질서정연^{秩序井然}'이라는 것이 아닐까? 이 얼마나 아름다운 제도인가! 하지만 설마 천하의 토지가 전부 바둑판처럼 평평하고 가지런하단 말인가? 사방 1리의 토지를 열일고여덟 조각으로 잘게 잘라 경작해야 하거나 한 덩어리의 땅이 900무가 되지 않을 경우에는 어떻게 한단 말인가? 사방 1리의 땅에 여덟 가구가 아니라 열여덟 가구의 농민이 살고 있다면 또 어떻게 한단 말인가?

맹자는 이런 사소하고 저급한 문제들은 고려할 시간이 없었던 것이 분명하다. 노인이 된 그는 거대한 자를 들고서 격정으로 가득 차 우리를 위해 아름다운 세계를 디자인했던 것이다. 어쩌면 그는 대지를 거대한 두부로 생각했는지도 모른다. 그래서 이를 깔끔하게 자를 수 있는 칼을 기다렸던 것인지도 모른다. '수학자'로서 그는 직선만을 이용하여 모든 것을 다 계산하려 했다. 재수없게 곡선을 만나면 구부리거나 당겨서 직선으로 만들려 했을 것이다.

'정전제'는 나중에 거대한 공안^{公案}• 사건이 된다. 학자들은 머리가 하얗게 세도록 이것이 도대체 실제 사건인지 아니면 망상인지 깊이 있게 연구했다. 결국 대부분의 수학자가 아주 조심스럽게 너무나 애석한 일이지만 이 제도는 실현된 적이 없다고 선포했다.

• 옛날에 재판관이 안건을 심리할 때 쓰던 큰 책상을 말한다. 재판 사건을 의미하기도 한다.

하지만 맹자가 직선 수학자의 열정과 신념으로 우리를 계도하고 교육했다는 사실에는 의심의 여지가 없다. 농촌은 너무나 복잡했다. 그렇다면 우리는 적어도 사람이 만든 도시에서 우리의 이상을 실현할 수 있지 않을까? 이리하여 이 대지 위의 모든 도시가 또 다른 도시와 똑같은 모습을 갖게 되었다. 모든 도시가 동일한 청사진에서 나왔기 때문이다. 동서남북에 성문이 있고 웅장한 아문衙門은 성 중앙에 건설했다. 광장도 있어야 하고 남북과 동서를 관통하는 대로와 중앙의 상업구역, 금융가, 무수한 고층빌딩도 있어야 했다. 민간 주택과 수백 년 된 사원, 궁전 등이 가지런한 도시 규획의 도형을 방해한다면 철거하는 수밖에 없었다. 이 도시에서 우리는 모든 곡선을 제거하고 직선이 칼처럼 자연스럽게 생장하는 모든 사물, 시간에 침적된 모든 사물을 없애버리도록 방치했다. 우리는 반짝반짝 빛나는, 다이아몬드처럼 차갑고 딱딱한 도시를 원했다. 그것이 바로 '현대화'라는 이름의 '세계'와 접속되는 곧은 궤도였다.

그 뒤로 400년이 지난 지금, 아직도 이곳의 도시들이 전부 한 수학자가 건설한 것이라고 말하는 사람들이 있다.

17. 맹자의 선택 문제

맹자에 비해 나는 공자를 더 좋아하는 편이다. 공자는 다양한 정취가 넘치는 '큰 지식인'으로서 생활을 뜨겁게 사랑했고 먹는 것과 입는 것을 무척 중시했다. 종종 푸념을 늘어놓기도 했고 등 뒤에서 남들에 관해 이러쿵저러쿵 시비를 가리며 험담을 늘어놓기도 했다. 그는 또 열광적인 음악애호가로서 고상하고 우아한 음악도 좋아하고 유행 음악도 좋아했다. 음악을 듣다가 신바람이 나면 머리를 흔들거나 고개를 끄덕였고 석 달 동안 고기 맛을 잊기도 했다.[•]

공자의 귀여움은 다양한 인성의 약점을 갖고 있다는 데에

• 『논어』 「술이述而」 편에 공자가 35세 되던 해에 노魯나라에 변고가 발생하자 제齊나라로 갔다가 소악韶樂을 듣고 감동하여 석 달 동안이나 고기 맛을 잊었고 "음악의 아름다움이 이처럼 지극함을 내 일찍이 생각하지 못했다"라고 탄식했다는 이야기가 기록되어 있다.

서도 찾아볼 수 있다. 반면에 맹자는 약점이 없었다. 그는 바늘로 찔러도 들어가지 않고 물을 뿌려도 젖지 않는 호연정기 浩然正氣를 지니고 있었다. 모래를 날리고 돌을 굴리는 정도의 힘으로는 감당할 수 없는 토네이도에 가까웠다. 『논어』를 읽다 보면 노인을 상대로 "이 일은 이렇게 되는 게 아닌 것 같은데요?" 하면서 뭔가를 상의하는 듯한 느낌을 갖게 된다. 반면에 『맹자』를 읽을 때는 상의할 것이 없다. 그가 곧 진리이자 정의이기 때문이다. 우리가 뭔가를 상의하려 하면 맹자는 탁자를 내려친다. "내가 지금 자네에게 하고 있는 얘기는 중대한 시비의 문제란 말일세!"

예컨대 맹자는 천하고금을 통틀어 가장 이상적인 세제는 십일제什一制*라고 판단하고 부가가치세 같은 것을 전부 취소해버렸다. 그런 다음 다른 조건 없이 누구나 열 근의 수확이 있으면 한 근을 세금으로 납부하고 백 근의 수확이 있으면 열 근을 납부하게 해야 한다고 주장했다. 이런 세제가 얼마나 좋은지에 대해 맹자는 한 번도 설명한 적이 없다. 그는 이것이 애당초 설명도 필요치 않을 정도로 완벽한 세제라고 믿었던 것이다. 그는 이것이 선왕先王들의 법이라며 이를 앙다물고 말했다. 요와 순, 우도 이런 세제를 시행했다는 것이다. 그러면서 요와 순, 우가 바로 정의이자 큰 도리인데 당신은 정의를 사랑하지 않는단 말인가 하고 되물었다. 사랑한다

● 수확의 10분의 1을 세금으로 내는 제도로 그 세금을 십일세라 한다. 구약성경에 나오는 십일조와 유사하다.

고 대답하면 "좋다, 그렇다면 반드시 십일제를 사랑해야 한다"고 말했다.

이는 대단히 혼란스러운 논리가 아닐 수 없다. 하지만 맹자의 또 다른 특징은 낭랑함과 웅장함이었다. 고금을 막론하고 전 세계의 무수한 사례가 증명하듯이 우리는 진眞과 선善을 사랑하지만 동시에 미美도 사랑한다. 낭랑함과 웅장함은 커다란 아름다움이다. 그런 까닭에 우리는 황당무계하고 잘못된 것이라 해도 낭랑하고 웅장한 의론을 좋아한다. 그리하여 어느 날, 송宋나라의 모 관원 한 명이 맹자의 강연을 듣기 위해 찾아왔다. 맹자의 의론을 들은 그는 금세 머리가 뜨거워지면서 십일제의 옹호자가 되었다. 하지만 이 사람은 필경 관원이라 일을 처리하는 사람에 지나지 않았다. 머리가 아무리 뜨거워졌다 해도 이런 제도를 시행할 수 있는지 없는지를 생각해봐야 했다. 마침내 그가 자리에서 일어서며 물었다.

"아주 좋은 제도입니다. 정말 훌륭합니다. 하지만 올해에 이런 제도를 시행하기에는 시간이 너무 촉박할 것 같습니다. 우선 놔뒀다가 내년에 다시 얘기하는 게 어떻겠습니까?"

맹자는 아무 말도 하지 않고 눈을 커다랗게 뜨고 그를 쳐다보기만 했다. 모골이 송연하게 만드는 응시였다. 그러고 나서 맹자는 차갑게 웃으면서 대답했다.

"지금 어떤 사람이 매일 그 이웃의 닭을 훔쳤다고 합시다. 이에 대해 어떤 사람이 '그것은 군자의 도리가 아니다'라고 하자 그는 '그러면 줄여서 한 달에 한 마리씩 닭을 훔치다가 내년이 되면 그만두겠습니다'라고 합니다. 그것이 옳지 않은 일이라는 걸 안다면 당장 그만둘 것이지 무엇 때문에 내년을 기다리겠습니까?"[54]

만일 맹자가 회의장에 있었다면 벼락처럼 소리를 높였을 것이다. 만일 그가 인터넷에 들어가 있었다면 미친 듯이 댓글을 달면서 그것이 얼마나 좋은 제도인지 역설했을 것이다.

이 관원은 어떤 반응을 보였을까? 이에 대해 『맹자』에는 기록된 바가 없다. 아마도 얼굴이 온통 새빨개져 말을 하지 못했을 것이다. 마치 그 관원이 바로 닭을 훔친 도둑이라도 되는 것 같았을 것이다. 그는 2000년 넘게 생각해야 진상을 제대로 알게 될 것이다. 맹자의 견해 역시 일종의 도둑질이라고 할 수 있다. 닭을 훔치는 것이 아니라 도둑질하듯이 개념을 바꾸는 것이다. 세제를 실행할 수 있는지 없는지의 문제는 너무나 복잡해서 닭을 훔치는 비유로 정확히 설명하기 어렵다. 하지만 맹자는 이런 문제들에 개의치 않았다. 그는 십일제가 정말로 공평한지 여부에 관해서는 의론을 제시하지 않았다. 징세 방법과 징세 비용도 언급하지 않았고 징세를 유지하기 위해 필요한 최소한의 공공비용도 제시하지 않았다. 그는 닭을 훔칠 것인가 안 훔칠 것인가 하는 질문만 던졌다. 그리하여 정치와 경제의 운용에서 복잡한 제도 설계의 문제가 커다란 시비와 도덕의 문제로 변하게 되었다. 그걸 또 어떻게 설명한단 말인가? 닭을 훔치지만 않으면 되는 것이다. 닭은 훔쳐선 안 되는 것이지만 세금은 어떻게 거둬야 하는 것인지는 사실 아무도 알지 못했다.

춘추시대 사람들은 비교적 정직하고 무던하여 모든 일이 말한 대로 실행되어야 한다고 생각했다. 그런 까닭에 그 관원은 벌떡 일어서서 맹자를 상대로 이의를 제기했던 것이다. 나중에 중국인들은 맹자의 교육을 받아 천하의 만사에 관한 담론에 대해 가부와 시비의 대답만이 필요하다는 것을 알게 되었다. 그리고 최대한 먼저 태도를 표명하여 '큰 옳음大是'의 고지에 올라서야 했다. 적과 원수들을 상대로 닭을 훔치는 도둑만 잡아내면 다 되는 것이었다. '큰 옳음'을 실행해야 하는지 여부와 어떻게 실행해야 하는지, 지금 당장 나부터 시행해야 하는 건지 아닌지 등의 문제에 대해서는 충분히 진지하지 못했다.

이것이 내가 맹자를 너무나 좋아하지는 않는 이유다. 나는 그가 진정한 도덕가이기를 기대했다. 하지만 그는 인간의 생활을 아주 단순하게 닭을 훔칠 것인가 말 것인가 하는 선택의 문제로 전환시켜버렸다. 이런 태도 때문에 필연적으로 입은 옳고 마음은 그른 무수한 '군자'가 양산되었다.

내년이 또 내년이 되고 긴 세월이 흐르면서 맹자는 준準성인이 되었지만 십일제는 고대 중국에서 줄곧 하나의 이상으로만 존재했다. 내가 아는 바로 이 이상은 유럽 중세기의 교회에서만 실현되었다. 물론 그들은 요와 순, 우의 이름으로 이런 제도를 실행한 것이 아니었다. 그들은 하나님의 이름으로 모든 수입의 십 가운데 일을 바치게 했다. 당시에는 은행

계좌를 조사할 수 있는 것도 아니었다. 하층 관리들이 칼을 들고 돌아다니면서 임의로 그 사람의 수입이 얼마인지 말하면서 10분의 1을 내놓게 한 것이다. 불쌍한 유럽 백성은 가산을 탕진하고도 이런 십일조 세금을 내지 못해 자식들을 팔기도 했다.

물론 맹자는 이런 상황을 생각하지 못했다. 그는 이미 '큰 옳음'과 '큰 그름'의 문제를 해결했기 때문이다. 설마 이 세상에 다른 문제가 또 있단 말인가? 그는 낭랑하고 웅장한 목소리로 이렇게 물었을 것이다.

18. 성인병聖人病

맹자는 고귀한 품덕과 자질을 다양하게 갖춘 인물이었다. 하지만 여기에 겸손은 포함되지 않았다.

예컨대 그는 우리에게 하늘을 원망하지도 말고 남을 탓하지도 말라고 가르쳤다. 이빨이 빠지면 배 속으로 삼켜버리고 언제든지 여유 있는 웃음을 보였다. 하지만 어느 날 나이 든 맹자가 침울한 얼굴로 웃음을 보이지 않게 되었다. 이에 어떤 사람이 남들 몰래 슬그머니 다가가 물었다.

"어찌 된 일이십니까? 하늘을 원망하고 남을 탓하고 계신 겁니까?"

맹자가 목을 꼿꼿이 세우고 말했다.

"누가 하늘을 원망하고 남을 탓한다는 말인가? 나는 그저 모든 것에 기뻐할 뿐이네. 500년에 한 번씩 반드시 세상을 제대로 다스릴 지도자가 나오기 마련이네. 그때가 되면 세상이 알아주는 유명한 인재들도 나타나 그를 보필할 걸세. 지금은 주나라가 세워진 지 700년쯤 되지 않았나? (…) 아무래도 하늘이 세상을 평정하고자 하지 않는 모양이네. 하늘이 세상을 평정하고자 한다면 지금 이 세상에 나 말고 누구에게 그 일을 시키려 하시겠는가? 그러니 내가 어째서 즐거워하지 않을 수 있겠는가?"[55]

내가 어째서 즐거워하지 않을 수 있단 말인가!

이런 말에 대한 상대방의 반응은 어땠을까? 『맹자』에는 이에 대한 기록이 없다. 『맹자』의 편찬 관례에 따르면 이러한 대결 구도가 나올 때 상대방이 "제가 잘못했어요" "제가 졌습니다" "제가 소인입니다" 같은 반응을 보이면 맹자는 반드시 뭔가 한마디를 적곤 했다. 그런데 이번에는 이어지는 문구가 없었다. 어쩌면 상대방이 그의 호언장담을 듣고 그 자리에서 증발해버렸는지도 모른다. 내가 추측하기에도 실제 상황이 이와 크게 다르지 않았을 것 같다. 내가 그 사람이었다면 역시 긴 탄식을 내뱉고는 고개를 돌려 가버렸을 것이다. 그러면서 마음속으로 한마디 던졌을 것이다.

"그래요, 그럼 실컷 즐거워하세요!"

맹자가 중국 역사상 가장 자신감이 넘쳤던 인물 가운데 한 명이라는 사실에는 의심의 여지가 없다. 그는 공자보다도 더 자신감에 차 있었다. 공자는 때때로 처량하고 쓸쓸한 모습을 보였지만 맹자는 통째로 강인한 사람이었다. 하지만 이 속세에서 자신이 창생을 구제할 수 있는 성인이라고 외치는 사람에게도 필연적으로 무한한 번뇌와 걱정이 있기 마련이다. 그가 황제였다면 오히려 괜찮았을지도 모른다. 황제는 황위에 오르면 성인이 되기 때문이다. 성인이 되고 싶지 않아도 안 될 수가 없다. 중국 역사에는 단호하게 성인이 되기를 거부했던 황제들도 없지 않다. 이로 인해 그 자신은 아주 즐거웠지만 백성은 이치에 맞지 않는 일이라고 생각했다. 황상은 하면서 성인은 안 하겠다니, 천하의 이루기 어려운 훌륭한 일들을 전부 황상께서 거두시려는 겁니까? 이리하여 백성은 수많은 이야기를 지어내 그를 비난하게 된다.

우리는 성인이 되는 일이 아주 요원한 것이라고 생각한다. 황상이 되는 것도 아주 요원한 일이다. 그렇다면 좋다. 황제가 아니라 성인이 되면 되지 않는가? 하지만 옆집 늙은이가 갑자기 자신이 성인이라고 주장한다면 어떤 느낌을 갖게 될까? 당장 그의 비리를 들춰내 폭로하게 될 것이다. 그가 어제 우리 집 문 앞에 아주 진한 가래침을 뱉었는데 이런 사람이 도대체 어떤 학파의 성인이란 말인가요?

바로 여기에 맹자의 고뇌가 자리하고 있다. 노인이 된 맹자는 매일 이야기를 했다. 요와 순, 우에서 시작해 주공과 공자까지, 모두가 성인이라는 사실에 대해 사람들은 이견이 없었다. 모두 죽은 지 얼마나 됐는지도 모르는 옛 인물들이었다. 하지만 뜻밖에도 그는 황당무계하게, 너무나 당당하게 마지막으로 자신을 성인으로 언급했다. 이런 상황에 대해서는 누구나 조건반사적으로 경기를 일으키게 될 것이다. 그렇지 않은가? 어떻게 얘기 몇 마디 하는 사이에 노인인 그가 성인이 될 수 있단 말인가? 그래서 『맹자』에서 맹자를 성인으로 열거한 일을 가장 진심으로 폭로하고 비난한 사람은 그의 제자들이었다. 예컨대 앞서 언급한 갑자기 증발한 사람이 바로 그런 제자였을 것이다.

맹자가 오늘날에 살았다면 일을 훨씬 더 쉽게 처리할 수 있었을 것이다. 그는 큰 벼슬을 하진 않았지만 명성은 작지 않았다. 사방을 주유하면서 남에게 도움을 준 일도 적지 않았다. 수십 명의 학생이 그에게 의지하여 밥을 먹었으니 어디든 돌아다니며 글을 써서 자신들의 은사이자 사장님인 맹자를 칭송했을 것이다. 심지어 맹자를 다시 태어난 공자 혹은 루쉰의 환생으로 만들기도 했을 것이다. 하지만 불행히도 맹자는 2000년 전의 세상을 살았고, 당시의 학생들에게서는 오늘날의 학생들처럼 진리를 사랑하기보다는 자기 스승을 더 사랑하는 경향을 찾아볼 수 없었다. "선생님은 성인이시잖아요?"라고 말하는 학생은 찾아보기 어려웠다. 그렇다면 오늘날에는 왜 눈을 가늘게 뜨고 미소 짓는 학생이 없는 것일까? 왜 부모가 돌아가셨을 때 두꺼운 나무로 관을 짜고 많은 사람을 동원하여 성대하게 장례를 치르는 사람들이 없는 것일까? 대답해보라⋯⋯.

정상적인 이치대로 말하자면 모든 것이 사소한 일이다. 하지만 천 리의 제방도 개미구멍에 의해 무너지고 바람은 항상 작은 풀에서부터 이는 법이다. 이런 이치는 우리 모두가 알고 있지만, 맹자는 더더욱 체감하고 있었다. 그래서 이런 유형의 문제에 부딪힐 때마다 그는 가벼운 마음으로 대하지 않고 어떻게든 막으려고, 원만하게 얘기하려고 애썼다. 막는 것과 원만하게 말하는 일반적인 방법은 사소한 문제들을 단번에 거대 담론으로 승화시키는 것이다. 물방울 하나를 바다로 만드는 것과 같다. 그런 다음 거대 담론을 정확하게 뒤집어 사소한 문제를 정확하게 증명한다. 다시 말해 바다에서 그 물방울 하나를 찾아내는 것이다. 이렇게 한 번 뒤적거리고 나면 어지러워지지 않는 사람이 거의 없을 것이다. 결국 그 늙은이가 700년에 한 번 나올까 말까 한 성인이라는 것을 인정하는 수밖에 없다.

물론 이는 아주 피곤한 일이다. 이는 인간의 자아와 생활에 아무런 모순도 없는 혼연일체의 자기통제를 의미한다. 그는 평생 파리가 구더기를 낳을 수 있는 틈을 남기지 않았다. 그에게는 아예 사생활이 없었다. 거대한 의미와 담론 속에서만 살았다. 그가 프로이트를 만났다면 프로이트는 그의 그런 생활을 병이라고 단정했을 것이다. 하지만 맹자는 자신의 생활을 병이라고 생각하지 않았다. 그의 제자들도 그것이 병이라고 생각하지 않았다. 지난 2000년 동안 우리는 누구도 그것이 병이라고 생각하지 않았다. 이는 성인에 관한 일종의 게임이었다. 우리와 성인들은 모두 이 게임으로 인해 피곤하지 않고 즐거웠다.

게임의 구체적인 방법은 이렇다.

1. 우리는 성인을 사랑한다. 성인은 결점이 없기 때문이다.

2. 그래서 성인이 있는 것이다.

3. 성인에게 결점이 없다는 것을 증명하기 위하여 우리는 사소하고 보잘것없는 그의 면면에 관심을 가질 필요가 있다. 우리는 하찮은 것들을 통해서만 성인의 진정한 정신과 커다란 경지를 발견할 수 있다. 예컨대 성인이 장기간 집에 돌아가지 않는다면 그것이 꼭 부부관계가 좋지 않기 때문이 아니라 반드시 그보다 더 중대하고 장엄한 의미가 있을 것이라고 생각하게 된다.

4. 성인은 자신을 따라할 것을 요구하기 때문에 몹시 피곤하다. 그리하여 우리는 사소한 것들을 가지고 그가 알고 보니 결점도 많고 빈틈도 적지 않은, 우리와 별반 다르지 않은 사람이었다는 것을 증명해내게 된다.

5. 그리하여 그는 더 이상 성인이 아니고, 그가 성인이 아니라는 사실에 기초하여 그의 고담준론도 전부 닭털이나 마늘 껍질 같은 것이 되고 만다.

6. 우리는 땅바닥이 온통 닭털이나 마늘 껍질인 것이 싫어 또 다른 성인이 나타나기를 기대한다.

7. 앞서 말한 첫 번째 단계가 다시 시작되어 반복된다.

19. 맹자가 이상주의자를
만났을 때

맹자는 이상을 갖고 있었다. 하지만 때때로 자신보다 더 큰 이상을 갖고 있는 이상주의자를 만나는 일이 있었다.

예컨대 그날, 술자리가 파하고 그의 제자 팽갱彭更이 술기운을 가시게 한다는 핑계로 미친 듯한 의견을 제시했다.

"선생님 같은 노인네들은 수십 대의 수레를 타고 수백 명의 제자가 뒤를 따르는 가운데 이 나라에서 저 나라로 다니면서 음식을 먹는데, 이건 좀 지나친 것 아닙니까?"[56]

우리는 당시 맹자의 표정을 볼 수가 없다. 하지만 그의 얼굴이 물처럼 잔잔했으리라고 믿고 싶다. 그가 대답했다.

"도리에 맞지 않는다면 남에게서 작은 대나무 광주리의 밥도 얻어먹어선 안 되겠지만, 도에 어긋나지 않는다면 순임금이 요임금에게서 천하를 물려받는 것도 지나치지 않을 것이다. 자네는 그것이 지나치다고 생각하는가?"[57]

맹자가 말을 그런 식으로 받아선 안 될 일이었다. 상대방은 분명히 그가 지나치다고 지적하고 있는데 그는 그 자리에서 순임금 얘기를 꺼낸다. 순임금은 위대한 성인이었고 당연히 전국시대의 지식인들은 그에게 의롭지 못한 부분이 있다 하더라도 감히 비난하지 못했다. 이거야말로 지나치게 큰 상징 인물을 끌어다가 호가호위하려는 게 아니었을까?

그리하여 분노한 청년 팽갱은 기죽지 않고 핵심을 찌르는 말을 한다.

"아닙니다. 저는 선비로서 하는 일도 없이 남에게 얻어먹기만 하는 것이 옳지 않다고 말씀드린 것뿐입니다!"[58]

청천벽력 같은 지적이었다. 2000년 넘게 유생과 지식인들의 악몽 속에 울려 퍼진 뇌우와 같은 한마디였다. 당신들은 노동을 하지 않고도 밥을 먹을 생각인가? 절대로 그래선 안 된다!

하는 수 없이 맹자는 엄숙하게 이 문제에 관해 사유하게 된다. 그러는 그는 팽갱의 분노한 눈동자를 보면서 그 속에서 틀림없이 침묵하는 광대한 민중의 모습도 보았을 것이다. 그리하여 맹자는 아주 신중하고 세심하게 한마디 던진다. 대체적인 의미는 사회의 분업이 각기 다른 만큼, 지식인이 인의(義)의 도를 행하고 정신의 가원을 지키는 것도 한 가지 일이므로 목공 장인이나 수레를 수리하는 기술자와 마찬가지로 밥 한 그릇은 주어져야 한다는 것이었다.

팽갱은 잠시 멍한 표정을 짓고 있다가 갑자기 다시 화를 내면서 말을 받는다.

"설마 군자가 진리를 추구하는 것도 밥 한 그릇을 먹기 위한 것이란 말입니까?"

여기서 맹자의 대답을 인용하고 싶진 않다. 관심이 있는 사람은 『맹자』를 찾아 읽어보기 바란다. 나의 관심은 팽갱이 이처럼 신속하게 입장을 바꾸면서 자기 자신의 모순에 대해서는 전혀 의식하지 못했다는 점에 집중된다. 처음에 그는 사상이 노동이 아니라고 판단했다. 따라서 일을 하지 않고 밥을 먹는 것은 수치스러운 것이라고 생각했다. 하지만 곧이어서 그는 사상이 밥을 먹기 위한 것이라면 그것 역시 치욕스러운 일이라고 단언한다. 정신활동은 '일事'일 뿐만 아니라 비할 데 없이 순결한 '일'이기 때문에 어떠한 세속적인 생각이나 고려도 섞여선 안 된다는 것이다. 소설을 쓰는 것은 소설 쓰는 것으로 그쳐야지 인세를 챙길 생각을 해선 안 된다는 논리다.

2000년 전의 어느 날, 맹자는 이런 제자를 앞에 앉혀놓고 극도의 외로움과 고단함을 느꼈을 것이다. 이 팽갱이라는 제자는 그 순간 맹자보다 훨씬 더 강대했다. 동시에 그는 두 개의 커다란 고지를 점령하고 있어 높은 곳에서 아래를 내려다보고 있었고 승리에 대한 확신을 손에 쥐고 있었다. 반면에 맹자는 어떤 변명을 해도 겹겹의 포위망에 걸려 헛수고로 들릴 수밖에 없었다.

한편으로 노동이 인간의 생활에서 갖는 중대한 가치에서 출발하면, 사람들이 손에 닭 한 마리 붙들어 맬 힘도 없이 멀고 공허한 현담玄談만 늘어놓는 서생들의 존재에 대해 회의와 질의를 던지는 것도 당연하고 떳떳한 일일 것이다. 하지만 또 다른 한편으로 정신이 인간 생활에서 갖는 중대한 가치에서 출발하면, 정신을 업으로 삼는 사람들의 세속적인 생활에 대해 왜 순수하지 못하게 먹을 것을 도모하는가? 왜 송두리째 진리인 천의무봉天衣無縫한 일을 하지 못하는 것인가? 하는 질의를 던지는 것도 지극히 당연하고 떳떳한 일일 것이다. 두 가지 유형의 고지는 끊임없이 이어지고 있다. 맹자와 맹자의 후계자들은 고지 사이의 심연에서 존재를 위해 몸부림치고 있다. 문화대혁명 시기에는 노동하지 않는 것이 지식인들의 원죄였다. 하지만 오늘날의 '이상주의자'들은 정신의 순결성을 수호한다는 명목하에 어떤 정신 현상의 배후에서도 돈과 사욕의 냄새를 맡을 수 있다. 그런 다음 그들은 간통의 현장을 잡기라도 한 것처럼 몹시 흥분하며 선언한다.

"이른바 '정신'이라는 것은 그럭저럭 모양새를 갖춘 권모술수에 지나지 않는다. 정말로 이러하고, 항상 이러하다."

그다음에 이어지는 비난을 마주한 맹자의 대답은 대단히 창백하고 무력했다. 그는 실제로 이렇게 말했다.

"나의 동기를 따지지 말고 내 책을 읽어보게. 이는 계란을 먹으면서 계란을 낳는 암탉을 심의하지 않는 것과 같네. 물론 이래서는 안 될 일일세. 때로는 암탉을 심의하는 것도 필요하다네."

2000년 전의 그날, 내가 맹자였다면 나는 그 팽갱이란 친구에게 이렇게 말했을 것이다.

"어떤 사람의 정신활동도 결국에는 인간은 밥을 먹어야 한다는 사실에서 벗어나지 못한다. 그의 사상과 상상, 정신은 그가 세속적 생활 속에서 어렵사리 싸워온 결과다. 부처라 해도 온갖 시련과 연마를 거쳐 올바른 열매로 성장하는 법이다. 하물며 인간은 온몸 가득 상처를 지니고 있고, 죄가 된 자신의 사상을 지니고 있다. 사상이란 것이 누추한 것이라면 순결한 영아는 사상을 하지 않을 것이다."

나는 내가 그를 설복시킬 수 없으리라는 것도 잘 안다. 이 팽갱이란 사람은 맹자보다 더 강대한 선지자였다. 그의 격정과 이상은 훨씬 더 강한 지구력을 지니고 있었다. 그런 까닭에 노동 윤리의 명의로든 정신 순결의 명의로든, 어떻게 해서든지 인간의 정신생활을 토벌하고 섬멸했을 것이다.

20. 세난

전해지는 바에 따르면 용龍이라는 동물은 성정이 고양이처럼 온순해서 누구나 마음대로 만질 수 있다고 한다. 하지만 어느 한 부위는 만져서는 안 된다. 아예 건드리지도 말아야 한다. 용은 목 아래에 길이 한 자 정도의 비늘이 있다. 이를 '역린逆鱗'이라 부른다. 생김새가 거꾸로 난 가시 같을 뿐만 아니라 한번 만졌다가는 용이 대로하여 긴 이빨을 드러내고 발톱이 춤을 추게 된다. 사람의 작은 목숨은 그것으로 멈추게 된다.

이는 중요한 과학적 발견임에 의심의 여지가 없다. 그런 까닭에 한비는 고대 중국의 유명한 박물학자가 되었다. 용으로 그치지 않고 그는 벌레蟲도 연구했다. 「오두五蠹」라는 글에서는 좀벌레에 대한 갖가지 깊이 있는 관찰이 이루어지고 있다. 아울러 이 벌레를 퇴치하는 방법도 제시된다. 용이 아직 사라지지 않은 시대에 무수한 중국인은 한비의 글을 통해 용과 잘 지내는 법과 말하는 법을 배웠다.

말을 잘하는 것은 무척 어렵다. 배우지 않으면 안 된다. 그런 까닭에 한비는 「세난說難」이라는 글을 쓰게 된 것이다. 「세난」에서의 '說' 자는 '세'로 읽어야 한다. 유세遊說를 말한다. 당시에 군왕 앞에 가서 입술과 혀를 놀리면서 계략을 바치는 지식인들의 행태를 지칭하는 말이다. 한비는 이런 일이 대단히 어렵다고 지적했다. 간언의 어려움은 "간언하고자 하는 상대의 마음을 이해하는 데에 있다. 자신의 언설로 상대의 마음을 적당히 설복하는 것이 쉽지 않다는 것이다".[59] 나중에 모든 사람이 이러한 이치를 이해하게 되었다. 한비의 고문을 현대적 언어로 표현하자면 '말의 최고 경지는 그 말이 사람의 마음에 닿게 하는 것'이라고 할 수 있다.

하지만 어떻게 해야 말이 상대의 마음에 닿을 수 있단 말인가. 이와 관련하여 한비 이전에 지략의 대가였던 귀곡자鬼谷子는 일찌감치 '췌마揣摩'•의 기술을 설파한 바 있다. 여기서 '마摩'는 어루만지는 것을 의미한다. 한비는 여기서 한 걸음 더 나아가 마구 만지는 것은 피해야 한다고 지적한다. 만에 하나 역린을 건드렸다가는 그것으로 모든 것이 끝장이기 때문이다. 그는 아주 책임감 있게 췌마가 범할 수 있는 갖가지

• 상대의 마음을 읽는 일종의 독심술.

착오를 열거하고 있다. 모든 착오의 결과는 대단히 참혹하고 엄중하다. 하나같이 '몸이 위태로워지는身危'는 화의 원인이 된다는 된다는 것이다.

따라서 말하는 법을 배우려면 먼저 말의 두려움부터 배워야 한다. 용의 역린은 목구멍 밑에 있다. 부위가 아주 명확하다. 게다가 단 하나밖에 없다. 하지만 「세난」을 읽고 나면 사람의 마음이 바늘구멍 같다는 사실을 알게 된다. 그리고 그 바늘구멍을 제외한 모든 공간이 역린인 것이다. 말은 입에서 나오는 동시에 낙타가 된다. 낙타가 바늘구멍을 통과하지 못하면 지뢰를 밟게 된다.

한비가 살았던 시대는 전국시대였다. 오늘날의 지식인들이 전국시대를 거론할 때마다 몹시 마음이 끌리는 것은 그 시대에 사람이 많이 죽었기 때문이 아니라 그 시대에는 함부로 말을 할 수 있었기 때문이다. 나는 그들이 「세난」을 읽지 않았을 것이라고 단언한다. 한비는 이런 견해에 동의하지 않았을 것이다. 한비는 고대 중국의 푸코라고 할 수 있다. 그는 그 프랑스인보다 훨씬 더 극단적이었고 더 준엄했다. 말은 권력이다. 자신이 한 말은 틀림없이 신비하고 위험한 거대 권력의 메아리나 뒤집힌 그림자가 될 것이다……

말하기의 어려움을 의식하긴 했지만 한비는 불행히도 그 어려움을 피하지 못했다. 그는 자신이 하고자 하는 말을 한 글자 한 글자 죽간에 새겼다. 한 마리 거대한 용이라 할 수 있는 진왕秦王 영정嬴政이 그의 말을 다 읽고는 무척이나 흡

족해했다. 구구절절 읽는 이의 마음을 어루만지는 말이었다. 하지만 그의 오랜 동료였던 이사李斯가 진왕에게 일침을 주었다. 한비는 한나라의 공자公子인데 어떻게 진나라를 위해 사유할 수 있겠습니까? 그리하여 '역린'이 발동했고 한비는 죽고 말았다.

한비는 어려서부터 말로 먹고살았다. 이처럼 유약하고 음침한 젊은이는 혀끝으로 거대한 바위를 산 위로 밀어올릴 수 있었다. 또한 그는 거대한 바위가 후대 사람들의 혀끝을 짓누르고 있는 것을 보았다. 말은 지난하고 위험한 운명을 지니고 있는 것이다. 그는 어느 날 아침 말이 단 한 푼의 가치도 없는 바람이 되리라는 것을 생각해봤을까?

21. 전국책

소동파^{蘇東坡}의 아버지 소순^{蘇洵}은 외출할 때마다 항상 손에 책을 한 권 들고 다녔다고 한다. 어쩌다 사람들이 자세히 살펴보니 다름 아니라 『전국책』이었다.

이 『전국책』이라는 책은 정말 훌륭한 글로 가득했다. 대단히 뛰어나고 기이하며 자유로운 글들이었다. 장소^{張召}가 충성심으로 가득 차 천하의 대사를 논한 대목은 어떻게 설명해도 나름대로 설득력이 있었다. 소순이 이 책을 좋아한 이유는 글쓰기의 이치를 배울 수 있기 때문이었다. 글을 쓰는 것도 싸움과 같아서 '세^勢'을 취하는 것이 대단히 중요했다. 적이 강하고 내가 약할 때는 물을 휘저어 탁하게 만드는 것처럼 상황을 혼탁하게 만드는 것이 가장 좋은 방법이다. 그런 다음 사방에서 출격하여 허장성세를 부리면 마음이 화강암 같은 독자들도 쉽게 감복시키거나 판단을 흐리게 할 수 있다.

그래서인지 소동파와 소순 부자의 글은『전국책』의 유풍을 지니고 있다. 하지만『전국책』을 배우면서 글 짓는 것만 배웠기 때문에 진정한 정신은 제대로 깨닫지 못했다. 그 결과 공허하게 책 속의 소진^{蘇秦}과 장의^{張儀}의 뒤를 잇다보니 벼슬길이 순탄치 못했고 평생 실의에 빠져 있었다.

반면에 소진과 장의는 정말 마음먹은 것들을 다 이루었다. 멀리 전국시대를 생각하면 왕법^{王法}의 기강이 무너지고 도덕이 크게 붕괴하여 모든 것에 규칙이 없었고 모든 일에 바탕이 없었다는 것을 알 수 있다. 맹자만이 사방을 돌아다니며 자신의 '정신의 가원^{家園}'을 팔고 다녔다. 지식인들이 생각한 것은 '명리^{名利}' 두 글자밖에 없었다. 당시는 자유의 시대였고 동시에 어둠의 시대였다. 사람들을 향해 모든 가능성이 열려 있었고 사람들은 더 이상 전통과 성인들의 말씀, 그리고 율령에 구속되지 않았다. 거친 들판에서 문사^{文士}들은 열심히 혀를 움직였고 유협^{遊俠}들은 손에서 검을 놓지 않았다. 파리들은 머리가 없었고 눈먼 고양이들이 서로 마구 몸을 부딪쳤다. 살아 있는 모든 영혼이 방향을 잃고 자신의 본분을 넘어서는 일로 바삐 돌아쳤다.

예컨대 소진은 궁상맞은 서생으로 산을 뚫어 구멍을 내듯이 진왕^{秦王}을 만나 허풍을 떨어댔다. 육국^{六國}을 나누어 하나하나 격퇴해야 한다는 계략을 제시한 것이다. 누가 알았으랴 진왕은 사람을 알아볼 줄 몰랐고 격분한 소진은 한동안 이를 부득부득 갈고 나서 몸을 돌려 다시 육국으로 유세의 길에 나섰다. 이번에 그가 바친 계책은 육국이 연합하여 공동으로 진에 대항해야 한다는 것이었다. 그 결과 평지에 뇌성이 울리고 육국의 상인相印이 내걸렸다. 상인은 구리로 된 것이라 해도 하나의 무게가 한 근밖에 되지 않았다. 혀는 가볍고 말도 가벼웠다. 하지만 바람은 가볍게 불어오지만 꿈에서도 바라는 갈망은 무거울 수밖에 없다.

언사言辭의 도도한 흐름이 욕망의 피안을 향해 흘러갔다. 그런 까닭에 그 시대는 말이 많은 시대였다. 하늘 가득 버들개지가 날리고 무수한 나뭇잎이 흩날려 떨어졌다. 크고 작은 개들이 전부 짖어대고 암탉과 수탉이 함께 울어댔다. 말은 강자들의 통행증이었고 침묵은 약자들의 묘비명이었다. 성대한 소란과 잡음 속에서 말과 말이 목숨을 다투는 경쟁을 전개했다. 목소리를 내면 반드시 상대방이 들어야 했고, 말을 하면 반드시 목표에 적중해야 했다. 말은 곧 전쟁이요 병력이자 계략이었다. 말이 실력을 발휘하려면 데시벨을 다퉈야 하고 기교를 겨뤄야 했다. 데시벨은 자연적인 조건이지만 기교는 훈련을 거쳐야만 축적될 수 있는 것이었다.

『전국책』은 화술의 기교를 위한 교과서라고 할 수 있다. 그 안에는 실제 사건도 있고 모의훈련도 있다. 선의를 가지고 끊임없이 상대방을 권면하고 설득하면서 주머니에 있는 것을 다 털어 내어준 것은 원래 정의와 진실을 추구하기 위함이었다. 하지만 말은 공허하다. 말은 진리와 진실을 지향하지 않는다. 말이 지향하는 것은 사람들의 가장 부드럽고 연약한 부분인 허영과 욕망, 이익이다. 그래서 사람들은 상대의 가장 연약한 부분을 겨냥하여 말을 한다. 미안한 마음을 가질 필요는 없다. 민첩하고 재빠르며 교활한 혀는 심미적 가치를 지닐 뿐만 아니라 누군가에게 세상을 다 얻게 해주기도 한다.

이리하여 오늘 밤 몰래 소순의 짐 보따리를 풀어보면 『전국책』이라는 책을 한 권 발견하게 될 것이다. 처음에는 놀라움과 막막함에 빠지겠지만 잠시 후에는 차가운 미소를 짓게 될 것이다. 아직도 『전국책』을 읽어야 하나? 강호江湖에서 그 누가 가슴속에 『전국책』을 담지 않고서 생각을 하거나 말을 할 수 있겠는가?

22. 장기 한 판

맨 처음에는 그저 장기 한 판에 지나지 않았다.

송宋나라 민공閔公이 대장군 남궁만南宮萬과 장기를 두고 있었다. 물론 그 시기의 민공은 민공이라 불리지 않았다. 민공은 그의 사후에 내려진 시호諡號다. 확실히 후대 사람들은 그가 무척 불쌍하다고 여겼다. 그래서 그에게 이런 칭호를 선물한 것이다. 그가 왜 불쌍했는지는 곧 알게 된다.

그날은 원래 아무 일도 없는 날이었다. 하지만 우리는 그 장기판에서 남궁만이 우세를 보이고 있었다는 것을 유추할 수 있다. 그는 침묵을 참지 못했기 때문이다. 말을 많이 하지 않았다면 얼마나 좋았을까. 하지만 그는 굳이 말을 많이 했다. 그것도 장기에 관한 말이 아니라 다른 말이었다.

"노공魯公의 맑음과 아름다움은 정말 대단합니다. 천하의 제후들 가운데 군왕이 되기에 적당한 인물은 노공밖에 없을 것 같습니다."[60]

말하자면 그의 눈앞에는 자기 상관이 앉아 있었다. 하지만 그는 뜻밖에도 남의 상관을 칭송하고 있는 것이었다. 중국의 대표적인 인터넷 미디어 기업인 텐센트 앞에서 경쟁사인 알리바바를 칭송하는 격이었다. 칭송하는 것은 그렇다 치더라도 그만이 군왕이 되기에 적합하다고까지 말하고 있었다.

여기서 우리는 남궁만이 좀 모자란 사람이라는 것을 알 수 있다. 확실히 그는 어떤 의지나 신념을 지닌 인물은 아니었다. 이 남궁만이라는 장군은 장비張飛나 이규李逵처럼 냉병기冷兵器 시대의 직업적인 싸움꾼에 지나지 않았다. 뛰어난 체력과 거친 기질, 아무 생각 없는 낮은 수준의 두뇌에 의존하는 인물이었다. 장기에서 우세를 점한다는 사실은 그저 송나라 민공의 장기 솜씨가 대단하지 못하다는 것을 말해줄 뿐이다.

송 민공의 기분이 좋지 않았으리라는 것은 충분히 상상할 수 있다. 장기에서 열세를 보이는 것은 큰 문제가 되지 않았지만 말에 있어서도 열세를 보인 게 문제였다. 두 사람이 장기를 둔 것에 지나지 않는다면 그것으로 그만일 것이다. 그런데 누군가 이를 지켜보고 있었다. 역사가들은 그게 한 사람이었는지 두 사람이었는지, 아니면 세 사람이었는지 분명히 밝히지 못하고 있다. 하지만 역사가들은 분명히 누군가 그 자리에 함께 있었고, 게다가 그 사람이 여자였다고 확신하고 있다.

관중이 있었고, 게다가 여자 관중이었다면 사태의 성질에 변화가 발생할 수밖에 없다. 송 민공은 아마도 평소에 남궁만을 좀 두려워했을 것이다. 남궁만은 강대하고 방자한 부하였기 때문에 모든 걸 참아주는 수밖에 없었을 것이다. 상관의 기본적인 공력이 참는 것일 때는 인성의 다양한 약점을 참아주는 수밖에 없다. 물론 인내에는 한계가 있다. 송 민공에게는 그 한계가 누군가 그 자리에 있다는 사실이었다.

글은 여기까지 이어져 있었다. 자세히 살펴보니 아주 순탄하게 써내려간 글이었다. 순구류順口溜*처럼 자연스러운 글이었다. 이어서 체면 문제에 관해 언급하지 않을 수 없다. 현대에 접어들어 중국의 문화와 국민성을 논할 때, 체면은 커다란 병폐의 하나로 공인되고 있다. 죽도록 체면을 중시했던 호한들은 중국의 역대 왕조에서 얼마든지 찾아볼 수 있다. 하지만 마음을 가라앉히고 객관적으로 생각해보면, 아마도 이 세상에 체면을 중시하지 않는 인종은 존재하지 않는다는 것을 알 수 있을 것이다. 이는 개인에게나 복수의 사람들에게나 마찬가지다. 자신을 긍정하는 것은 자신이 속한 공동체에 대한 긍정을 추구하는 것과 마찬가지다. 이는 인간의 보편적인 본성이다. 차이가 있다면 아마도 사람들이 이러한 긍

• 즉흥적인 문구에 가락을 넣어 노래하는 중국 민간 예술의 한 가지.

정을 위해 지불하려는 대가가 있다는 점을 들 수 있다. 송나라의 이 사건에서는 남궁만이 아주 심각하게 윗사람의 체면을 손상하고 있다. 만일 윗사람이 이런 말도 참아준다면 정말로 다시는 얼굴을 들 수 없을 것이다.

송나라 사람들은 상商나라의 후예들이다. 춘추시대의 상나라를 얘기하면서 주지육림酒池肉林의 환락이 있었고 심장을 도려내는 알심挖心과 사람을 끓는 기름에 튀겨 죽이는 포락炮烙이라는 형벌이 있었음을 언급하지 않는 것은 이상한 일이다. 이리하여 우리는 송나라 사람들을 명문세가 자제들의 몰락한 집안 기질로 묘사하곤 한다. 즉 고상하면서도 시대에 뒤떨어진 진부함을 보이는 데다 강단이 있는 것 같으면서도 물러터진 기질을 보인다는 것이다. 그 대표적인 인물이 바로 전쟁터에서 양보한 것으로 유명한 '고귀한 얼간이' 송 양공이었다. 지금 이 민공이란 어르신은 양공의 몇 대 선조인데 아직은 그렇게 진부하지 않아 말할 때 힘이 넘쳤다. 그는 남궁만을 향해 말하지 않고 옆에서 구경하고 있던 여인들에게 말한다.

"이 자는 포로다. 어떻게 포로가 되었을까? 노후魯侯가 너무나 맑고 아름다운 사람이라 이자가 포로가 된 거지."[61]

그녀들이 웃었을까 안 웃었을까? 틀림없이 웃었을 것이다. 하지만 그녀 혹은 그녀들은 그 자리에 있지 말아야 했고 웃는 것은 더더욱 안 될 일이었다.

2년 전에 송나라와 노나라가 전쟁을 벌였다. 두 나라 사이에 심각한 갈등이나 분쟁이 있어서가 아니라 송나라가 제齊나라를 우두머리로 하는 국제사회의 대세에 따라 노나라에게 약간의 교훈을 주려 했던 것뿐이다. 원래 노나라 사람들은 책만 읽은 줄 알았는데 이때의 노나라는 혈기왕성한 군주가 통치하고 있어 세계 공통의 보편적 가치를 주장하면서 자신의 노나라가 정통임을 과시하면서 송 민공에 맞서 싸우려 했다. 또 고기를 사 먹지 못할 정도로 가난하지만 머리는 좋은 민초 조말曹沫이 책략을 내놓았다. 일단 북을 울리면서 기세를 높이다가 기세가 쇠퇴해 다시 일어날 수 없는 듯한 모습을 보이는 전략을 택했다. 이렇게 세 번을 반복하다가 갑자기 함성을 내지르면서 제나라 군대에게 달려들어 패퇴시키고 이어서 승구乘丘에서 송나라 군대를 대파했다. 노나라 왕은 군사들이 어지럽게 뒤엉킨 가운데서도 금복고金僕姑* 화살을 하나 뽑아 남궁만을 쏘아 떨어뜨렸다. 여러 장수가 달려가 그를 에워쌌지만 한참을 몸부림치고서야 어렵사리 그를 제압하여 묶을 수 있었다.

그다음은 '아량과 품격'이다. 노나라 왕은 남궁만을 궁중에 거둬들여 먹여주었다. 그는 포로가 아니라 휴가를 보내기 위해 놀러 온 사람 같았다. 이렇게 1년 넘게 노나라 음식을 먹다보니 통통하게 살이 쪘고 세상에 이렇게 훌륭한 어른이

---

* 꼬리 부분이 독수리의 깃털로 장식된 화살의 이름.

계시다는 사실을 알게 되었다. 나중에 그는 다시 송나라로 돌아갔다. 그 전에 송나라에는 폭발적인 비가 내려 홍수가 발생했다. 물론 춘추시대 사람들도 남의 재난과 불행에 즐거워할 줄 알았다. 하지만 '남의 재난과 불행을 보고 즐거워하는 것이 상서롭지 못한 일이라는 것'[62]은 더더욱 잘 알고 있었다. 그래서 노공은 사람을 보내 진지하게 위로의 뜻을 표했다.

"지금 이 순간 노나라 백성은 똑같이 안타까운 감정을 느끼고 있습니다."

이때 당연히 체면을 언급할 수 없었던 송 민공은 몹시 거북해하면서 말했다.

"과인은 귀신을 섬길 수 없어 정치가 맑고 깨끗하지 못하기 때문에 수재가 발생하게 된 것입니다."[63]

요즘은 이런 말이 허울 좋은 겉치레에 불과하다고 느낄 것이다. 하지만 춘추시대의 군자들은 너무나 진실했기 때문에 정말로 감동하고 말았다. 그리고 송 양공이 자기비판을 했다고 생각했다. 전하는 바에 따르면 공자도 감격하여 눈물을 흘렸다.

"옛날에 걸왕과 주왕은 과오를 인정하지 않았고 자신의 흉악함도 무시했다. 성왕成王과 탕왕湯王, 문왕文王은 과오를 인정할 줄 알았기 때문에 나라가 빠르게 흥성했다. 잘못이 있을 때 재빨리 이를 고치면 잘못이라고 할 수 없다."[64]

그래서 공자는 "송나라는 얼마나 완벽한가! 송나라는 반드시 굴기할 것이다!"[65]라고 단언했던 것이다.

공자가 성인이라고 하지만 나는 이 노인네의 반응이 지나치다고 말하지 않을 수 없다. 『좌전』에 기록된 이 말 앞에는 오늘날의 사람들에게 더 익숙한 표현이 한 구절 더 있다. "그들의 흥성은 너무나 빨라 그 추세를 막을 수 없었고 그들의 쇠망도 너무나 빨라 갑자기 찾아온 것 같았다."[66] 가슴 가득 기대를 품고 송 민공을 격려했지만 이것이 불길한 예언이 되리라고는 아무도 생각지 못했고 성인조차 감지하지 못했다. 송 민공 이 사람은 정말로 '나라를 빨리 망하게' 했다.

남궁만은 전광석화처럼 손을 뻗었다. 짧은 순간에 송 민공의 목을 잡고 비틀었다. 민공의 목은 이렇게 부러졌다. 틀림없이 그 차가운 비웃음이 아직 입가에 남아 있었을 것이다. 현장은 폭력으로 붉게 물들었다. 대장 구목仇牧이 앞으로 나서 길을 막았다가 뜻밖에도 이 남궁만에게 그 자리에서 산 채로 몸이 두 토막 나고 말았다. 절반은 왼쪽으로 날아가 떨어지고 나머지 절반은 오른쪽으로 날아가 떨어졌다. 오른쪽으로 날아가 떨어진 절반의 몸에 머리가 달려 있어 여전히 입을 벌려 외치고 있었다. 궁문을 막아라!

그 뒤의 과정은 상세히 밝힐 필요가 없을 것 같다. 한마디로 말해서 남궁만은 살인의 고수였다. 정변을 일으킬 능력은 없고 개가 개를 물어 바닥에 개털이 가득 흩어져 있는 것처럼 같은 패거리 불화와 내분으로 격하게 싸우고 나서는 마차를 몰아 노모를 모시고 도망쳤다. 마차 달리기 경주였다면 우승자가 되었을 것이다. 하루에 260리를 날 듯이 달려 진陳나라로 도주했다.

송나라 사람들이 선물을 들고 뒤를 따라왔다. 진陳나라는 이 귀찮은 자를 어떻게 처리해야 할지 잘 알았다. 이 남궁만은 흉포한 동물이라 실제로 사태를 수습하지 못하고 이리저리 생각하다가 자신이 상商 왕조의 후예라는 가문의 연원을 깨달았다. 가장 삼가야 할 것이 미녀와 술이었다. 불쌍한 남궁만은 접대 담당 미녀 여러 명에게 술 공격을 당해 대취하고 말았다. 산 채로 소가죽에 둘둘 말려 후세 사람들이 즐겨 먹는 쭝즈粽子 모양이 된 그는 260리 길을 되돌아 고향으로 돌아갔다.

정말로 놀라운 일이었다. 송나라에 도착해 보니 많은 사람이 식은땀을 흘리고 있었다. 오는 길에 술이 다 깬 그는 뜻밖에도 필사적인 몸부림으로 소가죽을 찢었다. 이미 손발을 밖으로 뺄 수 있었다! 송나라 사람들은 어떻게 해야 했을까? 굳이 위험한 물건의 포장을 뜯을 필요가 없었다. 그를 싸고 있던 소가죽까지 한데 잘게 썰어 소금을 뿌리고 육장을 만들었다. 육장을 만들어 어디에 쓴단 말인가? 그다음은 감히 상상하고 싶지 않다.

이야기는 끝났지만 아직 여담이 있다. 포로가 된 것 때문에 당사자의 심리 압박이 최고조에 이르렀을 때 송 민공의 한마디에 남궁만은 즉시 통제력을 잃고 만다. 하지만 춘추시대에 포로가 된다는 것은 그다지 치욕스러운 일이 아니었다. 남궁만은 노나라에서 예의로 대우를 받았고 송나라로 돌아와서도 장군이 되었다. 전쟁의 윤리는 대체로 사리에 맞는 편이다. 전국시대를 거쳐 진한秦漢에 이르러 항우는 투항한 병사 20만을 생매장해 죽였고 한漢 무제武帝는 흉노에 투항했다는 이유로 이릉李陵 일족을 멸족했다. 일시적인 승리였지만 진한 이후로 무도武道가 쇠약해졌다. 이는 실패를 용인하지 않고 무사들의 존엄을 박탈한 전쟁 문화와 무관하지 않다고 말하지 않을 수 없다.

또 한마디 그냥 넘어갈 수 없는 것은 2690여 년 전에 이 장기판에서 중시했던 것은 체면과 명예, 아량 같은 것이었다는 점이다. 말하자면 전부 형식적인 의례로서 강력한 이치가 아니었다. 하지만 인간 생활에서 이런 형식적 의례를 중시하지 않거나 제대로 갖추지 않는다면 남는 것은 강경한 폭력밖에 없을 것이다.

23. 송 양공에 관한
한 가지 상상과 다양한 문제

송^宋나라 양공^{襄公}이 강가에 서서 초^楚나라 대군이 강을 건너는 모습을 바라보고 있었다. 음력 11월이었다. 2600년 전에 홍수^{泓水}라 불렸던 그 강은 아직 얼어붙지 않은 상태였다. 그의 신변에 있던 모신^{謀臣}들은 적군이 차가운 강물 속에서 힘겹게 앞으로 다가오는 광경을 보고 다급하게 말했다.

이제 저들을 치셔야 할 것 같습니다. 당장 쳐서 전부 물에 빠진 개들로 만들어버려야 합니다.

하지만 송 양공은 병력을 움직이지 않았다. 그가 말했다.

"군자는 적의 위기를 이용하지 않는 법이다."⁶⁷

적군은 어렵사리 강가로 기어올라 와자지껄 떠들면서 다시 집결하여 대오를 갖추기 시작했다. 양공의 참모장은 더욱 다급해졌다.

저들을 치셔야 합니다. 어서 치셔야 합니다. 무엇을 더 기다리시는 겁니까? 황과채黃瓜菜도 얼려고 합니다!

양공은 여전히 움직이지 않았다. 그가 말했다.

"군자는 전열을 갖추지 않은 상대를 공격하지 않는 법이다."[68]

신사로서 싸울 준비가 되지 않은 상대를 먼저 칠 수 없다는 것이었다.

이 사건의 결말은 누구나 알 것이다. 송나라 군대는 대패했고 양공은 부상을 당해 도망쳤으며, 얼마 후 한을 품은 채 세상을 떠났다.

이 이야기를 내가 처음 읽은 것은 일고여덟 살 때였다. 나는 읽는 순간 알아차렸다. 이 이야기를 쓴 사람의 목적은 내게 반드시 남의 위기를 이용해야 하고, 그러지 않으면 엉덩이에 화살을 맞고 모든 사람의 웃음거리가 된다는 사실을 가르치려는 것이었다. 나도 송 양공이 대단히 멍청하다고 생각했다. 물론 그는 전쟁에서의 승리를 원하지 않을 정도로 멍청하지는 않았다. 그의 멍청함은 체면과 승리를 모두 쟁취하려 했다는 데에 있었다.

따라서 기원전 638년에 벌어진 이 전투가 우리에게 남긴 진정한 교훈은 수단과 과정은 문제가 되지 않는다는 것이다. 목적을 달성할 수만 있으면 다 되는 것이다.

물론 나는 이 점에 대해 비난하거나 부정할 생각은 없다. 내가 이런 교훈을 부정하거나 비난한다면 적극적으로 늑대 정신을 발양하기로 결심한 이들이 전부 나를 우습게 볼 것이고, 내가 불행해지거나 재수 없는 상황에 빠지거나 어떤 일에 실패한다 해도 나를 동정할 이는 없어질 것이다. 하지만 나는 여전히 무협소설의 마니아라 홍수의 전투에 관해 또 다른 상상을 해보지 않을 수 없다.

송 양공은 절세의 고수였다. 그는 아주 높은 강가에 서서 옷깃을 흔들어대는 바람을 맞으면서 자신의 적수가 강물 속에서 개헤엄을 치는 모습을 바라보고 있었다. 이때 그의 도제가 다급히 소리쳤다.

사부님, 어서 손을 쓰십시오. 장심뇌벽掌心雷劈*을 발사하세요. 일양지一陽指**로 그를 조준해서 매화표창을 날리세요!

이 순간 그는 어떻게 반응했을까? 그는 이렇게 말했을지도 모른다

"군자는 적의 위기를 이용하지 않는 법이다."

이런 말을 할 때, 송나라 대협大俠의 눈처럼 흰 옷이 바람에 펄럭였을 것이다.

마찬가지 이치로 그는 틀림없이 기다렸을 것이다. 상대방이 햇볕에 옷을 다 말리고 일어서서 자기 앞으로 올 때까지. 싸움을 시작하기 전에는 이제 준비가 다 되었냐고 한마디 묻기도 했을 것이다.

● 중국 무협소설에 나오는 기공의 하나로 손바닥에서 발사되는 벼락을 말한다.

●● 중국 무술의 한 가지 기교로 주로 무협소설에 등장하지만 실제로 사용되는지는 알 수 없다.

그는 틀림없이 이랬을 것이다. 이것이 바로 그가 보인 절세의 아량이고 풍도風度였다. 그러지 않았다면 그가 시정잡배와 어떤 차이가 있겠는가?

하지만 송 양공은 기원전 638년의 그날에 왜 바보가 되었고 2006년 한 무협소설 마니아의 상상 속에서는 또 영웅이 되었던 것일까?

오늘 정오에 햇볕을 쬐면서 나는 아래층 리李씨 아저씨랑 이 문제에 관해 토론을 벌였다. 리씨 아저씨는 마침 개를 산책시키고 있었다. 그의 개는 존호尊號가 추추球球였다. 얼핏 보기에는 정말로 귀여운 털 공 같았다. 이 공은 나를 볼 때마다 이를 드러내고 짖어대면서 대단한 용맹을 보였다. 리씨 아저씨의 폭로에 의하면 실제로는 아주 겁이 많은 개였다. 덩치가 큰 천거陳哥를 보면 꼬리를 살랑살랑 흔들면서 "천거, 당신은 그래도 얼굴은 착해 보여요"라고 말하곤 했다.

리씨 아저씨는 나의 의혹에 대해 한나절을 끙끙거리다가 물었다.

"그 전쟁을 할 때 말이야, 송 아무개 쪽 사람이 더 많았어, 아니면 상대방 사람이 더 많았어?"

"에구, 그건 생각이 안 나네요. 하지만 당시 송 양공의 참모장이 형세에 대한 평가를 내리면서 적군에 비해 아군의 병력이 부족하다고 말했대요."

리씨 아저씨는 잠시 생각에 잠겼다가 다시 물었다.

"그럼 무술을 겨룰 때, 송 아무개 쪽의 무예가 더 훌륭했어, 아니면 상대방의 무예가 더 뛰어났어?"

"그걸 꼭 말해야 해요? 당연히 송 대협의 무예가 더 뛰어났지요."

리씨 아저씨가 말했다.

"추추, 집에 돌아가자. 이 문제는 저 아저씨 혼자 잘 생각해보라고 하고 말이야."

생각할 필요도 없었다. 이거야말로 제호醍醐를 정수리에 들이부어 불도를 철저히 깨닫게 하는 일이었다. 나는 단번에 문제의 핵심적인 난점을 깨달았다. 송 양공은 이 전쟁에서 약자였던 것이다. 그래서 그는 약자의 논리에 따라 행동해야 했다. 온화溫和와 선량善良, 공경恭敬, 절검節儉, 겸양謙讓이라는 덕목을 염두에 둘 수 없었다. 자신이 강자일 때에만 자세와 순서, 자존 같은 심미와 윤리의 문제를 염두에 둘 수 있었고, 목적을 추구하면서 수단의 정당성과 체면을 유지할 수 있었다.

역사가 우리에게 가르쳐주는 것은 약자들의 철학이고 무협소설이 가르쳐주는 것은 강자들의 철학이다. 그렇다면 우리는 누구의 철학을 믿어야 할까? 당연히 역사를 믿어야 한다. 나는 무협소설 마니아지만 무협소설이 연구하고 상상하는 것은 사실 생활 속의 '불가능'이라는 것을 잘 알고 있다. 대협들이 소설 밖으로 걸어 나오면 곧 송 양공이 되는 것이다.

리씨 아저씨의 자극과 가르침 덕분에 나는 실질적인 길을 가기 시작했다. 집으로 돌아가 낮잠을 좀 잘 생각이었다. 하지만 낮잠은 끝내 자지 못했다. 갑자기 생각난 것이 있었기 때문이다. 모든 사람이 적군은 수가 많고 아군은 적다면서 방법을 찾지 않는다면, 그 결과는 어떻게 될까? 누군가 항상 승리하면 실패자들은 또 어디에 있는 것일까? 실패자들은 고깃덩어리처럼 원망도 후회도 없이 목구멍 속으로 삼켜지는 것인가? 그리고 우리가 집단적으로 약자의 철학을 실행하면 우리가 정말로 집단적으로 강자가 될 수 있는 걸까?

그래서 옛날 책을 많이 읽는 것은 좋은 일이 아니다. 낮잠은 자지도 못하고 멍청해지고 만다. 예컨대 중국의 전통문화에 관해서는 5·4 이래 지식인들에 의해 100년을 하루같이 개 피가 뿌려졌다.* 고인들의 문명을 이야기하고 고인들의 예의와 우아하고 온화한 자세를 설명하고 비평한 사람들은 하나같이 송 양공 같은 인물들이라 지구화의 경쟁적 요구에 완전히 적응할 수 없었기 때문에 중국의 현대화에 장애를 초래한 것이다. 하지만 지금 나는 그 지식인들이 중국 책들을 읽었는지도 의심스럽다. 루쉰은 분명히 읽었다. 통달할 정도로 읽었다. 하지만 들리는 바에 따르면 두 가지 무서운 생각만 읽어냈다고 한다. 사실 루쉰의 그 두 글자[식인食人]는 지금 큰 위력을 떨치고 있는 늑대 정신과 다르지 않다. 고기가 어디에 있는지 알아내 풍도나 신념에 상관없이 발톱을 드러내야 한다는 것이었다.

* 연극배우가 연극 줄거리와는 상관없이 익살스러운 짓을 하거나 무술을 뽐내는 등 지나친 연기를 하는 것.

물론 약자의 철학을 분명하게 서술한다 해도 지식인들은 여전히 우렁차고 웅장했으며 깊은 지혜를 갖고 있어 우리처럼 속되지 않았다. 예컨대 고기가 어디에 있는가 하는 문제에 대해 나는 여러 차례 우리 학자들이 천하의 대세를 종합적으로 논하면서 논증을 위해 서양 철학의 명언 몇 구절을 인용했던 것을 발견했다. 그 문구들의 대의는 영원한 적도 없고 영원한 친구도 없으며 영원한 이익만 있다는 것이었다.

이 '이익'이 바로 늑대의 눈에 보이는 고기다. 그들이 말할 때 그 상태는 고기가 입안에 들어가 있는 것 같았다.

나는 감히 그들의 관점에 동의하지 않을 수 없다. 그들이 나를 빼앗아온 고기로 여길까봐 두렵기 때문이다. 물론 나도 영원히 그들과 친구가 되지는 않을 것이다. 하지만 첫째, 그들의 주장에 따르면 이 말은 윈스턴 처칠이 한 것이었다. 나는 19세기에 영국 수상이 했던 말이라고 기억하고 있었다. 원래는 찾아보고 싶었지만 서양 책을 찾는 것은 그들의 장기라 그들에게 찾아보라고 건의했다. 둘째, 나는 또 그들이 내 친김에 처칠이 그 시기 수상으로 있으면서 방송에서 했던 말을 다시 읽어볼 것을 건의했다. 그 당시에는 히틀러가 이미 유럽 대륙을 석권하고 있었다. 똑똑한 사람들은 모두 자신의 '영원한 이익'을 위해 서둘러 새 주인과 좋은 관계를 맺기 위한 방법을 모색하고 있었다. 하지만 처칠 자신은 철저하게 어리석은 사람이 되어 끝까지 가볼 것이라고 천명했다. 마지막 한 사람, 마지막 한 조각 땅이 남을 때까지 싸우겠다는 것이었다. 이 역시 큰 뜻이었다.

부기:

  송 양공의 문제는 '시대와 더불어 나아갈 수 없었다'는 데에 있다. 기원전 638년 송나라와 초나라의 홍수(지금의 허난 지청積城 서북 지역) 전쟁은 '봉건' 시대 고전적인 전쟁의 마지막 일전이었다고 할 수 있다. 그 전의 전쟁들은 대부분 군자들의 싸움으로 품격과 예의를 매우 중시했고 적당한 선에서 멈출 줄 알았으며 살상에 일정한 한계가 있었다. 이른바 군자는 '상처 입은 적을 거듭 찌르지 않고, 늙은이를 포로로 잡지 않았으며' '험준한 지형을 이용하여 적을 공격하지 않는다'는 불문율이 바로 그 실례라 할 수 있다. 홍수 전쟁 이후 화하의 백성은 일제히 군자란 무엇인가 하는 문제를 사유하기 시작했고, 그 결과 군자란 진부하고 어리석은 존재라는 인식을 갖게 되었다. 군자는 실패자요 돈키호테라는 것이다. 이리하여 새로운 '현실 감각'이 형성되기 시작했다. 다름 아니라 전쟁은 소인들 사이의 싸움으로서 누가 더 소인배이고 누가 더 속이 검고 무정한지를 겨루는 행위라는 인식이었다. 그 결과가 바로 지금의 모든 것이다. 수단과 행위 모두 형편없어 말할 것이 못 된다. 이리하여 공자는 『손자병법』과 각박하고 살벌한 법가의 존재를 한탄하기에 이르렀다. 전국 후기에 이르러서는 전쟁은 곧 학살이라는 인식이 자리 잡았고 장평지전長平之戰[•]에서만 40만 명이 넘는 인명이 희생되었다. 온 마음으로 시대를 따르던 사람들이 인간 지옥을 받아들이게 된 것이다.

송 양공 이후로는 천하가 전부 똑똑해졌다. 11년 뒤에 진晉나라와 초楚나라의 싸움에서 쌍방은 저수泜水(지금의 허난성 사허沙河 핑딩산平頂山 지역) 양안에 군사를 배치했다. 싸움을 하려면 어느 한쪽이 강을 건너야 하는데 문제는 어느 쪽이 건너느냐 하는 것이었다. 어느 쪽도 송 양공이 되려 하지 않았고 상대방이 송 양공일 거라고 믿지도 않았다. 이렇게 쌍방은 강을 사이에 두고 서로를 소모하고 있었다. 닭 울음소리와 개 짓는 소리를 함께 들으면서 죽어도 서로 왕래하려 하지 않았다. 결국 진晉나라의 주수主帥인 양보처陽父處가 참지 못하고 사람을 시켜 초나라 장수에게 상의문을 보냈다.

"그대가 정말로 싸움을 하고 싶다면 내가 30리 뒤로 병력을 물려 그대가 강을 건너 진영을 갖추게 하여 언제든지 그대가 싸우자고 할 때 싸우도록 하겠소. 그 반대라면 그대가 병력을 뒤로 물려 내가 강을 건너게 해주시오. 이렇게 서로 시간과 물자를 소모하고 있는 것은 누구에게도 좋을 것이 없소."[69]

쌍방은 반나절이나 토론을 벌여 결국 얘기를 끝냈다. 초나

• 기원전 260년 5월부터 10월까지 약 5개월 동안 진秦나라가 군대를 이끌고 조趙나라의 장평長平(지금의 산시山西성 진청晉城 가오핑시高平市 서북 지역) 일대로 쳐들어가 벌인 전쟁으로 결국 진나라가 장평을 손에 넣었다. 불과 5개월간 진행된 이 전쟁에서 조나라 군사 45만 명이 목숨을 잃었다.

라 군대가 후퇴하고 진나라 군대가 강을 건넌다는 것이었다. 군자의 말 한마디는 네 필의 말로도 따라잡기 어려운 법이다! 초나라 군대는 정말로 이를 악물고 후퇴했지만 진나라는 감히 강을 건너지 않았다. 진나라 주수 양보처는 재치를 발휘하여 높은 곳에 올라가 먼 곳을 가리키며 말했다.

"빨리 와서 봐라. 초나라 군대가 도망치고 있다. 초나라 군대가 도망친다!"

이에 전군이 환호하며 승리를 기뻐하면서 돌아왔다.

이상의 내용은 자오딩신趙鼎新의 책『동주전쟁과 유법국가의 탄생東周戰爭與儒法國家的誕生』을 참조한 것이다. 자오딩신의 견해에 따르면 춘추 초기에는 '도구적 이성'과 효율성이 사회의 발전을 주도했음을 알 수 있다.

24. 중이 외전

충성과 패주敗走

임충이 한밤중에 도주한林冲夜奔● 일은 수많은 영웅으로 하여 금 눈물을 흘리게 했다. 그날 밤, 끝없이 희뿌연 대지 위에 그 만이 발 딛고 서 있을 데가 없어 장수들을 연합하여 적들을 깡그리 다 죽여버렸다!

'분奔' 자는 현대 중국어에서 '달리다' 혹은 '도망치다跑' 의 의미로 통용된다. 하지만 글자의 의미를 자세히 살펴보면 '분奔' 자에는 발脚이 두 개이고 '포跑' 자에는 발足이 하나다.

● 『수호전』에 나오는 송나라 때 사건으로 임충이 여물 적재장에 불을 지르고 시진柴進의 수하 로 들어가 그의 추천서를 받아 한밤중에 양산梁山으로 도주한 것을 말한다. 고구高球가 서저徐 眝에게 추격하여 사실할 것을 명령했지만 이 소식을 들은 왕창王僜이 두천杜遷과 송만宋灣을 황 하 강가로 보내 임충을 지원했다.

'분'이 '포'보다 빠르고 급한 것이다. 거의 날아오르는 듯한 느낌을 주는 동작이다. '분마奔馬'는 사정을 따지지 않고 목숨도 고려하지 않은 채 달리는 것이고 '포마跑馬'는 산 위를 여유 있는 속도로 비교적 한가하게 걷는 말이다. 당연히 말이 더 빨리 내달리는 것은 별개의 일이다.

'분'과 '포' 둘 다 도망친다는 뜻을 지니고 있다. 하지만 '도망치다逃跑'와 '도주하다奔逃' 사이에는 미묘한 차이가 있다. 임충이 야밤에 달아난 것은 '도주'이지 '도망'이 아니다. 도주에는 거칠고 자존심이 세서 쉽게 굴복하거나 길들여지지 않는 기질이 담겨 있다. 누군가에게 굴복하고 누군가를 두려워하는 것이 아니다. 새나 짐승처럼 뿔뿔이 흩어져 도망치는 것이 아니라 맹호가 화살을 등지고 달리는 것처럼 목숨을 걸고 달리는 것이다.

임충은 양산박梁山泊으로 달려갔고 강호江湖*로 달려갔다. 한편 공자 중이重耳는 또 다른 나라로 도망쳤다.

기원전 637년, 진晉나라 회공懷公이 즉위했다. 그가 즉위하여 가장 먼저 한 일은 법령을 반포하는 것이었다. 중이를 따라 다른 나라로 도주한 이들은 반드시 기한 내에 돌아와야 하고, 기한을 넘겨 돌아오지 않으면 절대 '용서하지 않는다'는 내용의 법령이었다. 여기서 '용서하지 않는다'는 말은 도

---

* 속세를 떠난 자연을 의미하기도 하지만 여기서는 그 반대로 이익과 권력, 욕망 등이 지배하는 보통 사람들의 비정한 세상과 그 세상이 돌아가는 원리를 의미한다.

망자들에게 하는 말이 아닌 것이 분명하다. 이미 가버린 사람들을 용서하고 말고가 어디 있단 말인가? 하지만 도주한 사람들은 애당초 금은과 보석으로 된 장신구만 챙겼지 부모형제는 물론 삼촌이나 이모 같은 친척은 데리고 가지 않았다. 이 사람들은 살던 땅에서 움직이지도 않았는데 해외관계가 생겼다. 지금은 땅바닥에 무릎 꿇고서 암울한 노래를 부르고 있었다.

돌아오라― 어서 돌아오라― 안 돌아오면 이 아비와 어미는 목숨을 잃게 된단다―

기한이 되어 돌아온 사람이 있었는지는 사서에 기록된 바가 없다. 아마 돌아오지 않았을 것이다. 돌아온 사람이 있었다면 회공이 그렇게 분개하지 않았을 것이기 때문이다.

"내가 사람을 죽이지 못할 것이라고 생각한단 말인가?"

회공은 곧 나이 든 신하 호돌狐突을 잡아오라는 명령을 내렸다.

"그대 아들이 돌아오면 풀어주마. 돌아오지 않으면……"

흐흐! 섬뜩한 웃음이 이어졌다.

역사는 방금 즉위한 회공에게 기회를 주었다. 기회를 잡으면 창의적인 반대파 인물이 될 수 있었다. 당당한 국왕으로서 그는 비겁하고 능력도 없는 놈들을 납치했다가 풀어주곤 했다. 그가 이런 수법을 생각해내자 후대에 그대로 전해져 왜와 한간漢奸들도 일제히 그를 따라했다. 항우項羽는 책을 읽지 않았는데도 어떻게 배웠는지 아버지를 죽여 국을 끓이겠다는 협박으로 유방을 유인하려고 했다. 지금 우리는 유방의 대답이 매우 창의적이었다는 것을 잘 알고 있다.

"내게도 한 그릇 나눠주게. 우리 둘이 함께 뜨거운 국물을 즐기자고."

항우는 유방의 이런 대답에 놀라 생각하고 또 생각했다. 그렇게 생각하다가 결국 미안하다는 생각이 들었다. 검은 얼굴에 붉은빛이 스쳤다. 솥 옆에 있던 유방의 아버지를 다시 영내 막사 안으로 모셔놓고 한참을 멍하니 쳐다보았다. 그러다가 하늘을 우러러 탄식하며 말했다.

"어르신이 키운 아들을 좀 보세요. 어르신이 키운 아들을 좀 보시라고요!"

유방의 아버지는 어떻게 되었을까? 『사기』에서는 그의 생각과 행동에 대해 몇 자밖에 기술하지 않고 있다. 이렇게 자세히 언급하지 않는 것은 노인이 뇌일혈로 쓰러졌기 때문이 아니라 사마천의 머릿속이 유심사관唯心史觀으로 가득 차 있어 영웅이 역사를 창조한다고 굳게 믿었기 때문이다. 유방의 아버지 같은 일개 백성이 사마천이 기술하는 역사에서 갖는 의미는 그저 하나의 정자 제공자에 지나지 않았다. 유방의 진정한 아버지는 그가 아니라 하늘이었던 것이다. 하지만 유방의 아버지에게도 생각이 없었을 리는 없다. 눈이 아주 밝았던 유방의 아버지는 이때 틀림없이 유방이라는 사람이 큰 일을 이룰 것이고 항우라는 아이는 이렇게 나가다가는 스스로 목을 베지 않으면 안 되리라는 것을 알았다. 이 아이는 결국 자신에게도 미안하고 상대방에게도 면목 없게 될 것이다. 이런 아이가 엄혹한 생존 경쟁 속에서 어떻게 남들보다 앞서 가고 어떻게 성공할 수 있단 말인가?

그날 유방의 아버지가 생각지 못한 것도 아니었다. 간신히 한 컷 출연하게 되었는데 너무 피동적인 모습을 보일 수는 없었다. 이 영화는 웃기지 않고 비장해질 수도 있었다. 대본대로 연기하지만 말고, 갑자기 풍덩 끓는 국 솥 안으로 뛰어들어 큰소리로 한마디 외치는 것을 잊지 말았어야 했다. "아들아, 내 대신 원수를 갚아주기 바란다!" 이렇게 되었더라면 항우는 철저하게 부정적인 인물이 되었을 것이다. 그리고 그 자신은 영웅이자 주인공이 되어 오래오래 주목을 받았을 것이다.

유방의 아버지는 틀림없이 격렬한 사상투쟁에 빠졌을 것이다. 그는 이쪽을 기웃거리다가 또 저쪽을 기웃거렸다. 문득 끓는 솥 아래 타오르는 열기 속에서 하늘의 눈이 열렸다. 여기서 내가 할 일은 무엇인가? 군중과 연기자들은 어떤 일을 더 중시하는가? 이리하여 유방의 아버지는 그냥 대본에 따라 말없이 몸을 떨기만 했다.

유방이 흥미진진하게 항우와 함께 아침 식사를 한 다음, 유방의 아버지는 자신의 행동이 옳았다고 생각했다. 그는 유방을 숭배했고 항우를 마음 아파했다. 그릇이 되지 못할 아이를 측은해하는 것과 같았다. 항우는 노인과 여인들이 마음 아파하는 대상이었다. 그는 부정적인 인물도 되지 못하고 성공적인 인사도 되지 못하는 캐릭터로 결정되어 있었다.

진 회공은 홍문연鴻門宴*을 보았다. 역사의 교훈은 반드시 엄숙하게 받아들여야 한다. 삼촌 중이는 그의 왕위에 거대한 위협이었다. 회공은 자신을 반복적으로 타이르고 격려했다. "미안해할 것 없어. 절대로 미안해할 일이 아니라고!"

호모狐毛와 호언狐偃 형제, 호돌의 이 두 아들은 중이와 함께 멀리 진秦나라에 가 있었다. 백발이 창창한 노인은 숨을 곳이 없었고 침묵할 수도 없었다.

그는 말했다. 그런 다음 피살되었다.

호돌의 말은 역사서에 기록되어 있다. 그 내용은 다음과 같다.

"아들이 벼슬을 할 수 있게 됐을 때, 아비는 그에게 충성의 이치를 알 수 있도록 가르칩니다. 이는 고대의 제도입니다. 이름을 간책簡策에 쓰고 군왕께 알현의 예물을 바치면서 다른 뜻을 품는다면 이는 큰 죄입니다. 지금 소신의 아들이 중이重耳라는 이름에 속한 지 이미 여러 해가 됩니다. 아비가 아들에게 다른 생각을 갖도록 가르친다면 무엇으로 국왕을 섬기겠습니까? 형벌을 남용하지 않는 것은 군주의 현명함이자 소신의 바람입니다. 형벌을 남용하여 결의를 도모한다면 누구에겐들 죄가 없겠습니까? 소신은 대왕의 뜻을 잘 알고 있습니다."[70]

한 사람이 자신의 이름을 간책에 쓰는 것은 옥과 비단을

● 초청객을 모해할 목적으로 차린 주연으로 기원전 206년 항우가 유방을 모해하기 위해 홍문鴻門(지금의 산시陝西성 린둥臨潼현)에서 주연을 벌였던 이야기에서 유래한다.

주인의 대청 앞에 놓는 것과 같다. 이것이 책명策名*이요 위질委質**이다. 장엄한 승낙인 것이다. 이때부터 다른 마음을 품지 않고 충성을 다해야 한다.

호돌은 이에 대해 절대적으로 진지했다. 그는 아랫사람들의 고담활론과 냉소를 듣고 있었고 총명한 사람들은 이미 '충忠' 자를 '우愚' 자로 여긴다는 것도 알고 있었다. 하지만 그는 이렇게 말했다. 그의 말은 번역이 쉽지 않다. 평이하고 용속한 백화문으로 번역하면 그 본의를 상실하기 쉽다.

하지만 오늘, 바닷가에서의 깊은 밤에 나는 갑자기 생각한다. 어쩌면 호돌이 말한 것은 내가 이 세상 어떤 사람, 어떤 일에 대해서도 집착하지 않는 충성을 보일 때, 나는 또 누구이고 어디에 가 있는 것인가 하는 것이 아니었을까?

거리에는 사람 하나 없고 외로운 혼과 거친 귀신들뿐이다.

춘추시대에는 작은 나라들이 숲처럼 많았고 큰 나라라고 해도 사실은 그다지 크지 않았다. 하지만 춘추시대에 산다는 것은 하늘과 땅처럼 커다란 일이었다. 춘추시대에는 사람들이 달아나거나 도주할 수 있었기 때문이다.

진秦 이후 천하가 통일되면서 치도馳道***가 생겼다. 그러나 그 위를 달리는 것은 관용차였다. 임충 같은 사람들은 도

• 이름을 명부에 올리는 것.

•• 옛날에 윗사람을 만날 때 바치는 예물.

••• 천자나 귀인이 거둥하는 길.

망칠 길이 없었다. 하늘 아래 왕의 땅이 아닌 곳이 없었다. 왕과 신하가 관리하지 않는 땅이 있단 말인가? 이 말은 주周나라 사람이 한 것이지만 사실은 시를 지어 허풍을 떤 것일 뿐이었다. 진정으로 착실하게 땅을 차지한 사람은 진시황이었다. 주나라 천자는 천하의 주인이라고 천명하면서도 그의 권력은 창망한 대지를 다 쥐지 못했다. 춘추시대 사람들은 서로 치고받고 깨물고 싸우면서 비쩍 마른 말이 가벼운 전차를 바람처럼 몰아 하룻밤 사이에 국경을 넘었다. 이때부터 땅은 그의 차지가 되었다.

이른바 춘추오패 가운데 두 명은 도주해 나온 사람들이었다. 한 사람은 제齊나라 환공桓公이고 또 한 사람은 중이다. 회공은 호돌을 죽이고 나서 그때부터 제대로 잠을 자지 못했다. 1년 뒤, 중이가 즉위했다. 진晉나라 문공文公이 된 것이다. 그리고 살인자는 살해되었다.

무익하단 말인가?

기원전 651년, 진晉 헌공獻公이 세상을 떠났다. 헌공은 재위하는 26년 동안 일곱 나라를 병합했고 서른여덟 나라를 굴복시켰으며 전쟁에서 열두 번이나 승리했다. 일대의 웅주雄主인 셈이었다. 다만 애석하게도 오래된 집에 불이 나는 바람에 늙고 정신이 흐릿해진 몸 때문에 제대로 피신하지 못하고 일세의 빛나는 이름이 지워지고 말았다.

　임종하기 전에 이 노인의 신변에는 젊은 처첩들과 어린 아들뿐이었다. 오랜 사냥의 결과가 이미 분명해졌다. 유일한 승자는 눈앞에 있는 이 여인, 여희驪姬뿐인 듯했다. 이 오랑캐 여자는 일찍이 이 남자의 전리품이었다. 그녀는 눈앞이 아찔해질 정도로 아름다운 한 마리 야수였다. 날쌔고 용감하며 눈치가 빠르고 기민하면서도 잔인했던 그녀는 질풍처럼 그를 생명의 깊고 어두운 곳으로 끌고 가 숨을 헐떡이게 하고 머리를 어지럽게 했다. 찢고 깨물고 말을 못 하게 했다. 몸 안에서 파란 불이 타오르게 했다.

　이제 노인네가 눈을 크게 떠보니 눈에 가득 들어오는 것은 온통 상처뿐이었다. 핏빛 빗속에 비릿한 바람이 불고 있었다. 태자 신생申生은 이미 자살을 강요당했고 둘째 아들 중이와 셋째 아들 이오는 다른 나라로 망명했다. 조정의 대신들은 마음속에 원한과 분노가 가득했다. 대신들과 장성한 세 공자 사이에는 천 갈래 만 갈래의 복잡한 관계와 인연이 뒤엉켜 있었다. 그들은 이 여인과 그녀의 아들 해제奚齊를 몹시 미워했다. 이 야만적인 여인이 그들의 영명한 군주를 미혹시켜 진晉나라의 왕권을 음탕한 장포長袍 위의 장식품으로 만들어버렸기 때문이다…….

　노인네는 자신의 처소에 들어오는 원로 신하 순식荀息을 바라보면서 모든 면에서 만족하지 못했다. 하지만 어쨌든 후계자를 지명해야 했기 때문에 손을 들어 여희의 아들을 가리

켰다.

"이렇게 어린 아이를 그대에게 위탁하려 하는데 그대는 어떻게 하겠는가?"

순식은 무릎 꿇고 절을 올리고는 고개를 들었다. 늙은 얼굴이 온통 눈물에 젖었다. 그의 군왕은 그가 군왕과 똑같이 여희를 죽도록 미워하고 있다는 사실을 잘 알고 있었다. 하지만 지금 그의 군왕이 그를 바라보면서 자신의 여자와 아들을 그에게 맡기겠다고 말하고 있었다.

이는 군주와 신하의 관계와는 무관한 것이었다. 이는 죽음을 앞둔 남자가 이 세상에서 유일하게 신임하는 사람에게 모든 것을 맡기는 일이었다. 순식이 말했다.

"소신은 감히 있는 힘을 다하여 더욱더 충성하고 정절을 지킬 것입니다. 뜻대로 잘 이루어지면 그것은 군왕 영혼의 도움이요, 그렇지 못하면 소인이 죽어서라도 이어갈 것입니다."[71]

뒷일이 어떻게 될지 순식은 보장할 수 없었다. 하지만 자신의 충정과 절개는 보장했다. 이른바 군왕이 죽었다가 다시 살아났을 경우, 순식은 여전히 부끄러움이 없을 것이라는 뜻이었다.

공개적으로 선양된 모반이었다. 모든 사람이 자신들이 두려워하는 군왕의 숨이 끊어지기를 기다렸다. 그런 다음, 늑대 무리가 그의 여자와 아들을 향해 달려들었다.

밀모자는 비밀을 지키는 것을 하찮게 여겼다. 물론 그들은 여희를 두려워하지 않았다. 이 천박한 여인의 승리는 얼마나 허약한 것이었던가? 그녀는 자신의 남자가 살아 있어야만 승리자가 될 수 있었다. 그러나 지금, 그녀는 곧 모든 것을 잃게 되어 있었다. 밀모자들은 순식을 찾아 얘기를 나눌 필요가 있다고 생각했을 따름이다. 그는 그들과 마찬가지로 여희를 미워했다. 그들과 마찬가지로 진晉나라에 현명하고 영무英武한 군주가 필요하다고 믿었다. 하지만 해제는 아니었다. 진나라의 왕위는 중이의 것이 되어야 했다. 그들은 순식이 자신들 편에 설 것이라고 믿었다.

이제 패가 펼쳐졌다. 대신 이극이 계획을 있는 그대로 순식에게 말했다. 그리고 마지막으로 물었다.

"대인은 장차 어떻게 하실 의향입니까?"

잠시 침묵이 흘렀다. 마침내 순식이 말했다.

"죽어야 되겠지요."

이극은 화가 났다.

"노형께서는 왜 이리 멍청하신 겁니까? 지금의 형세를 좀 보세요. 노형이 없으면 저 녀석은 순조롭게 왕위를 계승하지 못할 겁니다. 좋아요, 죽는 것도 의미가 있다고 칩시다. 하지만 노형께서 없어지시면 저 어린 녀석은 끝장입니다. '무익한 것이지요.' 헛된 죽음이 되지 않겠습니까?"

"무익하다." 이 한마디는 나중에 중국인들의 생활 속에 아주 오래 메아리쳤다. 어쩔 수 없이 선택과 결정을 해야 할 때마다, 누군가 어리석음을 범하면서까지 하찮은 것을 지키려 할 때마다 이 한마디가 튀어나왔다. 무익하다. 무슨 소용이 있냐는 질의였다.

우리의 가장 좋은 친구가 이렇게 권면할 때, 우리도 스스로에게 이렇게 권면할 때, "무익하다"라는 한마디는 우리 내면이 태어날 때 가지고 온 목소리가 될 것이다. 그런 다음, 우리는 면밀한 계획과 계산에 따라 유익한 일생을 살아갈 것이고 유익한 1000년, 유익한 2000년을 살아갈 것이다.

하지만 순식은 아마도 이런 말을 처음 들었던 것 같다. 그는 단호하게 대답했다.

"나는 선왕에 대한 약속을 어길 수 없다. 설사 무익하다 할지라도 어찌 피할 수 있단 말인가? 인간의 문제에는 유익과 무익만 있는 것이 아니다. 때때로 인간의 문제는 아무런 위축 없이 자신의 책임을 다해야 하고, 자신의 약속과 선택에 충성을 다하는 것이기도 하다."

지금의 언어로 말하자면 순식은 몹시 곤란했다. 2000년 전 춘추의 난세에 중국인들은 어떻게 해야 생명의 선한 경지에 도달할 수 있고, 어떻게 해야 어렵고 혼란한 세상사 속에서 도덕적 삶을 견지할 수 있는가 하는 문제에 대해 용감하고 영민하며 상상력이 풍부한 탐색을 진행한 바 있다. 물론 순식은 융통성 없고 시대에 뒤떨어진 사람이 아니었다. 어떤 기준으로 형량해도 그는 그 사회에서 성공한 인물이었고 다양한 계략을 갖추고 있었으며 남의 약점을 무정하게 이용할

줄도 알았다. '가우멸괵假虞滅虢'*과 '순망치한脣亡齒寒'**이
라는 성어가 바로 순식의 걸작이었다. 그는 이극과 함께 두
차례에 걸쳐 군사를 이끌고 괵虢을 정벌한 적이 있었다. 그때
준마와 옥벽으로 우虞나라를 매수하여 길을 빌려달라고 부
탁했다. 누군가 그에게 권했다.

"안 될 일입니다. 길을 내주지 않을 겁니다. 입술이 없으면
이가 시리다는 이치도 모르십니까?"

하지만 우나라는 소국임에도 외교에 임할 때 우공虞公은
주판을 두드려 간단한 셈을 하는 데 탁월했다. 길을 빌려줘
도 길은 역시 길이니 돌려받지 못할 것을 걱정할 필요는 없
었다. 파는 것이라 해도 준마와 옥벽을 손에 넣을 수 있을 터
인데 마다할 이유가 어디 있단 말인가? 이리하여 순식과 이
극은 괵나라를 멸하고 돌아오는 길에 내친김에 '이빨'을 뽑
아버렸다. 준마를 끌고\ 옥벽을 받들고서 헌공에게 출장 성
과를 보고했다. 당시의 헌공은 근엄하면서도 재기가 넘치는
성격이었다. 과연 그는 고상하고 멋진 말을 한마디 던졌다.

"옥벽은 원래의 모양 그대로이지만, 말은 나이를 먹어 이
빨이 자랐구나."[72]

순식은 우공과의 약속을 지키지 않은 것으로 인해 부끄러
움을 느낀 적이 없었다. 그것은 인류생활의 또 다른 영역의

● 우나라의 힘을 빌려 괵나라를 멸한다는 뜻으로 뛰어난 모략과 전술을 의미한다.
●● 입술이 없으면 이가 시리다는 뜻으로 춘추시대의 국제관계를 상징한다.

일이었다. 그곳에서는 승리만이 지고의 가치를 지니고 있었고 승리를 쟁취하는 것이 그의 책임이었기 때문이다. 하지만 지금 그는 마찬가지로 생명을 버려서라도 자신의 약속은 지켜야 한다고 단호한 태도를 보인 것이었다.

그러나 순식은 이극을 저지할 행동을 취하지는 않았다. 그는 처음부터 일어날 일은 반드시 일어나고 밀모자들은 충성스러운 애국자라는 것을 알고 있었고, 사실은 헌공도 이를 알고 있었다. 그날 그가 임종을 눈앞에 둔 선왕 앞에 불려오지 않았다 해도 그는 같은 일을 했을 것이다.

"선한 일을 하려는 사람들의 마음이 누가 나와 다를 수 있겠소? 나는 약속을 바꾸지 않고 사람들에게도 나처럼 하라고 부탁할 생각이오."[73]

사람들은 애써 옳은 일, 선한 일을 하고자 한다. 하지만 인간 생활 속의 각종 훌륭한 가치들은 서로 충돌하기도 한다. 도덕에 부합하는 삶은 틀림없이 어려울 것이다. 그래서 하는 수 없이 고통스러운 선택을 하게 된다. 지금 순식은 말한다.

"나는 내가 약속한 충성을 다하고 싶지만 그대들이 그대들의 충성을 다하지 못하게 저지할 생각은 없소."

헌공이 세상을 떠나고 한 달 뒤에 해제가 살해되었다. 순식은 잔존하는 권력과 영향력을 다 털어서 헌공과 여희의 여동생 사이에 태어난 탁자卓子를 왕으로 세웠다. 그는 이 아이도 마찬가지로 보호하기 어렵다는 사실을 모르지 않았다. 그는 단지 헌공이 계속 살아 있었다면 헌공의 결정도 그러했으리라고 믿었을 뿐이다. 다시 한 달이 지나 조당에서 여러 눈이 지켜보는 가운데 이극이 단칼에 탁자를 살해했다. 여희는 가죽 채찍에 맞아 죽었다. 순식은 자진했다.

당시 진晉나라 사람들은 2600년 뒤보다 훨씬 더 복잡한 도덕적 감수성을 지니고 있었다. 그들은 순식이 응대했던 난제들을 자세히 분석할 수는 없었지만 그가 훌륭했다는 것은 직감적으로 인지할 수 있었다. 그는 대부분의 사람이 선하고 좋다고 생각하는 쪽에 서지 않고 자신이 선하고 좋다고 생각하는 것들을 굳건하게 실천해나갔다. "백규白圭•에 있는 티는 갈아 없앨 수 있지만, 말 속에 있는 티는 그리할 수 없다."[74] 진나라 사람들은 자랑스럽게 자신들의 영웅을 위해 『시경』「대아大雅」에 있는 이런 시구를 읊조렸다.

백옥 위의 얼룩은 문질러서 없앨 수 있지만 사람의 말과 약속은 절대로 지워지지 않는다.

당시의 진나라는 천지가 다 영웅이었다.

의심스러운 나무

방 안에서는 맘대로 말할 수 없다.

바로 벽 건너편에 귀가 있을 수 있기 때문이다. 당시는 고

• 옛날 곡식의 양을 재던 옥으로 만든 도구로서 나중에는 권력을 상징했다.

대라서 그랬지만 현대에는 벽 안에도 귀가 있다.

그래서 중요한 말은 방 안에서 할 수 없고 꽃 앞이나 나무 아래서 했다. 갑과 을이 정원에서 이리저리 맴돈다. 칼과 검의 빛과 그림자가 번뜩이고 세계는 영원히 안녕하지 못했다.

정치를 공부하려면 정치인들의 회고록을 읽어야 한다. 정치인들이 다른 나라를 방문할 때, 가장 큰 걱정거리는 상대방의 강역에서 말할 수 있는 공간을 찾기 어렵다는 것이었다. WTO 담판 때 미국 대표인 샬린 바셰프스키는 베이징 경제무역부 건물에서 백악관에 전화하려고 할 때, 너무나 긴급한 상황에서 결국 여자 화장실을 찾아 들어가는 수밖에 없었다고 한다. 냉전 시대인 1970년대에 헨리 키신저는 소련을 방문했을 때, 중요한 순간을 맞을 때마다 조수의 손을 잡아끌고 마당에 나가 얘기했다.

나무 아래서 말할 때도 어떤 나무인지 따져봐야 했다. 예컨대 뽕나무 아래서는 말을 하면 안 됐다.

『좌전』「희공 23년」은 중이의 이야기를 서술하고 있다. 멍청한 아버지와 악독한 계모에게 쫓겨나 천하를 떠돌며 망명 생활을 하던 그는 단숨에 이적夷狄의 땅으로 달아나게 되었다. 말하자면 중이의 친모는 이녀夷女였다. 오랑캐夷와 화하夏의 구별은 춘추시대부터 이미 엄격해지기 시작했다. 하지만 중이의 아버지 헌공은 일종의 낭만주의적 심미 취향을 지니고 있어 이민족과의 문화 교류와 야성적인 여인을 좋아했다. 연달아 두세 명의 오랑캐 여자를 납치했다. 이중에는 나중에 큰 화의 근원이 된 여희驪姬와 그녀의 여동생도 포함돼 있다.
그런 까닭에 진나라의 공실은 중이 세대에 와서 이미 혼혈이
시작되었고, 이는 당시에 주목할 만한 문제로 간주되었다.
정鄭나라의 시사평론가 숙첨叔詹은 포스트 헌공 시대의 진나
라 정국을 분석하면서 송곳 끝이 주머니를 뚫고 나오는 것처
럼 중이가 두각을 나타낼지 모른다고 지적했다. 이유 가운데
하나는 "남녀의 성이 같으면 그 후손이 창성할 수 없는데, 진
공자는 모친의 성이 달라 희姬이기 때문이다".[75] 오늘날의 의
미로 번역하자면 우리 집 아래층의 리씨 아저씨의 관점과 크
게 다르지 않다. 이 리씨 아저씨의 며느리는 파란 눈에 노란
털의 소유자다. 리씨 아저씨는 술을 몇 모금 마셨다 하면 손
자에 관해 기발한 입론을 펼치곤 한다.

"그 애 아빠랑 엄마가 같은 종자가 아니잖아. 호박과 오이
가 같은 줄기에 달린 것과 같다고! 이 애가 크면 대단한 인물
이 될지도 모른다고!"

중이는 망명할 때 나이가 열일곱이었다. 오랑캐 땅에서
12년을 보내면서 그사이에 오랑캐 마누라를 얻었다. 하지만
그렇게 항상 멍청하게 세월을 보내는 것은 좋은 일이 아니
다. 이는 어떤 사람이 연예계에 뜻을 갖고 있으면서 그 울타
리 밖을 떠돌고 있는 것에 비유할 수 있을 것이다. 초원에서
술을 마시고 있으면 기회는 영원히 낯선 얼굴을 찾아오지 않
는다. 울타리는 어디에 있는가? 바로 남쪽, 화하華夏의 여러
나라에 있었다. 그리하여 이날, 중이는 짐을 정리하여 오랑

161

캐 아내의 깊은 정에 작별을 고했다.

"여보, 날 25년만 기다려주구려. 25년 뒤에도 내가 돌아오지 않으면 그때는 재혼하도록 하세요!"

아내가 손가락을 꼽아가며 계산을 해보고서 말했다.

"내가 올해 스물다섯이니까 25년을 기다리면 쉰이 되겠군요. 나이 쉰에 누구에게 다시 시집을 가겠어요. 그러니 여보, 제발 가지 마세요!"

중이는 얼굴을 감추고 나는 듯이 빠져나가 단숨에 제齊나라로 향했다.

과연 제나라는 달랐다. 도성인 임치臨淄는 특별히 큰 도시였다. 중국어 성어 중에 '마견접종摩肩接踵'*이나 '혼한여우揮汗如雨'** 같은 단어를 가장 먼저 사용한 곳이 바로 이 도시였다. 후대 사람들은 시야가 좁아 이 말을 '몸을 너무 많이 움직여 땀이 많이 난다'는 의미로 사용하게 되었다. 한번 시도해보라. 정말 비 오듯이 땀을 흘릴 수 있을 것 같은가? 이 말은 임치의 대로가 전부 사람들로 가득 찬 것을 묘사한 것이다. 모든 사람이 땀을 흘리니 사람들로 가득한 거리는 폭우가 내리는 듯했을 것이고, 한 사람이 한입씩 침을 뱉으면 홍수가 났을 것이다. 차들은 배가 되었을 것이고 지하철역은 저수지가 되었을 것이다. 요컨대 극도로 번화한 모습을 나타

• 어깨가 부딪치고 발뒤꿈치가 서로 닿는다는 뜻.

•• 땀을 비 오듯 흘리거나 사람이 많아 붐비는 곳을 뜻한다.

낸 것이다.

　이처럼 화려한 세상에서 중이가 현기증을 느끼진 않았을
까? 게다가 이 시기의 제나라는 효공孝公이 집정하고 있었다.
천하에 뜻을 두고 있었던 그는 중이가 온 것을 보자 그가 아
주 훌륭한 재목이라는 것을 알아채고는 유용하든 그렇지 못
하든 간에 일단 정착시키기로 마음먹었다. 어쩌면 큰 수확이
될지도 모른다는 기대에서였다. 효공은 적당한 규녀를 하나
골라 그에게 시집보내면서 혼수 행렬이 거리의 절반을 메우
게 했다. 혼수 행렬에 동원된 준마를 한 필 또 한 필 세어보
니 80필이나 됐다.

　약간의 세월이 흘렀다. 새 아내는 제강齊姜이었다. 용모가
어땠는지는 역사서에 기록된 바가 없다. 책에 기록된 것에
따르면 이 시기의 중이는 유황숙劉皇叔(劉備)이 감로사甘露寺에
들어갔을 때와 같았다. 너무 즐거워서 진晉을 그리워하지도
않고 오랑캐 지역은 더더욱 그리워하지 않았다. 중이가 생각
한 것은 그냥 이렇게 살면 좋겠다는 것이었다. 생활이 안정
되고 조용해져서 더 이상 몸부림치지 않았으면 좋겠다는 것
이었다.

　하지만 그를 따르는 군중은 그러라고 허락하지 않았다. 역
사의 독자들도 그렇게 끝낼 수 없었다. 중이가 잠시 머무른
것이라고 생각했던 수하들은 아무리 기다려도 중이로부터
얘기가 전혀 없자 조급해졌다. 수하들은 생각했다. 고향을
떠나 부모를 버리고 그를 따라 12년 동안 계속 멀리 돌아다

닌 것이 외국으로 가서 가정을 꾸리고 정착하기 위한 것이었
던가? 우리를 외국으로 도주한 탐관으로 치부하는 건가? 가
자! 가지 않으면 안 된다.

이리하여 우두머리인 자범子犯이 몇몇 사람을 데리고 비
밀스러운 장소를 찾아 말했다. 벽 건너 귀가 있었기 때문에
집 안에서는 얘기를 할 수 없었다. 뱃속에 할 얘기를 가득 담
은 이들은 갑자기 뽕나무 한 그루가 높이 솟아 있는 것을 발
견했다. 전후좌우를 살펴보니 아무도 없어 밀모를 시작했
다…….

그런데 이날, 마침 뽕잎을 따는 사람들이 있었다. 분명히
나무 위에 있었다. 다른 사람들이 아니라 제강과 같이 살고
있는 큰 하녀였다. 하녀들은 어린 도련님과 마님의 시중을
드는 것으로 그치지 않고 뽕잎을 따서 누에를 키워야 했다.
나뭇가지 사이에 엎드려 중이와 형제들의 탈출 계획을 분명
히 들었을 것이다.

떠난다는 것은 쉬운 일이 아니었다. 중이 자신도 약속할
수 없는 일이었고 중이가 떠나기로 약속한다 해도 제강이 허
락하지 않을 것이 불 보듯 뻔했다. 제강이 허락한다 해도 제
효공이 절대로 그들을 놓아주지 않을 것이었다.

그 하녀는 형제들이 흩어진 뒤에 나무에서 미끄러져 내려
와 한 가닥 연기처럼 집 안으로 날아 들어갔다.

"큰일 났어요. 큰일 났어요. 공자가 도망치려 해요!"

제강은 아무런 표정도 없었다. 그녀는 몸을 돌리지도 않았

을 것이다. 조용히 그 자리에 서서 창밖을 바라보았을 것이다. 제강은 잠시 생각에 잠겼다. '사람을 죽이는 것은 어떤 일일까? 어떻게 죽일까? 어떻게 하면 지저분하지 않고 깨끗하게 죽일 수 있을까?

그러고 나서 그녀는 몸을 돌렸다. 그 하녀는 고꾸라지기 직전이었다.

어쩌면 그녀 옆에 칼이 한 자루 있었을지 모른다. 어쩌면 면도칼이었는지도 모른다. 심지어 비녀였는지도 모른다.

요컨대 그녀는 살인이 아주 쉬운 일이라는 걸 깨달았다.

그런 다음 남편을 찾았다.

"당신의 생각은 남들이 다 들었어요! 하지만 고 망할 년은 이미 죽었어요."

중이는 틀림없이 당혹스러우면서도 억울했을 것이다.

"아니야! 당신은 아직도 내 속마음을 모른단 말이오? 사실 난 떠나고 싶지 않아요. 남고 싶단 말이오. 남아서 당신과 함께 봄, 여름, 가을 그리고 겨울을……"

가라오케의 서정이 아닐 수 없다. 제강은 단호하게 호통치며 말했다.

"좋아요! 안일만을 도모하다가는 자신의 명성을 망치고 마는 법이니까요!"[76]

이를 구체적으로 부연하자면 이렇게 말할 수 있을 것이다.

"크게 발전할 싹수가 안 보이는 당신, 구들 아랫목에서 평생을 보낼 작정인가요? 당신 아버지와 어머니 천하의 창생들, 그리고 당신 마누라인 나에게 부끄럽지 않나요?……"

중이의 귀에는 이 말이 들어오지 않았다. 중이는 떠나지 않았다. 그는 끝없는 망명생활과 기다림에 지쳐 있었다. 중이는 자신이 부인 곁을 떠나지 않는 것이 어째서 부인에게 면목 없는 일인지 이해하지 못했고 자신이 아무리 발버둥 쳐도 단 며칠의 편안한 날들을 보낼 수 없는 이유를 알지 못했다.

하지만 운명의 이치는 정해진 것이었다. 중이는 그의 친구들 것이었고, 그를 좇는 사람들의 것이었으며, 자신에게 시집온 사람의 차지이자 광대한 투자자들의 몫이었다. 그는 투자자들에 대한 책임을 져야 했다.

이리하여, 내가 예상한 것처럼, 어느 날 중이는 정신이 확들면서, 자신이 제나라 국경 밖에 와 있다는 것을 깨달았다. 단지 춘추시대에는 아직 몽한약이 발명되지 않았다. 그의 친구들과 마누라가 사용한 방법은 아주 흔히 쓰이는 것이었다. 그와 술을 마시면서 만취할 때까지 계속 잔을 채워주는 것이었다.

중이는 화가 나서 미칠 지경이었다. 칼을 꺼내 자범을 찌르고 싶었다.

황량한 벌판에서 한 사람은 도망치고 한 사람은 뒤쫓고 있었다. 거리가 갈수록 더 멀리 벌어졌다…….

이때는 중이가 귀국하여 진晉나라 문공文公이 되기까지 아직 8년이라는 시간이 남아 있었다. 그는 아직 먼 길을 가야 했다. 조曹나라를 거쳐 정鄭나라와 초楚나라, 진秦나라를 두루 통과해야 했다…….

물론 그들은 다시는 나무 아래서 얘기를 나누지 않을 것이고, 모든 나무를 의심 가득한 눈빛으로 바라보았다.

장거리 경주

진晉 헌공獻公이 세상을 떠나고 나자 왕위를 계승한 어린 두 아들은 이극에 의해 차례로 죽임을 당하고 말았다.

그런 다음 이극이 칼을 손에 들고 물었다.

"또 있어 없어?"

헌공의 아들은 한둘이 아니었다. 물론 진晉나라 국내에 남아 있는 아들도 있었지만 주변에서는 이극의 칼을 보고는 이구동성으로 말했다.

"없어요. 없어요!"

이런 상태를 일컬어 권력의 진공상태라고 했다. 군왕의 보좌가 비어 있으니 반드시 누군가 가서 앉아야 했다. 이극 자신은 감히 앉을 수 없는 자리였다. 춘추 초기까지만 해도 여전히 군주가 군주답지 않고 신하나 신하답지 않은 현상이 남아 있었다. 하지만 최소한의 마지노선이 없었던 것은 아니다. 한 사람이 군주를 닭 잡듯이 쉽게 죽일 수는 있지만 스스로 또 다른 닭을 찾아야지 자신이 닭이 될 생각은 할 수 없었다.

중이와 그의 동생 이오에게 기회가 찾아왔다. 그들은 간신히 살아남은 헌공의 적자들로서 둘 다 박해를 받아 나라 밖을 떠돌고 있었다. 물론 국내에서도 상당한 명망과 인맥을 유지하고 있었다. 기회는 준비된 사람들에게 찾아오는 법이었다. 게다가 두 사람은 이미 14년째 망명생활 중이었고 이 순간을 위해 만반의 준비가 되어 있었다. 이날을 오랫동안 기다리고 있었던 것이다.

문제는 누가 더 빨리 달리느냐, 누가 먼저 골인 지점에 도달하느냐 하는 것이었다.

이런 경주가 춘추시대에는 자주 거행되었다. 예컨대 제齊나라에 내란이 일어났을 때, 무주공산을 차지하여 왕위를 이을 자격이 있는 형제 둘 가운데 하나는 노나라에 망명 중이었고 하나는 위衛나라에 망명 중이었다. 노나라에 있는 사람이 형이고 위나라에 있는 사람이 동생이었다. 제나라 관민들은 초시계를 들고서 먼 곳을 바라보고 있었다. 두 사람 중에 누가 먼저 골인 지점을 통과하는지 보기 위해 기다리고 또 기다린 것이다.

지도를 보면 알겠지만 노나라는 산둥山東에 있고 위나라는 허난河南에 있었다. 형이 이미 월등히 유리한 위치에 있었던 것이다. 게다가 이런 경주에는 애당초 공평 따위를 중시할 필요도 없었다. 그럼에도 형은 뜻밖에도 중간에 사람들을 보내 매복시켰다가 화살 하나로 동생을 말에서 떨어뜨리는 비겁한 짓을 저질렀다.

경주는 이렇게 끝났다. 이 소식을 들은 형이 웃었는지 울었는지는 아무도 모른다. 어차피 이제 그의 지위를 가로챌 사람이 없어졌으니 가다가 멈추어 산수를 즐기기도 하면서 여유롭게 곡부曲阜를 떠나 임치臨淄에 도착했다. 뜻밖에도 그는 엿새나 길을 달린 것이었다. 성문 앞에 도착하니 칼과 창을 든 심판들이 기다리고 있었다.

"늦었소! 패배요! 당신 동생이 먼저 입성했소!"

알고 보니 날아간 그 화살은 동생의 혁대 단추를 맞혔다. 동생이 말에서 떨어져 다리를 쭉 뻗고 눈을 뒤집은 것은 거짓이었고 날 듯이 말을 달린 것은 사실이었다.

후회해도 소용없는 일이었다. 형은 목이 잘렸고 동생이 왕위에 등극했다. 그가 바로 제 환공桓公이다.

그러니 무엇을 더 기다린단 말인가? 경주가 시작되었다!

이번에도 동생이 더 빨리 달렸다. 이오는 두말하지 않고 사람을 진秦나라로 보냈다. 그러면서 말에 채찍질을 해가며 한시도 지체하지 말 것을 당부했다. 지도 한 장이 진 목공穆公의 눈앞에 펼쳐졌다.

우리 집안 공자를 도와 왕위를 계승할 수 있게 해주면 여기서부터 여기까지 황하 이서의 땅을 전부 대왕께 양도하겠습니다!

"남이 나라를 빼앗으려 하는 판에 제가 아까워할 것이 뭐가 있겠습니까?"[77]

이오의 이 한마디는 사자를 통해 전달되었다.

나라를 파는 일은 많이 봐왔지만 이처럼 거리낌 없이 사리에 맞게 판 경우는 고금을 통틀어 무척 드물다. 양심적으로 말하자면 이오가 기꺼이 이렇게 말했던 것은 확실히 이 나라가 자기 것이 아니기 때문이었다. 공수표를 날린 셈이다. 나중에 정말로 왕위에 올라 진나라 국왕이 계약 이행을 요구하자 그는 땅을 넘기기 아까워 얼굴을 붉히면서 죽어도 부채를 인정하지 않았다.

부채를 인정하지 않는 것은 잘한 일이다. 문제는 애당초 이런 부채를 질 필요가 있었느냐는 것이다.

수중에 아무것도 없는 노름꾼에게는 노름 밑천이 필요하다. 특히 그 노름꾼이 이오보다 더 원대한 이상과 포부를 가진 사람이었다면 아무런 심리적 장애도 없었을 것이다. 그 거대한 목표에 비하면 이때의 구차함이 뭐 그리 대단한 일이었겠는가?

이런 사람들은 틀림없이 남보다 더 빨리 달릴 것이다. 중이와 이오의 승부는 이미 갈린 셈이었다. 똑같이 궁지에 몰려 있고 갈 길이 막혀 있는 중이는 역시 수중에 가진 것이 하나도 없었지만 뜻밖에도 전혀 구차하지 않았다.

몇 해가 지나 중이는 초나라로 흘러 들어갔다. 이때 이오는 왕위에 앉아 있었고 중이는 경주에 참여할 자격마저 상실한 처지였다. 초왕이 이 실패자를 불러 식사를 함께 하는 자리에서 갑자기 기이한 생각이 들어 물었다.

"내가 그대를 도와 진晉나라를 되찾게 해준다면 그대는 내게 어떻게 보답하겠소?"

초왕도 그저 한가한 농담을 한 것에 불과했다. 그가 정말로 이웃 나라의 내정에 간여하여 합법적인 정권을 전복시키고 눈앞에 있는 이 재수 더럽게 없는 사나이를 진왕의 자리에 앉게 해주리라고 장담할 수도 없었다. 어쩌면 그저 조롱하는 마음으로 중이가 품에서 지도를 꺼내기를 기다렸던 것인지도 모른다.

중이가 초왕을 응시했다. 지도는 꺼내지 않았다. 마침내 중이가 웃으면서 말했다.

"진晉나라는 지하에 석탄이 있고 지상에 사람이 있습니다. 그 외에는 아무것도 없지요. 지하의 석탄은 2000년 뒤에도 내다 팔 수 있지만 지상의 사람은 초나라에 이미 너무 많지 않은가요? 정말로 아무리 생각해도 대왕께 보답할 방법이 없을 것 같습니다."

이 말에 초왕은 진지한 태도를 보이지 않을 수 없었다.

"반드시 보답을 해야 한다면 어찌시겠소?"

중이가 말했다. 지금으로 말하자면 후베이湖北 방언에 대해 산시山西 방언을 대합하는 모양새였을 것이다.

"정말로 제가 진나라로 돌아갈 수 있도록 도와주신다면 혹시 나중에 두 나라가 중원에서 교전을 벌이게 되었을 때, 제가 먼저 병력을 90리 뒤로 물림으로써 대왕께 은혜를 갚도록 하겠습니다. 이것으로도 대왕의 양해를 얻을 수 없다면 저는 하는 수 없이 왼손에 채찍과 활을 들고 오른손에는 화살집을 걸고서 대왕을 상대로 한판 붙어보겠습니다." [78]

이것이 어떻게 사람을 구해주는 장면이라 할 수 있겠는가? 그저 규판叫板*에 지나지 않을 것이다. 그 자리에서 초나라 대신들이 이자를 죽여야 한다며 들고일어났지만 초왕은 화를 내지 않았다. 그는 아주 깊은 눈빛으로 중이를 바라볼 뿐이었다. 이 초왕은 사후 시호가 성成으로서 역시 일대의 웅주였다. 그는 당연히 진晉나라가 장차 초나라와 중원의 탁록逐鹿에서 마주하게 될 커다란 적이라는 사실을 모르지 않았다. 동시에 그는 지금 당장 필요한 것이 역사를 고쳐 쓸 한 자루의 칼이라는 사실도 잘 알고 있었다. 하지만 그는 눈앞의 이 사람을 응시하기만 했다. 어쩌면 그는 몇 년 후의 전장의 모습, 전고와 깃발, 말발굽, 분등하는 피…… 같은 것들을 보고 있었는지도 모른다.

자부심과 자존감 때문에 그는 궁지에 몰려 있으면서도 여전히 자부심과 자존감을 지키고 있는 이 사람을 죽일 수 없었다. 그는 결국 중이를 풀어주었다.

그렇다면 중이는 정말로 미래를 볼 수 있었던 걸까? 이때 그가 영웅인지 미치광이인지는 누구도 단언할 수 없었다.

기원전 651년, 중이는 틀림없는 바보의 모습이었을 것이다. 그는 아둔하고 고집스러웠다. 그의 교활한 동생은 공수표를 남발하여 진秦나라의 지원을 얻어냈다. 번개 같은 말과 바람 같은 검을 얻은 것이나 마찬가지였다. 이오는 저 멀리

● 중국 전통극에서 마지막 대사를 길게 뽑아 다음 곡조로 넘어가게 하는 대목.

앞서가다가 결국 바람처럼 진晉나라로 돌아갔다.

경주가 끝난 것 같았다.

하지만 이오가 가장 먼저 한 일은 이극을 죽이는 것이었다. 이오가 말했다.

"그대가 없었다면 오늘날의 나도 없었을 것이다. 하지만, 하지만 말이야, 자네는 주인들을 전문적으로 죽여온 사람이야. 하나를 죽이고 또 하나를 죽였지. 생각해보라. 그대의 주인이 된다는 것이 얼마나 어려운 일이겠나? '그대의 군주가 된다는 것이, 또한 힘들지 않겠는가?'"[79]

이극은 주인을 죽일 줄만 아는 것이 아니라 후세에 널리 유전될 명언을 남길 줄도 알았다.

"사람에게 죄를 씌우려면 죄명을 찾지 못할까 걱정할 필요가 없습니다. 마음 내키는 대로 모함하면 되는 것이오."[80]

그랬다. 마음대로 죄명을 갖다 붙이면 그만이다. 이극은 결국 검으로 자결했다.

공자는 이런 사람을 가장 싫어했다. 전해지는 바에 따르면 그 노인네가 『춘추』를 편찬했다고 한다. 이극 같은 이가 없었다면 세상은 어떻게 되었을까? 더 좋아졌을까?

도道를 잃으면 도움을 받기 어렵다

이른바 춘추오패春秋五霸 가운데 한 명이 진秦 목공이다.

진秦나라는 변방의 작은 나라에서 크게 굴기하여 신흥 패권으로 성장했다. 지리적 전략의 우세 덕분에 서쪽에 자리를 잡고 동쪽으로 확장을 시도했으며 삼면에 걱정거리가 되는 나라가 없어 동쪽으로 천하를 쟁취하기만 하면 그만이었다. 주나라 때부터 이 지역은 역대 제업帝業의 기지였다. 관중關中을 얻는 자가 천하를 얻는다고 했는데 이런 전략적 우세는 당唐나라 때까지 근 2000년 동안 이어졌다.

세력만 얻으면 되는 것이 아니라 사람도 얻어야 했다. 목공이 바로 그런 사람이었다. 웅재雄才와 대략大略을 지닌 그는 범의 눈과 매의 날갯짓으로 동쪽을 향했다. 한눈에 들어온 것이 진晉나라였다. 진秦과 진晉은 산시陝西와 산시山西로 안팎의 산과 강이 좋아도 그만, 안 좋아도 그만이었다. 어차피 가장 중요한 전략적 관계로 정해져 있었다. 이러한 관계는 진목공의 잠자리(춘추시대에는 침대가 없었고 한漢나라 때는 등받이 없는 걸상이 없었다. 목공의 잠자리는 침대와 의자의 중간이었을 것이다)에 그대로 반영되었다. 진晉나라의 공주를 아내로 맞은 것이다. 이것이 바로 이른바 진진秦晉의 우호였다.

목공의 부인은 범상치 않았다. 그녀는 중이와 이오의 배다른 누나였다. 산시山西 여자들은 기본적으로 질투를 잘 하고 친정을 많이 생각하는 것이 특징이다. 친정의 바람 소리와 빗소리, 시집간 딸에게 하는 온갖 소리가 다 귀에 들어왔다.

장인인 헌공이 세상을 떠났다. 진晉나라의 대란이 목공에게는 가사이자 국사이며 천하가 달린 일이었으니 관심을 갖지 않을 수 없었다. 이쪽 집에는 곡소리가 하늘을 찌르는 가운데 눈물을 훔치고 있는 부인이 있고 저쪽 집에서는 긴급회의가 열리고 있었다. 이 일을 어떻게 관리해야 할지 상의하는 것이었다.

이극이 정변을 일으켜 헌공이 지명한 후계자를 살해했다. 그것도 단숨에 두 명을 죽였다. 이극의 생각에 따르면 중이가 후계자가 되어야 했다. 하지만 이오는 다리가 빨라서 사람을 시켜 지도를 가져오게 했다. 자신이 진晉으로 돌아가면 여기서부터 저기까지 거대한 땅을 단칼에 진秦나라에 떼어 줄 수 있었다. 답례치고는 지나칠 정도의 대례大禮인 셈이었다. 하지만 목공이 염두에 둔 것은 땅이 아니었다. 땅은 매우 중요하긴 하나 땅만 바라보는 것은 성 하나와 땅 한 덩이의 득실을 비교하는 것에 지나지 않았다. 땅이란 무엇인가? 항아리나 단지 같은 소소한 재물에 지나지 않았다. 내려놓으면 아득히 멀어지고 등에 지면 짐 보따리가 된다. 이런 이치에 생각이 닿을 수 있는 사람은 많지 않았다. 마오쩌둥이 그중 한 명이고 진 목공도 그중 한 명이었다.

따라서 몇 무의 땅을 탐하는 것은 표면적인 일이었다. 목공이 주로 염두에 두는 것은 중이와 이오였다. 이 두 어린 처남 가운데 누가 더 적합한가, 누가 왕위에 올라야 진秦나라의 굴기를 위해 유리한 외부 환경을 만들 수 있을까 하는 것이었다.

진晉나라의 사정을 잘 아는 사람을 찾아 물어보니 이오는 심지가 작아 잠시 멈춰 깊이 생각할 줄 모르는 것이 흠이었다. 이런 대답을 들은 목공은 그 자리에서 맞장구를 쳤다.

"멈추지 않는 것이 얼마나 훌륭한 일인가. 바로 그 친구가 적임자일세!"

이오는 한 무리의 병마용에 둘러싸여 왕위에 올라 혜공이 되었다. 자신이 참고 기다릴 줄 모른다는 점을 잘 아는 것으로 유명한 그는 왕위에 오르자마자 죽어라 참고 기다렸다. 그러다가 연달아 두 가지 대사를 처리했다. 첫 번째 대사는 정변의 전문가 이극을 제거한 것이다. 물론 그 하나만 죽일 수는 없었다. 그에게 부속된 사람들을 전부 죽여 땅에 온통 어지러운 흔적이 남았다.

그가 처리한 두 번째 대사는 영토를 완전하게 유지한 것이다. 원래는 진秦나라에 거대한 땅을 떼어주기로 했지만 결국 주지 않았다.

이 두 가지 일 모두 아주 훌륭했고 큰 힘이 되었다. 강력하고 과단성 있는 조치들이었다. 여론도 일제히 환호하고 나섰다. 혜공은 자신에 대해 무척 만족했다.

그물을 빠져나간 이극의 잔당은 진秦나라로 도망쳐 진왕에게 말했다.

"대왕, 군사를 일으켜 저 멍청한 놈을 치셔야 합니다!"

목공은 아내를 바라보면서 아무 말도 하지 않았다.

눈 깜짝할 사이에 두 해가 지났다. 진晉나라에 대규모 기근이 찾아오면서 양곡을 지원하는 문제가 대두되었다. 목공이 백리해百里奚에게 물었다.

"진나라에 양곡을 지원하는 게 좋겠소?"

백리해가 말했다.

"천재지변이 있을 때 나라가 크게 넉넉한 상황이라면 이웃을 불쌍히 여겨 구제해주는 것이 도리입니다. 도를 행하면 복이 따라오니까요."[81]

이는 외교부 대변인의 발언인 셈이었다. 기세등등한 말이었다. 천하의 모든 사람이 이 말을 들었고 목공의 귀에도 이 말이 들어갔다. 그가 말했다.

"그 나라 군주는 악인이지만 백성에게는 무슨 죄가 있겠나?"[82]

이리하여 황하 위에 수천 척의 범선이 해를 가렸다. 진秦나라가 진晉나라에 대해 대규모 인도주의적 지원을 실행한 것이다. 이를 한동안 '범주 지역泛舟之役'이라 칭했다.

혜공의 얼굴이 부끄러움으로 빨개지지 않았을까? 역사에는 기록된 바가 없다. 하늘에서 부는 바람은 방향을 예측할 수 없었다. 해가 바뀌면서 진秦나라에 대규모 기근이 들었다. 춘추시대에는 생산력의 수준이 상당히 낮았기 때문에 지주의 집에도 남는 양식이 없었다. 게다가 한 해 전에 적지 않은 양곡을 진晉나라에 지원한 터였다. 이제 문제는 다시 진晉나라 군신들 앞으로 던져졌다. 진秦나라를 지원할 것인가?

혜공은 원래 지원할 생각이었다. 은혜를 갚아야 편히 잠을 잘 수 있을 것 같았다. 하지만 이 소심하고 인색한 주인의 수하에는 온통 세밀한 계산에만 능한 회계사들뿐이었다. 계산기를 두드린 그들의 견해는 이랬다.

"지난번에 진나라의 용역비를 지불하지 않았기 때문에 이미 저들의 미움을 사고 있는 터라 이번에 양곡을 지원한다 해도 저들이 크게 감격하는 일은 없을 것입니다. 기왕에 미움을 산 바에 철저하게 미움을 산다 해도 깎일 것은 체면밖에 없을 것입니다. 지원하지 않는 것이 바람직할 것 같습니다!"

혜공이 연신 고개를 끄덕이며 말했다.

"이런 이치가 맞는 것 같소. 지원하지 않는 걸로 합시다."

바로 옆에 경정慶鄭이라는 사람이 있다가 발끈 화를 내며 말했다.

"은혜를 배반하여 친근한 세력을 잃고, 남의 재난을 자신의 행운으로 여기는 것은 어질지 못한 일입니다. 자신의 재물을 탐하여 아까워하며 남을 도우려 하지 않는 것은 상서롭지 못한 일이고 이웃을 화나게 하며 서로 화목하지 못하는 것은 의롭지 못한 일입니다. 이 네 가지 덕을 다 잃고서 어떻게 나라를 지키려 하십니까?"[83]

이런 말이 혜공의 귀에 들어갈 리가 없었다. 오늘날의 사람들도 이런 말을 받아들이기 어려울 것이다. 고금을 막론하고 큰 도리는 누구나 즐겨 입에 올린다. 하지만 들으려고 하지는 않는다. 춘추시대에는 이미 마키아벨리주의자들이 아주 많았지만 선하고 훌륭하며 정의로운 정치에 대한 이상을 품고 있는 사람은 많지 않았다. 그들은 큰 도리를 말하고 또 큰 도리를 믿었다. 예컨대 백리해와 경정은 부패에 물든 사람들이 아니었다. 하지만 그들은 눈앞의 극히 미약한 이익을 두고 정치생활과 국제정치에서 기본적인 공의를 짓밟히는 것을 바라볼 수밖에 없었다.

인간의 생활은 너무나 복잡하여 큰 도리들은 항상 사용되지 못한다.

"도를 얻으면 도와주는 세력이 많지만 도를 잃으면 도움을 받기 어렵다. 역사의 법칙은 저항할 수 없는 것이다!"•

한 개인이나 국가가 큰 도리를 발밑에 밟고 있다보면, 결국 어느 날엔가는 지뢰나 바나나 껍질을 밟게 된다. 예컨대 스스로 자랑스러워하는 일련의 계산을 거친 끝에 혜공에게 전혀 생각지 못했던 일이 발생했다. 자신이 사랑하던 누나의 지지를 잃게 된 것이다. 몇몇 흔적을 통해 우리는 목공과 부인 사이의 정이 아주 깊었다는 것을 알 수 있다. 일반적인 상황에서는 아내가 데굴데굴 구르고 떼를 쓰면서까지 친정을 지켜주었기 때문에 진秦이 진晉을 공격하는 일은 절대로 일어나지 않았다. 하지만 변변치 못한 동생이 형편없는 짓만 계속하고 있으니 누나로서도 더 이상 할 말이 없었다.

기근을 잘 견뎌내고 이듬해에 양곡도 풍부해지자 진秦나라의 아내들은 보따리를 싸기 시작했다. 남편들의 출정을 위한 보따리였다. 목공의 부인은 남편이 자기 동생과 생사의

• "得道多助, 失道寡助, 历史规律不可抗拒、不可抗拒!" 2020년 5월 중국 중앙민족대학 교수인 장훙량張宏良이 작금의 중미관계를 논하면서 한 말이다.

대결을 벌이기 위해 전차에 오르는 것을 바라보기만 했다.

어쩌면 혜공에게도 이 전쟁이 필요했을지 모른다. 전쟁에서의 승리를 통해 허약한 왕위를 공고히 할 수 있었다. 하지만 대단히 유감스럽게도 전쟁이 시작되자마자 "남의 의지로 자신을 변화시킬 수 없다"는 말을 실감하게 되었다. 진晉나라 군대가 패전을 거듭하면서 진秦의 군대는 점점 숨통을 조여 왔다. 혜공은 황급히 경정을 찾았다.

"적군이 깊이 침입해 들어오고 있는데 이를 어떻게 처리하는 것이 좋겠는가?"

보아하니 그는 애당초 경정의 권고를 받아들이지 않았기 때문에 지금의 사태가 벌어졌다는 사실마저 잊은 듯했다. 그럼에도 경정은 이 중요한 순간에 대왕이 보여주는 신임과 신뢰에 감격해야 했건만 춘추시대 사람들의 성정은 그러지 못했다. 이 경정이라는 인물은 뜻밖에도 이렇게 말했다.

"왕께서 실로 심하게 하셨으니 깊이 들어오는 것이 마땅하지 않겠습니까?"

이치에 맞는 말이었을까? 이는 현란한 화술임에 틀림없다. 혹은 정신이 번쩍 들게 만드는 따귀 한 대였을 것이다.

혜공은 2000년 전의 여느 사람들과 마찬가지로 이런 화술에 멍한 반응을 보일 뿐이었다. 잠시 멍하니 있던 그는 한참을 계속 멍하니 있다가 큰소리로 나무랐다.

"방자하구나!"

하지만 역시 춘추시대였기 때문에 혜공은 그다음 한마디

"끌고 가서 목을 베어라!"라는 말을 내뱉지 못하고 잠시 생각에 잠기더니 정말로 다른 방법이 없다고 판단했다. 어가를 몰고 친정에 나서 매형을 상대로 싸우는 수밖에 없었다!

결심이 서자 가장 먼저 부딪힌 문제가 군왕의 전차를 누가 모느냐 하는 것이었다. 이는 작은 일이 아니었다. 이는 거의 전쟁의 승패를 좌우할 수 있는 문제였다. 어지러운 전투 상황에서 콰당 하고 전차가 전복되기라도 하는 날에는 싸움은 하나 마나가 되고 말 것이다. 군왕의 전차를 모는 사람은 기사인 동시에 위사衛士이자 부사령관이다. 심지어 사령관을 대신할 수도 있다. 이런 인물은 반드시 대장군 가운데서 뽑아야 했다. 또한 보험 차원에서 선발할 때 무사巫師를 청해 참여시켜야 했다. 점괘에는 경정을 기용하는 것이 상상대길上上大吉이라고 나왔다!

이때 대의에 따라 경정을 기용하려면 그의 화를 달래야 하고 더 이상 그를 분노하게 해서는 안 됐다. 필경 이는 국가 간의 전쟁이고 대왕의 전차를 모는 일은 생명을 기탁해야 하는 대단히 무거운 임무이기 때문이었다. 하지만 혜공도 화가 가라앉지 않은 터라 백정이 없으면 없는 대로 털이 숭숭한 돼지고기를 먹으면 그만이라는 심산으로 그를 기용하지 않았다!

경정은 전차가 전마에 연결되고 혜공이 전차에 오르는 모습을 바라보았다. 참고 또 참았지만 더 참을 수 없다는 생각에 한마디 했다.

"예로부터 지금까지 양국의 군대가 교전을 벌일 때는 항상 국산 말을 써 왔습니다. 지금 정나라에서 수입하여 사용하는 말은 아주 멋있어서 의장대용으로는 적합하지만 뜻밖에도 전장에서는 사람도 낯설고 길도 낯설어 '진퇴가 불가능하고 빙글 도는 것도 어렵습니다. 대왕께서 후회하게 되실까 두렵습니다."

노파심에서 나온 선의의 말이었다. 하지만 혜공은 속이 좁다보니 이 말에 몹시 화가 났는지 경정의 말이 끝나기도 전에 호화 전차를 몰고 가버렸다.

이렇게 떠나간 그는 산이 무너지듯 패전하여 진나라의 포로가 되고 말았다.

말을 잃어버린 사연

진秦 목공穆公이 말을 잃어버렸다.

말은 천리마라 바람을 가르며 질주했다. 목공이 대규모 병력을 이끌고 찾으러 가보니 천리마는 이미 말고기가 되어 국물 속에 들어가 있었다.

나도 말고기를 먹어보았다. 대단히 드문 음식이지만 그다지 맛있다고는 할 수 없었다. 하늘이 내린 수많은 육류 가운데 사람이 먹을 수 있는 것은 몇 가지로 한정되어 있다. 어떤 고기는 그렇지 못하다. 예컨대 말고기도 이에 해당된다. 하지만 이 문제에 대해서도 다른 견해가 있다. 하사크족 친구 하나는 위풍당당한 표정으로 말한다.

"말고기야말로 세상에서 가장 탁월한 맛을 지니고 있지. 작년에만 해도 나는 세 마리나 먹었다네."

나는 그를 존경하는 눈빛으로 바라보아야 했다. 그의 얼굴과 치아, 수염과 머리칼을 오래 바라보았더니 두상이 점점 길어지는 듯한 느낌이 들었다. 당장이라도 눈을 들어 히히힝— 하고 울 것만 같았다.

목공은 국물 속에 들어 있는 자신의 애마를 바라보다가 솥을 둘러싸고 있는 사람들을 쳐다보고 있었다. 그의 무사들이 이미 이곳을 포위하고 있었다. 언제든 명령만 떨어지면 그의 말을 죽인 이 사람들도 순식간에 고기로 변할 수 있었다. 그렇게 잠시 쳐다보던 목공이 긴 탄식을 내뱉었다.

"준마의 고기는 이렇게 먹는 것이 아니다. 술이 있어야 한다. 술을 마시지 않으면 위를 상하고 설사를 하게 된다."

그러고는 고개를 돌려 명령했다.

"어서 술을 가져오너라!"

그날, 이 산자락의 양지 위에서 목공과 그의 천리마를 죽인 시골 사람들은 부락 전체가 실컷 먹고 마시고 취했다.

1년 뒤, 진秦나라와 진晉나라가 한원韓原을 놓고 결전을 치렀다. 목공은 겹겹의 포위망에 빠지고 말았다. 진晉의 장수 갑甲이 단번에 목공 전차를 끄는 말의 재갈에 달린 가죽끈을 낚아채고 장수 을乙이 단숨에 목공을 향해 열일고여덟 번이나 창을 휘둘렀다. 갑옷의 품질이 좋긴 했지만 두 번만 더 창을 맞았다간 구멍이 날 것이 분명했다. 바로 이때, 어지럽게 뒤엉킨 병사들 사이에서 한 무리의 사람들이 긴 머리를 휘날리면서 나타났다. 반은 사람이고 반은 말인 것 같았다. 300명의 용사가 죽기 살기로 싸움을 벌여 목공을 지켜주었다. 그들은 군주를 보위하려 달려온 것이 아니었다. 그들은 술친구이자 형제인 목공을 구하러 왔던 것이다!

전투의 진영이 조수처럼 밀려왔다 다시 밀려갔다. 저쪽 진영 안에는 진晉 혜공惠公의 전차가 깊은 진흙탕에 빠져 있었다. 그의 수입 말은 대단히 싸움을 잘할 것 같았고 목공의 말보다 훨씬 더 위용 있고 멋있었다. 하지만 겉모습이라는 것이 때로는 사람을 생매장시킬 수도 있다. 의장용 말은 항상 광장 위를 달리기 때문에 발굽이 눈처럼 희고 진흙을 밟은 흔적이 없었다. 게다가 어려서부터 말과 사람의 마음이 통하지 않는 상태로 성장하다보니 결정적으로 중요한 순간에 말도 당황하고 사람도 당황하는 상황이 발생한 것이다. 말과 사람이 한꺼번에 당황하다보니 혜공은 제대로 정신을 차릴 수 없었다. 이렇게 다급한 상황에서 경정이 수레를 몰고 오는 모습만 눈에 들어왔다. 혜공이 큰소리로 외쳤다.

"경정이 나를 구해주는구나!"

하지만 독자 여러분은 이 두 사람이 얼마 전에 서로 충돌했던 일을 기억해야 한다. 한 사람은 과거의 안 좋은 감정을 다 털어버리고 잊었지만 한 사람은 아직 화를 다 삭이지 못한 터였다! 경정이 사자후를 토했다.

"완고하여 남의 충고를 받아들이지 않고 복사의 점괘를 어기면서 억지로 패배를 자초해놓고 어떻게 도망갈 생각을 하는가?!"[84]

이 멍청이의 모든 것은 자초한 것이니 이 어르신은 거들 어줄 생각이 없다! 경정은 이 한마디를 던지고는 활갯짓하 며 성큼성큼 가버렸다.

이미 목공을 단단히 포위한 진晉나라 군대는 강력한 저항 에 부딪혔다. 저쪽 진영에서는 또 혜공이 미친 듯이 SOS를 쳐대고 있었다. 한 차례의 격렬한 혼란이 지나가고 나서 목 공은 별일 없었지만 혜공은 포로가 되고 말았다.

이것이 바로 한원지전의 결과였다. 승부는 전장에서 결정 된 것이 아니었다. 승부는 목공이 기산岐山의 양지에 있고 혜 공이 전당殿堂 위에 있었다는 데서 결정되었다.

목공과 혜공 같은 도량과 심지는 고금을 통틀어 무수히 볼 수 있다. 하지만 경정의 의기와 성깔은 2000년에 한 번 정 도 볼 수 있는 것이었다. 전장에서 구해달라는 통수의 외침 을 듣고서 장군 경정은 전쟁의 전반적인 형세에 만전을 기 해야 한다는 사실을 잊었다. '큰일을 위해 치욕을 참는 것'이 어떤 것인지도 몰랐다. 바로 이 순간, 그는 머리와 이지理智를 내려놓고 사용하지 않았다. 오로지 피와 감정에만 복종했다. 그는 참지 못하고 시원스럽게 다시 외쳤다. 그는 군주인 이 멍청이에 대한 멸시와 분노를 시원하게 다 쏟아내고 싶었다.

그래서 하늘이 무너지고 땅이 찢어지는 일 따위는 안중에 두지도 않았다!

이런 사람은 죽여야 했다. 그는 진晉나라를 망국의 위기로 내몰았다.

몇 달 뒤, 누군가 경정에게 말했다.

"빨리 도망쳐요! 도망치라고요. 대왕께서 돌아오신대요!"

경정은 목공이 마침내 혜공을 진晉나라로 돌려보내주기로 결정했다는 소식을 듣게 되었다. 이때 그의 머릿속은 차갑고 조용했다. 그가 말했다.

"군왕을 패전에 빠지게 했고, 싸움에 패하고도 죽지 않았다."[85]

지금 징벌을 피하지 않으려면 어떤 방법을 취해야 할까? 가지 않는 것이다. 기다리는 것이다!

혜공이 다소 부끄러워하는 모습으로 돌아와 미처 성문에 들어서지 않았을 때, 명령이 하달되었다.

"먼저 경정부터 죽이고 보자!"

경정은 이렇게 죽었다. 역사서를 자세히 읽어보면 춘추시대는 경정에 대한 평가가 아주 복잡했다는 것을 알 수 있다. 물론 그들은 경정이 나라가 위기에 처했을 때 잘난 척하면서 거드름을 피웠다는 사실에는 찬성하지 않을 것이다. 하지만 텍스트의 행간을 잘 읽어보면 그들은 경정에게 책임을 전가하지 않았다는 것을 알 수 있다. 내 생각에 그들은 경정을 부러워했다. 그의 그런 성격과 혈기를 부러워했던 것이다.

군왕의 모든 것은 신민臣民들에 의해 결정된다. 군왕의 모든 문제는 신민의 습관과 관용이 만드는 것이다. 춘추시대 삼진三晉˙의 대지에서는 신민들이 위풍당당하게 서서 굴종할 줄 몰랐고 강력한 권력을 갖추고 있으면서도 음란에 빠지지 않았다. 아무리 군왕이라고 해도 사람들을 초개처럼 대할 수 없었다. 이른바 선비士를 죽일 수는 있어도 굴욕을 안길 수는 없었다. 아무도 나를 치욕스럽게 하지 못하니 군왕도 나를 치욕스럽게 할 수 없었다.

명나라 때에 이르러서야 겉모양이 번지르르한 대신들이 오문午門 밖으로 끌려가 바지를 내리고 엎드린 채 볼기를 맞는 일이 발생하기 시작했다. 그러고도 황상의 은혜에 감사해야 했다. 그러니 경정이 죽어야 했던 상황을 이해할 수 있을 것이다. 하지만 그는 굴욕을 허용하지 않는 기개를 지니고 있었다.

이러한 신민이 있어야 '민주'가 가능할 것이다.

나는 춘추시대에 이른바 '국인國人˙˙'들 가운데 성내의 상류계층에는 이미 어느 정도 형식적 '민주'가 존재했을 것이라고 생각한다.

예컨대 진晉 혜공은 안목이 일천하고 속이 좁아 전쟁에 패

● 춘추시대 말인 기원전 403년, 진晉의 삼경三卿, 즉 문후文侯 위사魏斯와 열후烈侯 조적趙籍, 경후景侯 한건韓虔이 각각 세운 위魏와 조趙, 한韓의 세 나라를 말함.

●● 일반 백성보다 상위의 의사결정권이 있는 집단을 일컬음.

함으로써 나라를 위태롭게 했다. 나중에 목공이 풀어준 덕에 자기 나라로 돌아오긴 했지만 스스로 얼굴을 어디에 두어야 할지 모를 정도로 창피했다. 아무 일도 없었다는 듯이 예전처럼 왕이라 자칭할 수 없었다. 그는 엄중한 신임의 위기에 직면하여 반드시 통치의 정당성을 재건할 방법을 찾아야 했다. 춘추시대 사람들은 후세의 사람들과 달랐다고 말할 수 있다. 예컨대 명나라 영종英宗이 토목보土木堡의 변*에서 포로가 됨으로써 대명제국은 하마터면 기반을 잃을 뻔했다. 무사히 풀려나 돌아온 그는 머리를 박고 죽기는커녕 오히려 정변을 일으켜 자신이 포로로 잡혀 있던 사이에 들어선 구국정부를 전복시키고 계속 황제의 자리를 지켰다. 이것이 바로 이른바 '무치無恥'다. 이처럼 무치함에도 불구하고 온 백성이 만세를 불러주었다. 그렇다면 왜 '무치'하지 않을 수는 없는 것일까?

하지만 지금 혜공은 수치를 알았다. 그래서 어떻게 한다는 것인가? 그는 먼저 사람을 보내 국인을 모아놓고 재물을 나누어준 다음 자신의 결정을 선포하게 했다.

"대왕께서 말씀하셨소. 이번에 돌아오시면 국인을 볼 면목이 없다고 하시면서 아들에게 왕위를 양도하겠다고 하셨소."

자발적으로 잘못을 인정하고 퇴위를 선포한 것이다.

● 토목의 변土木之變이라 불리기도 하는 사건으로 명나라 정통제 14년(1449)에 명나라와 몽골 부족을 통일한 되르벤 오이라트 사이에 벌어진 전쟁을 말한다. 이 전쟁에서 영종은 친정에 나섰다가 오이라트의 포로로 잡혀 중국 역사상 야전에서 포로로 잡힌 유일한 황제로 기록되었다.

국인은 온통 울음바다를 이루었다.

"대왕이시여! 대왕이시여!"

국인은 완강하게 동의하지 않았다. 혜공이 계속 집정해야 한다는 것이었다. 하지만 계속 집정한다 해도 모든 것이 이전과 같을 수는 없었다. 국인대회에서 당장 일련의 새로운 정책들이 선포되었다. 그 가운데 『춘추』에 '수전輸田' '병주州兵' 등으로 기록된 정책들도 있었다. 사학자들은 아직도 이것이 어떤 정책이었는지 정확히 이해하지 못하고 있다. 하지만 토지제도와 수입 분배, 군사 체제 등에 대해 중대한 개혁을 시도한 것임에는 틀림없다. 물론 이런 개혁들은 즉흥적으로 제시된 것이 아니라 국인이 아주 오랫동안 기대해왔지만 조정에서 질질 끌면서 결단을 내리지 못했던 것들이다. 이제 하늘에 오르는 것보다 어려운 일들을 어금니를 앙다물고 실행하기로 한 것이다.

이처럼 수치를 모르는 군주 진 혜공도 최소한의 명예의식과 책임감은 갖추고 있었다. 실패 속에서 진나라의 운명을 결정하는 결단을 내린 것이었다. 나중에 그의 형 중이의 손에서 진나라는 한순간에 패주로 발전하게 된다. 이는 중이의 능력이 대단했기 때문이 아니라 이미 기초가 다져져 있었기 때문이다.

위기의 순간에 도시국가의 공민들을 소집하여 대규모 회의를 거행하는 것은 춘추시대 초기에 이미 보편적인 제도로 자리 잡고 있었다. 『주례周禮』「대사도大司徒」에서는 "나라에 큰 변고가 있을 때에는 백성이 전부 왕궁 문 앞에 모였다"[86]
고 기록하고 있다. 이런 대회는 왜 소집했던 것일까? 「소사
구小司寇」에는 "첫째는 국가의 위기를 상의하기 위한 것이고
둘째는 국가의 천도를 의논하기 위한 것이고 셋째는 군왕을
세우기 위한 것이다"[87]라고 기록하고 있다. 당시의 사인士人
이상의 계층은 전통과 윤리에서 기원하는 일종의 공민 권리
를 가지고 있었음을 알 수 있다.

이런 상황이 언제부터 시작됐는지 나는 모른다. 언제쯤 끝
났는지도 모른다. 아마도 춘추 말기부터 사라지기 시작했던
것 같다.

목공은 혜공을 포로로 잡은 뒤에 요란하고 화려한 개선
행사를 준비하면서 득의양양하여 먼저 사람을 보내 성내의
모든 사람에게 목욕제계하라는 명령을 전달했다고 한다. 진
혜공을 상제上帝에게 제물로 바치겠다는 것이다.

물론 여기서 말하는 하느님은 'GOD'이 아니었다. 명나라
때 처음으로 중국에 들어온 서양 선교사들은 'GOD'에 해당
하는 중국어 단어를 찾느라 무척 고심했다고 한다. 그러다가
고서를 뒤져 간신히 찾아낸 단어가 '상제上帝'였다. 어쨌든 지
금 목공의 심산은 양이나 돼지처럼 혜공을 신에게 바치는 제
물로 삼겠다는 것이었다.

목공이 진지한 태도로 그렇게 말했는지 아니면 농담을 한
것이었는지는 단언하기 어렵다. 어차피 명령은 전해졌다. 이

틀날 명령을 전한 사람은 방귀가 나오고 오줌을 질질 쌀 정
도로 혼비백산했다.

"큰일 났어요! 왕후께서 자진하셨어요!"

앞서 말한 바 있지만 목공의 부인은 혜공의 친누나였다.
이 여인은 친정을 완강하게 보호했다. 진秦과 진晉이 전쟁을
벌일 때, 그녀는 나서서 막지 않았다. 변변치 못한 동생이 일
을 너무 지나치게 처리했기 때문이다. 그러나 지금은 동생이
짐승들처럼 제물이 되는 것을 눈 뜨고 보아야 했다. 이 여인
은 자신의 결심을 정말로 행동으로 옮겼다. 사람들에게 명해
성문 밖에 장작을 아주 높이 쌓게 한 다음, 두 아들과 딸을
데리고 상복을 입고 올라가 말했다.

"내 동생이 성문 안에 들어서기만 하면 나는 즉시 불을 붙
일 것이다! 내 동생이 아침에 무덤에 들어가면 나는 저녁에
들어갈 것이고, 내 동생이 저녁에 무덤에 들어가면 나는 이
틀날 아침에 들어갈 것이다!"[88]

목공은 단번에 마음이 약해지고 말았다! 그는 그녀가 정
말로 자기가 말한 대로 행동에 옮기리라는 점을 잘 알고 있
었다. 성문 안에 들어설 수가 없었다. 명령을 내려 혜공을 잠
시 성 밖에 가둬두는 수밖에 없었다.

그런 다음 날 듯이 달려가 아내를 달래야 했다. 아내를 달
랜 다음에야 이 처남을 어떻게 처리하면 좋을지 연구할 수
있었다. 가사와 천하의 대사를 저울추 위에 올려본 그는 결
국 처남을 돌려보내기로 결정했다.

혜공이 귀국 길에 오르던 그날, 멀리서 눈으로 그를 배웅한 목공이 몸을 돌려 얼굴을 바꾸며 말했다.

"여보, 나 잘했지?"

정말로 춘추시대에는 흥망과 관련된 무수한 일이 미인의 미소 속에서 사라져갔다.

킬러와 기와 장인

이제, 아이히만에 관해 얘기해보자. 다들 알듯이 그는 나치의 장교로서 운송의 조직과 진행을 책임지고 있었고, 수십만 명의 유대인을 아우슈비츠로 보냈다. 하지만 아이히만 자신은 그렇게 잔인하고 포악한 사람이 아니었다. 그는 유대인의 음악과 문학을 좋아했고 약간의 돈을 받고 일부 유대인을 풀어주기도 했다. 하지만 바로 이런 사실이 그로 하여금 양심의 가책으로 불안하게 했다. 아이히만은 원칙을 갖춘 신사였다. 그는 단호하게 뇌물을 거절했다. 그는 엄격하게, 아주 높은 효율로 주어진 명령을 집행했다. 자신의 열차가 가스실로 향하고 있다는 것을 분명히 알면서도 그랬다.

나중에 그는 이스라엘 사람들에게 붙잡혀 예루살렘에서 재판을 받았다. 방청석에 앉아 있던 한나 아렌트가 그를 주시했다. 이 여성 철학자는 그에 대해 한 가지 판단을 내렸다. '평범한 악'이라는 것이었다.

다시 말해서 이 사람에게는 사악함이 갖는 그런 빛이 없었다. 우리가 그것을 악이라고 확신하지만 우리 자신도 항상 그 빛에 빨려 들어가곤 한다. 그 사악한 사람들이 그렇게 견고해 보이는 한계를 벗어날수록 우리는 그들에게 틀림없이 범속함을 초월하는 의지와 광기가 있다고 믿게 된다. 안전선 밖에서 사악한 사람들을 바라보면서 우리는 그들이 우리가 상상하는 것처럼 그렇게 지독하게 어둡고 이해할 수 없는 사람들이기를 바라게 된다.

하지만 지금 재판정의 피고석에 앉아 있는 이 사람은 소시지처럼 평범하기만 하다. 그는 정말 멋대가리 없이 말한다. 나는 명령을 집행했고 임무를 완수했을 뿐입니다. 여러분도 알다시피 저는 제대로 일을 하지 않으면 안 되는 처지였습니다.

아이히만보다 더 훌륭한 고용인이나 부하를 찾는 일은 불가능할 것이다. 그에게 스웨터를 하나 주면서 풀라고 하면 그는 추호의 망설임도 없이 완전히 풀어 실로 만들어버릴 것이다. 그리고 다시 그 실로 스웨터를 짜라고 하면 완벽하게 스웨터 하나를 짜낼 것이다. 그는 절대 이유를 묻지 않을 것이다. 왜지? 하고 생각하지 않을 것이다.

이 사람, 내가 피※라고 부르는 이 사람이 증이의 문밖에 서 있다. 그가 말한다.

"저는 그저 능력을 다해 명령을 집행했을 뿐입니다. '군왕의 명령에 대해 두 마음을 갖지 않는 것이 고대의 제도입니다. 군왕이 증오하는 사람을 없애버리는 것은 자신의 역량이 어느 정도인지를 살펴 그 역량을 다하는 것입니다.'"[89]

나는 왜 사람을 죽여야 하는지 생각하지 못한다. 예로부터 지금까지 모든 사람이 사유와 선택을 할 줄 알았다면 군대와 감옥은 제대로 운용되지 못했을 것이다. 누군가의 아버지이건 동생이건, 조카이건 혹은 그 자신이건 간에 모든 군왕은 자신에게서 멀리 벗어나지 않는다.

기원전 636년의 일이다. 공자 중이는 진秦나라 군대의 지지를 받으며 진晉나라로 돌아왔다. 왕위를 탈취하자마자 그는 합법적인 군주이자 자신의 조카인 회공을 살해했다. 그런 다음 매일 궁중에 들어앉아 세심하게 은혜와 원한을 계산하고 따졌다.

39년의 망명생활 동안 은혜는 산처럼 무거웠고 원한은 바다처럼 깊어져 있었다. 이제 결산할 때가 되었다.

그리고 피가 문밖에 서 있었다. 그는 새로운 왕에게 자신의 도착을 알리면서 어떤 정황을 보고하려 했다. 중이의 부친 헌공의 시대부터 피의 직능은 후세의 동창東廠*에 해당됐고 그는 '더러운 일'을 담당했다. 군주를 대신해 사람을 죽이는 일이었다. 물론 정보 수집도 담당하고 있었다.

• 명明나라 때 왕이 반역 사건 같은 일을 방지하기 위해 황성 동안문東安門 북쪽(지금의 '東廠胡同')에 설치한 관청으로서 암살과 정보 수집을 주요 업무로 삼았다. 나중에는 환관들이 이를 지배하면서 큰 권력을 휘둘렀다.

피가 왔다고? 중이는 소식을 듣자마자 펄쩍 뛰었다.

"그가 감히 올 수 있단 말인가? 좋다, 가서 그자에게 물어 봐라. 19년 전에 우리 아버지가 그를 포성蒲城으로 보내 나를 죽이라고 했다. 단 하룻밤 사이에 일을 끝내야 한다고 했다. 그는 어땠나? 정말로 발이 빨랐다. 손에 등불을 들 시간이 되기도 전에 그는 칼을 들고 찾아왔었다. 나는 담을 넘어 도망친 덕분에 목숨은 구할 수 있었지만 두 손으로 담장 위를 짚는 순간 그놈의 칼이 내 옷소매를 그었다. 하마터면 손이 남아 있지 못할 뻔했다!

그렇게 도망친 나는 적인狄人들과 함께 강가에서 농사를 짓고 있었다. 이번에는 내 동생이 너를 보내 날 죽이게 했다. 그러면서 너에게 나흘의 시간을 주었다. 결과는 어땠나? 네놈은 사흘째 되던 날 내 앞에 도착했다. 너는 자신이 고속전철이라도 되는 줄 아는지 정말 빠른 속도로 달려왔다. 뭐가 그리 급했던 것인지 물어봐라. 그놈에게 나를 볼 면목이 있다고 생각하는 건지 물어보고 당장 꺼지라고 해라!"

그러고 나서 피가 앞서 말한 자기 변론을 했던 것이다. 그가 차가운 어투로 말했다.

"저는 군왕께서 이번에 돌아오실 때쯤에는 식견이 많이 늘었을 것이라고 생각했습니다. 어떻게 해야 훌륭한 군주가 되는지 이제는 아시리라고 생각했지요. 하지만 알고 보니 군왕께서는 여전히 부족하시군요. 저는 얼마든지 물러갈 수 있습니다. 단지 저처럼 이렇게 물러가는 사람이 많을까 걱정입니다. 군왕께서 혼자 남으시게 되면 너무 암담할 테니까요."

이제 또 다른 사건을 얘기해보자. 아이히만과 연관이 있는 이야기다. 나치의 아우슈비츠에 이탈리아에서 온 유대인 기와 장인이 한 명 있었다. 이는 집안 대대로 전해 내려오는 기술이었다. 담을 쌓든지 아니면 구두를 만들든지 그들은 이것을 하느님이 내려주신 밥그릇이라고 생각하고 경건하고 진지하게 유지해나갔다. 하지만 지금 그 기와 장인은 아우슈비츠에 갇혀 강제 노동에 시달리고 있었다. 쉬지 않고 자신의 본업인 담을 쌓는 일을 하고 있었다. 그 담장이 감옥의 담장인지 아니면 가스실의 담장인지는 짐작으로 알 수 있었다.

그럼 그다음에는 어떻게 되었을까?

추측건대 그는 모든 기회를 이용하여 태업을 할 수 있었다. 모든 가능성을 이용하여 콩비지로 담장을 쌓아 부실 공사를 할 수도 있었다.

이때에 맞춰 한 작가가 현장에 등장한다. 그의 이름은 프리모 레비*다. 레비는 이렇게 기억하고 있다.

"내게 여섯 달 동안이나 몰래 음식을 공급해주고 내 생명을 구해준 이탈리아 기와 장인은 독일인을 몹시 싫어했다. 그들의 음식을 싫어했고 그들의 언어와 그들의 전쟁을 미워

• 1919~1987. 이탈리아의 가장 중요한 작가 가운데 한 명으로 화학자이자 아우슈비츠 174517호 죄수이기도 하다. 이 두 가지 신분과 경험이 그의 글쓰기의 기초가 되었다.

했다. 하지만 그들이 그에게 담 쌓는 일을 배정했을 때, 그는 담장을 아주 곧고 견고하게 쌓았다. 그러나 이는 독일군에 대한 복종 때문이 아니라 자기 직업의 존엄 때문이었다."

내 생각에는 매정하게 무고한 사람들을 쫓아가 살해한 피와 수천수만의 무고한 사람들을 보통 화물처럼 아무렇지도 않게 죽음의 형장으로 실어 날랐던 아이히만 둘 다 유죄다.

하지만 그들이 정상적인 환경에서도 틀림없이 악인이었을 것이라는 단정에는 동의하기 어렵다. 예컨대 피가 다른 나라로 넘어가 합법적인 사회에서 경찰이 되었다면 아마도 『레미제라블』에 등장하는 자베르 경감처럼 인지상정에 가깝지 않지만 부정부패 없이 철저하게 법을 집행하는 경찰이 되었을 것이다. 그리고 아이히만에게 철도나 항만을 관리하게 했다면 틀림없이 안전하고 정확하게 운영했을 것이다.

다시 말해서 그들은 어디까지나 그들이다. 그들도 존경받을 가치가 있는 사람들이라는 것이다.

그렇다면 어디서 문제가 발생하는 것일까?

아렌트는 이에 대해 반복적으로 서술하며 피나 아이히만의 문제는 '사유를 할 수 없었던 것'에 있었다고 말한다. 아렌트와 그녀가 이해하는 칸트가 보기에는 "모든 사람이 행동을 시작할 때, 자기 자신의 입법자가 된다. 실천이성을 사용함으로써 인간은 법칙의 준칙을 발견하고 법칙의 준칙이 되는 것이다."

아주 그럴듯한 주장으로 들린다. 하지만 아이제이아 벌린[*]은 이에 대해 코웃음을 치면서 이렇게 말했다.

"나는 아렌트의 악의 평범성이라는 관점을 받아들일 수 없다. (…) 그녀를 추앙하고 존경하는 사람들은 문자의 유희나 할 줄 아는 문인들일 것이다. 그들은 머리로 사유할 줄을 모른다."

아렌트는 피와 아이히만이 사유할 줄 몰랐다고 지적했고, 벌린은 아렌트와 그 팬들이 사유할 줄 모른다고 비난했다.

하지만 그날 저녁, 진[晉] 문공 중이는 진지하게 사유했다. 그는 대문을 나서서 피를 응시했다. 그는 당장 피를 내쫓을 수 없었다. 그는 사유의 결과 자신에게 피가 필요하다는 사실을 깨달았다.

과연, 피가 그에게 누군가 모반을 준비하고 있다는 사실을 알려주었다. 피는 똑같은 열정으로 중이의 명령을 집행할 준비를 갖추고 있었던 것이다.

이탈리아 기와 장인이 남아 있다. '문자의 유희'로 표현하자면 그는 복종이 아니라 자기 직업의 존엄 때문에 담장을 쌓았다.

좋다. 그러면 또 다른 문제를 제시하고 싶어진다. 중국의 어느 건축업자가 콩비지로 담을 쌓는 비범한 부실 공사의 천

● 1909~1997. 영국 철학자로 옥스퍼드대학을 졸업했으며 1963년부터 2년 동안 아리스토텔레스학회 회장을 역임했고 1979년에 예루살렘상을 수상했다.

부적 재능을 갖추고 있어 엄청난 돈을 벌고 있었다고 가정
해보자. 하지만 불행히도 그는 아우슈비츠에 수용되고 만다.
이때 그는 어떻게 할까? 아마도 그는 마침내 '복종'이라는
것이 무엇인지 깨닫고 처음부터 담장을 곧고 견고하게 쌓는
방법을 배우게 될 것이다. 하지만 또 어쩌면 그는 계속 부실
공사를 할 것이고, 내친김에 윤리적 정당성까지 획득할 것이
다. 그렇다면 '문자의 유희'가 직업인 사람들은 또 무슨 말을
할 수 있을까?

25. 가래침 사건

아무 데나 침을 뱉는 것은 교양 없는 짓이다. 장기적이고 지속적인 교육과 벌금의 효과가 나타나기 시작한 것인지 지금은 아무 데나 침 뱉는 사람들이 현저히 줄었다.

고대에는 사람들이 담배를 피우지 않았기 때문에 공기가 대단히 맑고 깨끗했다. 하지만 실내에서는 매일 화로에 불을 피워야 했다. 우리 고향인 산시山西성 같은 곳에서도 그 시대에는 지하에 석탄이 매장되어 있다는 사실을 몰랐기 때문에 나무나 숯을 때야 했다. 모든 것을 그을리고 태우다보니 사람들 목 안에 가래가 많은 것은 필연적인 일이었다.

가래가 생기면 옛날에는 아무 데나 맘대로 뱉을 수 있었을까? 나도 잘 모르겠다. 아마 그랬을 것 같다. 공자도 제자들을 가르치면서 중간에 퉤— 하고 가래침을 뱉고는 태연하고 만족스러운 표정으로 강의를 이어갔다. 내가 다녔던 초등 학교 선생님도 공자랑 비슷했다. 모두가 가래침을 뱉는 것을 정상적인 일로 여겼다. 타구와 손수건은 후세에 아주 늦게야 발명되었던 것 같다. 게다가 상류층 사람들만 사용했다. 이홍장李鴻章은 서양 사람들을 만날 때, 왼쪽 오른쪽 가리지 않고 마구 가래침을 뱉었고, 그럴 때마다 옆에 사람이 따라다니면서 작은 상자를 받쳐 들고 전부 받아내거나 손수건으로 닦아주었다. 천조상국天朝上國인 중국의 기개를 유감없이 드러내는 일이었다. 어린 시절의 『참고소식參考消息』을 읽어보면 당대當代에도 외국의 정치 인사들이 인민대회당의 타구에 대해 아주 깊은 인상을 받았던 것을 알 수 있다. 물론 지금은 다 없어졌다.

하지만 국가의 고위 간부나 국왕의 면전에서 가래침을 뱉을 수 있을까? 조사 결과에 따르면 불가능하다. 가래침을 뱉는 것은 물론이요, 코를 푸는 것도 허용되지 않는다. 가래침 뱉는 것이 허용되지 않는다면 어떻게 해야 하나? 삼키는 수밖에 없다.

지금 얘기하고자 하는 것은 가래침을 도로 삼키려 하지 않은 사건이다. 이 일은 그 결과가 아주 엄중했다.

기원전 628년 겨울, 진晉 문공이 세상을 떠났다. 문공은 춘추오패春秋五霸 가운데 한 명이었다. 19년이나 망명생활을 했고 재위 기간은 9년이었다. 큰소리 한 번으로 바람과 구름을 움직일 정도로 위세가 대단했으나 패자가 된 지 4년 만에 저 세상 사람이 된 것이다.

그의 죽음이 진나라 인민 전체에게 대단히 심각한 손실이라는 사실에는 의심의 여지가 없었다. 장례를 치르던 날 나라 전체가 한마음으로 슬퍼했고 도성 전체가 상복을 입었다. 산을 누르는 또 다른 은빛 산처럼 온통 하얀 상복밖에 보이지 않았다.

갑자기 은은하게 나지막한 울음소리가 들려왔다. 사람들은 소가 내는 소리라고 했다. 소가 아니라 호랑이가 내는 긴 울음소리라는 사람도 있었다. 소리는 점점 가까이 다가왔고, 가까워질수록 커졌다⋯⋯.

모든 사람이 놀라 멍한 표정을 지었다. 믿고 안 믿고는 각자의 판단에 달렸지만, 이 소리는 뜻밖에도 문공의 관 속에서 나는 소리였다.

시신이 폭발할 가능성은 신속하게 배제되었다. 하지만 관 속에서는 여전히 울부짖는 소리와 함께 폭발음이 들려왔다. 관 속에 방금 싸우다 죽은 대군大軍이 들어 있는 것 같았다. 문공의 영혼이 자신의 신민을 향해 어떤 신호를 보내고 있는 것이 분명했다. 하지만 무슨 신호인지는 알 수 없었다. 인민들은 눈이 빠지게 대선大仙을 바라보고 있었다. 이름이 언偃인 대선이 하늘을 우러러 손가락을 꼽아가며 셈을 해보더니 눈을 휘둥그레 뜨고 말했다.

"전부 무릎을 꿇도록 하시오. 모두들 들으시오. 선왕께서 말씀하십니다."

신하들은 우르르 일제히 무릎을 꿇고서 반나절이나 소와 호랑이가 울부짖는 소리를 들었다. 대선의 통역이 절실하게 필요했다. 대선이 말했다.

"곧 전쟁을 하게 됩니다! 대군이 서쪽에서 몰려와 우리 땅을 덮칠 겁니다. '그들을 치면 큰 승리를 거둘 것입니다.'"[90]

대선의 말이 끝나자 소와 호랑이가 더 이상 울부짖지 않았다. 문공의 관도 더 이상 요란하게 들썩이지 않았다. 군중은 울면서 깊은 생각에 잠겼다. 서쪽에서 대군이 몰려온다면…… 아무래도 진秦나라 말고는 서쪽에 대군이라 할 만한 군대가 있을 리 없었다. 하지만 진秦나라는 진晉과 관계가 아주 좋았다. 진秦은 진晉의 매부인 셈이어서 친척을 찾아오는 데 대군을 동원하여 '칠' 필요는 없는 것이다…….

문공에게는 신령함이 있었고 대선은 더 영험했다. 해가 바뀌어 봄이 찾아오자 진晉나라는 경천동지할 사실을 알게 되었다. 뜻밖에도 진秦나라가 대군을 파견하여 정鄭나라를 친 것이다!

지도를 살펴보면 이것이 춘추 역사상 가장 어리석은 정치의 대표적인 사례라는 사실을 알 수 있었다. 게다가 세상을 놀라게 할 이 어리석은 일을 춘추시대를 통틀어 가장 지혜로운 군주 가운데 한 명이었던 진秦 목공이 범한 것이었다. 원로 신하 건숙蹇叔이 고통스러운 마음으로 간곡하게 간언했다.

"바람직하지 않은 결정이십니다. 지금은 서기 21세기가 아니라 기원전 7세기입니다. 대왕께서는 자신이 미국이라고 생각하십니까? 산을 넘어 전쟁을 할 수도 있고 바다를 건너 싸울 수도 있습니다. 하지만 진秦나라와 정鄭나라 사이에는 진晉나라가 가로막고 있지요. 대군이 남의 땅을 지나갈 때 그들이 중간에서 칼을 휘두르면 갈 수는 있어도 돌아오지는 못하게 될 겁니다!"

이런 이치는 바보도 알 수 있는 것이었다. 하지만 똑똑함이 최고봉에 달하는 목공은 자신이 약을 잘못 먹었다는 것을 알지 못했고 신하들의 간언도 아예 귀에 들어가지 못했다. 그리하여 『좌전』을 통틀어 가장 악독한 욕을 내뱉는다.

"자네가 그걸 어떻게 아나?! 여든에만 죽었어도 무덤에 아름드리 나무가 자라겠구만!"[91]

건숙의 아들은 군대에 있었다. 백발의 노인이 검은 머리의 젊은 아들을 보내면서 굵은 눈물을 쏟았다.

"이번에 가면 진군晉軍은 틀림없이 효산殽山에 매복하여 공격할 게다. 아들아, 아비가 네 시신을 거두게 되겠구나!"

진晉나라에서는 문공의 아들이 왕위를 이어받았다. 바로 양공襄公이었다. 어전御前 회의에서 행동에 나설지 말지를 놓고 격렬한 논쟁이 벌어졌다. 어떤 사람은 진秦과 진晉은 서로 친밀한 우방이자 맹우이고 당초 문공이 왕위에 오를 때도 목공의 도움을 많이 받았으니 지금이야말로 일을 중간에서 차단하여 관용을 보이는 것이 좋을 것 같다고 말했다.

사람들의 말을 다 듣고 나서 마지막으로 대장 선진先軫이 결정을 내렸다.

"관대함이라는 것이 무엇인가? 저들 진秦나라 군대가 어깨만 으쓱거리고 지나갈 것 같은가? 진秦과 진晉의 관계는 산 하나에 두 마리의 호랑이가 사는 것과 마찬가지라 조만간 일전을 피할 수 없을 것이다. 문 앞에까지 찾아왔는데 싸우지 않는다면 자손만대에 면목이 없을 것이다!"

그렇다면 싸우는 수밖에 없었다! 2600년 전에는 산시山西 사람들이 가장 두려워하지 않는 것이 싸움이라며 경시했었다. 정말로 효산崤山에서 복병이 대거 일어나 진秦나라 군대를 하나도 돌아가지 못하게 완전히 대파했다. 맹명시孟明視 등 세 명의 주수는 포로가 되었다.

한편 진 문공은 관계를 돈독히 하기 위해 진秦나라 아내를 맞아들였는데 그녀는 어엿한 태후가 되어 있었다. 태후는 진晉나라 태후이지만 마음은 친정을 향해 있었다. 그녀가 양공을 찾아가 말했다.

"진秦과 진晉이 이처럼 사이좋은 친척관계가 된 것은 전적으로 맹명시 등 몇몇 사람이 중간에서 조율한 결과입니다. 지금 진秦나라 쪽에서도 이 사람들을 몹시 미워하고 있어요. 껍질을 벗기고 고기를 먹지 못하는 것이 한이라고 생각하지요. 우리는 말이에요, 그들을 여기 이대로 남겨뒀봤자 별 소용이 없어요. 차라리 진秦나라로 돌려보내 그들을 어떻게 처치하는지 두고 보는 게 어떨지 모르겠네요."

젊은 지도자는 경험이 별로 없어 뜻밖에도 그렇게 하겠다고 말했다.

전령이 세 주수를 놓아주었다. 양공이 조정에 나오자 마침 선진이 왔다. 이 일에 관해 설명을 듣더니 선진은 곧장 펄쩍 펄쩍 뛰기 시작했다.

"내가 죽을힘을 다해 싸워서 그들을 잡아왔더니 상스러운 여자의 말 몇 마디에 도로 놓아주다니요! 이대로 가다가는 진晉나라는 끝장 나고 말 겁니다!"

화가 끓어오르자 가래도 끓어올랐다. 과거 같았으면 선진도 삼켰겠지만 지금은 앞뒤 가리지 않고 그 자리에서 퉤— 하고 양공의 면전에 뱉어버렸다. 가래침이 땅바닥에 떨어지면서 요란한 소리를 냈다!

이는 심각한 사건이었다. 큰 불경죄라 파직하여 심문을 한 다음 끌어내 참수까지 할 수 있었다. 하지만 양공은 방금 지도자의 자리에 오른 터라 자존심이 그렇게 강하지 않았다. 게다가 이 이야기를 들으니 옳지 않다는 생각이 들어 가래침 뱉은 사건을 따지고 들 겨를도 없이 서둘러 사람들을 보내 진秦나라 장수들을 뒤쫓게 했다.

하지만 어떻게 그를 따라잡을 수 있겠는가? 진秦나라 패장 세 명은 일찌감치 황하를 건넌 뒤였다.

진秦나라에는 아직 적지 않은 사람들이 그다음 사람이 진晉나라로 쳐들어가 혼을 내줄 수 있기를 기대했다. 하지만 효산의 전투는 진秦나라 유사 이래 가장 참담한 실패였고, 누군가 반드시 그 책임을 져야 했다. 책임질 사람이 누구인지 모두 알고 있었다. 하지만 누가 그에게 책임을 감당하게 한단 말인가? 이리하여 조정에서 여러 사람의 의견과 분노를 전달하게 되었다.

"반드시 맹명시를 죽여 백성에게 사죄하게 해야 한다!"

이때 목공은 간신히 자신의 밝은 지혜를 회복한 터였다.

"이는 나의 죄다! 대부에게 무슨 죄가 있단 말인가?"

그리하여 맹명시 등은 여전히 장군으로 행세했고 나중에는 정말로 군대를 이끌고 진晉을 공격하여 대승을 거둠으로써 설한을 씻기도 했다.

또 어느 날 진晉과 적인狄人이 교전을 벌였다. 외골수인 장군 선진은 양군의 진지 앞에서 강개한 탄식을 쏟아냈다.

"군벌의 필부가 공공연하게 군왕의 면전에서 방자하게 굴었으니 이는 고금중외古今中外를 막론하고 절대로 용서받을 수 없는 대죄다! 이를 추궁하는 사람이 없다고 설마 자신도 아무 일 없는 셈 칠 수 있단 말인가?"

말을 마친 그는 갑옷을 벗어 내려놓고 창을 곧게 세워 말을 몰고 적진으로 내달렸다. 무사는 이렇게 전장에서 죽었다.

적인은 선진의 머리를 예의를 다해 공손하게 진晉의 군영으로 보내주었다. 그의 얼굴만 살아 있는 것 같았다!

26. 조씨 고아

어머니의 상방上訪 •

매일, 아침부터 저녁까지 여인은 강보에 싸인 아기를 안고 조당朝堂 위에서 대성통곡했다.

그녀의 울음은 너무나 애절하고 비분에 차 있었다. 당당하고 떳떳한 울음이었다. 그녀는 끊임없이 질문을 던졌다.

"제 남편이 도대체 무슨 죄를 지었나요? 저의 이 아들이 대체 무슨 죄를 지었다는 건가요? 당신들은 지금 새로운 군주를 세우려고 하는데 이 아이는 어떻게 할 건가요?"

처리할 방법이 없었다. 조돈趙盾은 집에 숨어 조정에 나오

• 억울한 일을 당한 평민이 중간의 관청이나 아문을 전부 건너뛰고 경사에 올라가 조정에 직접 하소연하는 것.

지 않았고 조정의 다른 대신들이 매일 할 수 있는 일이란 그렇게 말없이 서서 이 고아와 과부의 통곡을 바라보는 것뿐이었다.

피하려 해도 피할 수 없는 일이었다. 이제 여인은 조돈의 집 문 앞에 꿇어앉아 땅에 머리를 대고 개두의 절을 하느라 피가 줄줄 흐르고 있었다. 그녀는 굳게 닫힌 대문을 향해 소리쳤다.

"선왕께서 이 아이를 대인께 맡기면서 뭐라고 하셨나요? 선왕께서는 대인께 이렇게 말씀하셨지요. '애경愛卿, 나중에 이 아이가 큰 그릇이 되면 내가 그대의 대은대덕大恩大德을 잊지 못할 것이오, 큰 그릇이 되지 못하면 구천 아래서 그대를 원망할 것이오!' 지금 선왕의 시신이 아직 식지도 않았는데 대인께서는 이 아이를 내버려두고 전혀 돌보지 않으시니 그 이유가 대체 무엇인가요?"

대답하는 사람이 없었다. 물론 이 말을 조돈은 다 들었다. 조돈은 말없이 앉아 있었다. 그는 자신이 정치 생애에 있어서 첫 번째 생사존망의 위기에 직면해 있다는 것을 잘 알고 있었다.

기원전 621년, 진晉 양공이 붕어했다. 위대한 문공文公의 계승자로서 양공은 직위에 어울리는 인물이었다. 부친의 뒤를 따른 사람들은 중국 역사에서 보기 드문 거인들이었다. 그 시기 진晉나라에서는 호걸이 많이 배출되었다. 문공의 '관료官 1세대'도 영웅이었고 양공의 '관료 2세대'도 영웅이었다. 그들은 양공을 보좌하여 진나라의 패권을 유지하고 확대시켰다. 이제 양공은 세상을 떠났고 그의 어린 아들은 아직 젖먹이였다. 대권을 장악하고 있는 정경正卿 조돈은 놀라운 결정을 내렸다. 어린아이가 진나라의 왕위에 올라서는 안 된다는 것이다. 진나라는 별도로 성숙한 군주를 세워야 했다.

조돈은 미쳤다. 춘추시대부터 청나라 말기까지 어린아이 왕위에 오르는 것은 야심이 크고 능력도 갖춘 신하가 최고 권력을 쟁취할 수 있는 유일한 합법적 기회였다. 나는 조돈 외에 이러한 기회를 스스로 발로 차버린 사람이 기억나지 않는다. 심지어 나라씨那拉氏*처럼 끊임없이 기회를 만들어 왕궁을 영원한 유치원으로 만들었던 기이한 사례도 있었다.

하지만 이제, 조돈은 뜻밖에도 이렇게 말한다.

"이 아이는 아직 어려서 세상사를 모른다. 세상 이치를 아는 사람을 찾아야 한다."

나중에 누군가 그의 정적 가계買季에게 물었다.

"조쇠趙衰와 조돈의 집정이 현명했나요?"

후대였다면 가계는 틀림없이 이렇게 말했을 것이다.

"쳇! 부자가 모두 형편없는 자식들이었지!"

하지만 춘추시대였다. 가계는 자신의 실패로 인해 그렇게 자존감을 상실하지는 않았다. 자신이 자식들 때문에 무너졌다고 생각하진 않은 것이다. 그는 아주 정중한 어투로 말했다.

• 만주족의 씨족 가운데 하나로 명나라 말기 여진족 예허부葉赫部의 수장을 배출한 가계다.

"조쇠는 겨울날의 해였고 조돈은 여름날의 해였지."

겨울 해는 따스하고 사랑스럽지만 여름 해는 너무 크고 뜨거워 제대로 쳐다볼 수도 없고 무섭다. 조쇠는 조돈의 아버지로서 당시 문공을 따라다니며 전장에서 혁혁한 공을 세웠다. 한편 조돈은 화려하고 귀중한 다이아몬드로 귀족 정치의 가장 아름답고 완벽한 결정체였다. 그는 잔인하고 더러운 밑바닥 정쟁을 경험한 적이 없었고 그럭저럭 대충 살아가고자 하는 마음도 없었다. 원대한 눈빛으로 자신의 예기와 능력을 전부 다 보여주려 했다. 그는 자신이 물려받은 것이 적인狄人과 진秦나라, 초楚나라 같은 강적으로 둘러싸인 나라라는 사실을 깊이 인식하고 있었다. 물론 그는 20세기의 전략가들처럼 사면을 대단한 적들이 에워싸고 있고 백방으로 전쟁을 수행해야 하는 상황이 자신의 생각을 실현하고 굴기할 수 있는 최선의 방법이라고 생각하진 않았다. 그는 무엇보다 시급한 일은 국가의 강대함과 완전함을 실현하는 것이라고 생각했다. 이를 위해 그는 이 나라의 정치와 경제, 법률, 군사 등 일련의 제도에 대해 과감한 변혁을 단행했다. 그리고 그가 보기에 자신이 생명을 바쳐 능력을 발휘하게 될 이 나라에는 반드시 강력하고 힘 있는 군주가 있어야 한다는 생각을 갖게 되었다.

사정은 이처럼 단순했다. 남은 것은 어디에 가서 이런 왕을 찾느냐 하는 것이었다. 물론 조돈은 다 생각해둔 바가 있었다. 그는 양공의 배다른 동생 가운데 한 명인 공자 옹雍을 마음에 두고 있었다. 옹의 어머니는 진秦나라 사람이고 그 역시 이 시기에는 마침 진나라에 거주하고 있었다. 자격과 품행 외에도 옹을 선택한 중요한 장점이 하나 더 있었다. 진나라와의 긴장관계를 완화시킬 수 있다는 것이었다.

하지만 가계는 동의하지 않았다. 지위가 조돈 바로 아래인 조정의 중신으로서 가계는 다른 사람을 선택해놓고 있었다. 그가 마음에 두고 있는 사람이 누구였는지는 여기서 자세히 설명할 필요가 없을 것 같다. 어차피 이 게임에서 또 다른 사람을 거명한다는 것은 그만 살고 싶다는 것과 마찬가지였다. 가계는 조돈을 상대로 한 차례 논쟁을 벌였지만 당연히 아무런 효과도 없었다. 회의가 끝났지만 그는 집으로 돌아가지 않고 곧장 성을 나와 적인에게로 귀순했다.

일을 늦춰선 안 될 것 같았다. 조돈은 곧장 선멸先蔑과 사회士會를 진나라에 사신으로 보냈다. 옹이 돌아와 왕이 되면 진秦나라와 진晉나라는 대대로 좋은 관계를 유지할 수 있을 것이었다! 이때 진秦 목공은 이미 세상을 떠나고 강공康公이 왕위를 계승한 상태였다. 강공은 이처럼 좋은 소식을 듣자마자 서슴없이 말했다.

"두 분께서는 먼저 돌아가 계시오. 제가 여기서 잘 준비해서 곧장 돌려보내드리도록 하겠습니다!"

여기까지는 모든 것이 순조로웠다. 하지만 가장 똑똑한 조돈이 어리석게도 한 가지 생각하지 못한 일이 있었다. 다름 아니라 방금 세상을 떠난 양공의 부인이었다. 어쩌면 생각을 하긴 했을지도 모른다. 하지만 아주 높은 지위에 있는 이 귀족 자제는 이 여인이 얼마나 큰 파문을 일으키게 될지는 생각하지 못했다. 이 여인은 확실히 정치를 알지도 못했고 권력이나 위세도 전혀 없었다. 그녀는 완전히 무시되거나 생략될 수 있는 약자였다. 하지만 강자들이 말하는 것은 정치와 전략이지만 약자들이 말하는 것은 천리天理와 인지상정이었다. 왕후인 그녀는 지금 존귀한 어머니가 아니었다. 그녀는 남편을 잃은 아내이자 배 속에 아이를 갖고 있는 어머니였다. 그녀는 상방하는 사람으로서 존엄은 이미 땅바닥에 내려놓고 그 자리에 무릎 꿇고서 대신들에게 방법을 말해주고 공도公道를 알려줄 것을 요구하고 있는 것이었다!

조돈은 마침내 자신이 큰 골칫거리를 야기했다는 사실을 알게 되었다. 그의 거시적이고 위대한 전략과 이상은 이 통곡하는 여인 앞에서 점점 창백해지고 말았다. 그를 지지하고 복종하는 사람들의 표정에 부끄러움과 불안한 망설임이 번지기 시작했다. 그들을 바라보는 그의 귀에 갑자기 희미하게 대중의 분노한 고함이 들렸다. 은혜를 저버리고 고아와 과부를 괴롭히는 소인배가 된 것이다!

2000여 년 전의 그날 저녁, 조돈은 몹시 고독했다. 그는 자신이 어떻게 소인배가 되었는지 분명히 알지 못했다. 그가 다른 군주를 세우기로 결정했을 때, 심지어 그는 자신의 득실조차 생각해보지 않았다. 모든 것이 진晉나라를 위한 것이었다. 그러나 지금 아주 젊은 나이에 권력의 최정상에 오른 이 사람은 갑자기 뜻밖에도 정치가 이처럼 어렵다는 것을 실감하고 있었다. 작은 일은 큰일이 되었지만 큰일들은 원래 작은 일이었다. 좋은 일이 곧 나쁜 일이고 나쁜 일은 또 좋은 일이기도 했다. 그리고 그 자신은 좋은 사람이 되려는 마음밖에 없었지만 어떻게 해서 모든 사람이 손가락질하며 비난하는 나쁜 사람이 되었는지 알 수 없었다…….

아침 일찍 일어난 조돈은 여러 신하를 모아놓고 선포했다.

"옹을 데리고 올 필요 없다. 오늘 저 아이를 왕위에 앉힐 생각이다."

이때 옹은 이미 황하를 건너고 있었다. 어떻게 해야 할까? 진나라에 가서 생각이 바뀌었다고 말하면서 물건을 반품해야 했다. 그러나 물건을 배송하는 사람들은 택배회사 직원들이 아니라 진秦나라의 대군이었다. 그러니 어떻게 미안하다는 말 한마디로 돌려보낼 수 있겠는가?

싸우는 수밖에 없었다. 함성을 지르면서 달려나가 싸우는 것은 쉽지만 싸워서 이기는 것은 어려운 일이었다. 다행히 진晉나라 군대는 백전의 경험을 가진 노련한 군대라 단 한 번의 전투로 진나라 군대를 패퇴시켰다. 이리하여 어린아이가 왕위에 올랐다. 그가 바로 진晉 영공靈公이다.

여러 해가 지나 어른이 된 영공은 청사에 길이 이름을 남긴 무도한 폭군이 되었다. 당시에 조돈은 이런 일을 상상이나 했을까?

두 가지 안 좋은 일

기원전 621년에 진晉 양공襄公이 붕어하자 조돈이 집정하게 되었다. 야심 가득한 그가 권력을 쥐자마자 가장 먼저 한 일은 기존 원칙을 깨는 것이었다. 그는 양공의 어린 아들을 한쪽으로 치워버리고 진秦나라에 가 있던 양공의 동생을 불러 왕위에 앉히려 했다. 그 결과 아이 엄마의 상방으로 인해 여론이 시끄러워졌다. 일의 동기는 아주 좋았고 성인聖人처럼 훌륭했다. 하지만 정치에 있어서는 동기가 좋다고 해서 반드시 좋은 결과가 따라오는 것이 아니다. 조돈은 지식인이 아니었지만 하는 수 없이 평범하면서도 착실하게 정치의 실행 가능성을 타진했다. 물론 풀이 가득 자라나 있고 도처가 무덤인 진晉나라의 땅을 할양하기만 한다면 천하에 이루지 못할 일이 없었다. 하지만 조돈은 이런 방법으로 자신의 이상을 실현할 생각이 없었던 것이 분명하다.

그렇다면 타협하는 수밖에 없다고 대충 짐작을 했을 것이다. 엄마가 태후가 되면 오줌싸개 아이는 국왕이 된다. 고아와 과부는 공정하고 순리적이며 인지상정에 부합하여 진나라 백성의 만족을 얻는다. 물론 10년 남짓 지나 이는 아주 어리석은 선택이었음이 증명되었다. 하지만 당시는 누가 그걸 알았겠는가? 하늘이 알아서 결정하면 인간은 당장 합리적으로 보이는 일을 할 수 있을 뿐이다.

이상은 큰일이다. 이제부터는 이 큰일 안에 들어 있는 두

가지 작은 일을 얘기하고자 한다.

작은 일의 첫째는 조돈과 가계가 얼굴을 바꾼 것이다. 두 사람 다 중신으로, 서열로 따지자면 조돈이 첫째이고 가계가 둘째였다. 심사위원회가 열렸다. 조돈과 가계 둘 다 그 아이는 안되겠다는 데에 의견을 모았다. 결국 곧장 패스해버렸다. 문제는 이어지는 선택에서 조돈은 그 아이의 둘째 삼촌을 선택했고 가계는 아이의 셋째 삼촌을 선택했다는 것이다. 두 사람이 눈과 눈으로 싸우면서 한동안 대치하다가 가계가 먼저 헛기침을 한 번 하고는 입을 열었다.

"그럼 나는 뒷간에 좀 다녀오겠소이다⋯⋯."

그런 다음 가계는 말을 타고 미친 듯이 내달렸다. 목숨을 보전하기 위해 도망친 것이다.

요컨대 조돈의 완승이었다. 가계가 아주 빨리 달리지 않았더라면 목숨을 건지기 어려웠을 것이다. 달아난 그는 적인狄人에게 귀순했다. 하늘은 창창하고 들판은 망망한 가운데 바람이 풀을 눕히면 소와 양들이 보였다. 양을 치는 사람이 바로 가계였다. 조돈은 한동안 생각에 잠기더니 친신 유병臾騈을 불러 분부했다.

"사람을 시켜 가계의 아내와 아이들을 그에게 보내주게."

이것이 바로 품격이자 도량이었다. 가계가 도망치지 않았다면 틀림없이 목숨을 보전하지 못했을 것이다. 하지만 이왕 도망친 마당에 그의 아내와 아이들에게 분풀이할 필요는 없었다. 그의 아내와 아이들이 도발하지도 않는데 굳이 저급한 짓을 저지를 필요가 없다는 것이 그의 생각이었다. 문제는 유병과 가계 사이에 맺힌 원한이 있다는 사실을 조돈은 알지 못했다는 것이다. 이는 내 생각이다. 내 상상으로는 조돈이 그렇게 저급한 인물은 아니었을 것 같다. 이제 원수의 아내와 자식들이 자신의 손에 떨어졌다. 유병은 이들을 어떻게 처리했을까?

유병의 부하들은 어떻게 해야 하는지 잘 알고 있었다. 유병이 깃발을 흔들며 고함치듯 명령을 내릴 수도 있었다.

"원수를 갚아 분을 풀 때가 왔다. 전부 죽여라!"

이래도 되는 일일까? 얼마든지 가능한 일이다. 가계는 나라를 버리고 도망친 국적國賊이고 남아 있는 것은 수중에 아무런 무기도 가지고 있지 않은 여인과 아이들이었다. 이때 손을 쓰지 않으면 또 어느 세월을 기다리겠는가? 벽돌과 쇠망치는 무엇에 쓰려고 만들어두었단 말인가? 이 시기에는 살인도 살인이 아니었고 약탈도 약탈이 아니었다. 당시에는 이것이 정치를 바로잡고 하늘을 대신해 도를 행하는 것이라 여겨졌다.

하지만 유병은 그래선 안 된다는 결론을 내렸다. 그가 부하들에게 말했다.

"내가 듣기로는 『전지前志』에 '은덕과 원한이 후대까지 이어지지 말아야 하는 것이 충성의 이치다'[92]라고 기록되어 있다고 한다."

부하들은 눈을 까뒤집은 채 무슨 말인지 이해하지 못했다.

이에 대해 후세의 주석가들이 탄식 어린 해석을 제시했다.

자신이 누군가에게 은덕을 베풀었다고 해서 상대방의 자손에게 그 보답을 요구해서는 안 된다. 누군가에게 원한이 있다 해도 이를 그 자손들에게 풀어선 안 된다. 그러지 않으면 '분노를 유전하게 되고' 이는 대단히 저급한 일이다.

유병이 말을 이었다.

"자신에 대한 누군가의 총애에 기대어 사적인 원한을 갚는 것은 용감함이 아니고, 자신에 대한 원한을 풀기 위해 자신에 대한 누군가의 원한을 증가시키는 것은 총명함이 아니다. 사적인 감정으로 인해 공리에 위해를 가하는 것은 충성이 아니다."[93]

요컨대 그의 생각은 자신과 가계 사이에 원한이 있기는 하지만 자신이 그와의 관계를 끊으면 되지, 그의 가족에게 분풀이하는 것은 도의가 아니라는 것이었다.

물론 무엇이 용기이고 무엇이 충성인가 하는 문제에 있어서 우리의 생각은 유병과 큰 괴리를 보인다. 우리는 유병이 호한好漢이라고 생각했다. 하지만 그는 이런 호한이 되고 싶지 않았다. 그는 직접 가계의 아내와 아이들을 호송했다. 원수의 아내와 아이들을 귀중한 보물이라도 되는 듯이 선물하기 위해 국경을 나섰다.

이어서 두 번째 이야기를 해보자.

앞서 언급한 바와 같이 조돈은 진秦나라에 있는 아이의 삼촌을 선택하고 선멸先蔑과 사회士會를 사신으로 보내 그를 데려오게 했다. 두 사람은 이것이 아주 훌륭한 출장이라고 생각했다. 봄바람을 가장 먼저 차지한 나뭇가지처럼 누구보다 먼저 새로운 통치자에게 다가갈 수 있기 때문이었다. 두 사람이 신바람 나서 달려가 일을 잘 처리했지만 뜻밖에도 돌아와 보니 형세가 돌변하고 말았다. 이미 왕위가 공석이 아니었던 것이다. 진秦나라의 그 사람은 왕이 아니라 왕바단王八蛋*이었다. 전투를 해서 돌려보내야 했다! 이리하여 진秦과 진晉 사이에 교전이 벌어졌고 진晉이 대승했다. 선멸과 사회는 원래 정확한 입장에 서 있었지만 문을 나섰다가 돌아가는 길에 대형隊形이 이미 변해버린 것을 깨달았다. 어쩌다가 잘못된 입장에 서게 됐는지 알 수 없었다. '억지로' 대오의 중간에 끼어버린 것이다. 이렇게 멍하니 있다가는 목숨을 부지하기 어렵다고 생각한 두 사람은 약속이라도 한 듯이 함께 달아나버렸다. 둘 다 진秦나라로 도망친 것이다.

지난번에 올 때는 귀한 손님이었으나 이제는 집 잃은 개가 되어 있었다. 진秦나라에서의 생활이 쓸쓸하고 적막할 수밖에 없었다. 눈 깜짝할 사이 3년이 지나갔다. 뜻밖에도 사회는 선멸을 한 번도 보지 못했다. 들리는 바로는 선멸이 앞문으로 들어가 재빨리 뒷문 담장을 넘어 도망쳤다고 했다.

이 일은 무척이나 이상하다. 똑같이 하늘 끝 낯선 땅에 떨어진 사람들이 서로 만났다고 해서 반드시 사전에 서로 알

● 중국인들이 가장 일반적으로 사용하는 욕으로 우리가 흔히 쓰는 '개새끼'쯤에 해당된다.

고 지낸 사이인 것은 아니다. 이제 서로 알고 지내던 사람들이 서로 만나거나 함께 지내기를 원치 않는다는 것을 수하에 있는 사람들은 이해할 수가 없었다. 모두가 한 가닥 줄에 매달린 개미들인데 어째서 서로 만나 마작이라도 두지 못한단 말인가? 황토고원에는 서글픈 바람만 부는데 서로를 보듬고 온기를 나눌 수는 없는 것인가?

이에 대해 사회가 대답한다.

"내가 그와 같은 길을 가게 된 것은 사실이지만 이런 사실이 내가 그와 왕래할 정도로 가까운 친구임을 증명하진 않는다. 나는 원래 그를 무시했고 의로운 사람이 아니라고 여겼다. 그러니 내가 그를 만날 이유가 어디 있단 말인가?"

객관적으로 말하자면 이 일은 사회에게 문제가 있다. 함께 진秦나라에 파견된 것은 아이의 삼촌을 지지하는 입장을 공유했기 때문이고, 공통된 입장으로 같은 항아리 속에 들어갔으니 친구가 아니라 해도 친구인 셈이었다. 함께 술 몇 번 마셨으면 충분히 친구 아니던가? 굳이 '의義'를 따질 필요가 있을까? 친구이자 동지면 이미 가장 큰 '의'가 아닐까?

하지만 사회는 자신의 생각을 고집했고 두 사람은 끝내 다시 만나지 않았다.

두 가지 작은 일은 이것으로 끝이다. 하지만 이사씨異史氏●는 곧이어 편집자로부터 전화를 한 통 받는다. 최근에 문학

● 『요재지이聊齋志異』의 저자 포송령蒲松齡이 그 책에서 자신을 지칭하면서 사용한 이름으로 여기서는 이 책의 저자 리징쩌를 지칭한다.

계가 떠들썩해졌다는 것이다. 모옌莫言이 노벨상을 수상한 것을 놓고 기뻐하는 사람도 있고 대로하는 사람도 있기 때문이었다. 그러니 나도 몇 마디 좀 하라는 것이었다. 이사씨가 원망 어린 어투로 말했다.

"왜 그렇게 서두르는 거야? 전부 결말에 쓸 거라고!"

원망해도 소용없었다. 뻣뻣한 자세로 스탠드를 켜고 책상 앞에 앉아 이 두 가지 작은 이야기를 다시 읽어보는 수밖에 없었다. 다시 정리하면 다음과 같다.

춘추시대와 오늘날은 다르다. 경제가 발달되지 못하고 문화도 선진적이지 못한 춘추시대 사람들은 쌀은 쌀이고 물은 물이며 솥은 솥이고 불은 불이라고 생각하면서 각자 분리하여 논했다. 지금은 어떨까? 우리는 쌀은 물이고 물은 쌀이라고 생각한다. 이를 솥에 넣으면 죽이 되는 것이다. 천하의 모든 일은 결국 같은 일이다. 하나의 입장이요 줄서기다. 안쪽이 아니면 바깥쪽이고, 왼쪽이 아니면 오른쪽인 것이다.

이런 상황이 세상을 춘추시대보다 훨씬 단순하게 만들어준다. 그렇게 충분히 단순해진 세계는 춘추시대보다 많이 좋아졌지만 이는 구체적으로 얘기하지 않기로 한다.

공자는 춘추시대를 살았다. 그는 춘추시대가 좋지 않다고 생각했다. 공자만 못한 나는 춘추시대로 돌아갈 수 있는 것만으로 이미 충분히 행복하다. 적이 되는 일이 있더라도 춘추시대로 돌아가자마자 유병과 사회를 만나보고 싶다.

소년 이고와 곰 발바닥

그는 자신이 이미 왕위에 등극했다는 사실을 알지 못했고, 곧 피살된다는 사실도 모르고 있었다. 수많은 사람이 그를 향해 무릎 꿇고 절을 올리며 복을 빌어주었다. 그리고 그는 순결한 얼굴로 엄마의 품속에서 편안하게 잠들어 있었다. 이제 14년이라는 세월이 흘렀고, 그는 열다섯 살의 소년이 되었다.

2013년 멀리 만 리 밖 영국의 작은 섬에서는 국왕의 손부가 용의 씨앗을 잉태했다. 첩보가 전해지자 나라 전체가 커다란 기쁨에 휩싸여 감격의 눈물을 흘렸다. 전 국민이 삶의 희망을 찾았다. 이 남자아이 혹은 여자아이는 미래의 어느 날 그들의 왕이 될 것이었다.

이 일은 공화국의 민초인 우리에게는 리샤오루李小璐[•]나 궈징징郭晶晶[••]이 임신했다는 소식 정도일 것이다. 좋은 일이다. 하지만 그게 나랑 무슨 상관이란 말인가? 그러나 아직도 군주제 하에 처해 있는 영국인들에게는 상황이 다르다. 이 아이는 전 국민의 아이가 되고 사람들은 이 아이가 성장하는 모습과 늙어서 죽는 모습까지 지켜보게 될 것이다. 그리고 이 아이는 그들과 그들 아이들의 왕이 될 것이고, 그렇게 자

[•] 중국의 유명 여배우로 1981년에 베이징에서 태어났다.
[••] 중국의 유명 다이빙 선수로 역시 1981년에 태어났다. 2004년 올림픽 여자 3미터 경기에서 금메달을 획득했다.

자손손 영원무궁 이어질 것이다. 이것이 세월과 인간 세상에 대한 길고도 독실한 믿음이다. 이 아이는 사람들에게 미래는 오늘의 연속이 될 것이고, 단절이나 균열은 절대 없을 것이며, 혁명도 없고 천지가 뒤집히는 변화도 없을 것이라는 믿음을 갖게 할 것이다. 그렇게 사람들은 착실하게 자신의 삶을 살아가게 될 것이다.

그래서 런던에 가면 도시 전체에 오래된 건물들이 가득한 것을 보게 된다. 군주제 하에서는 사람들이 현재를 살면서 동시에 과거와 미래를 함께 산다는 것을 알게 된다. 군주 국가에서는 철거 이주가 공화국에서보다 어렵다. 나더러 철거 이주를 하라고 하면 나는 혁명을 일으키고 싶어질 것이다. 하지만 지금 당장은 문학을 하고 있다. 문학을 하는 사람 중에는 순순히 철거 이주를 받아들이는 사람도 있고 정자호釘子戶* 들도 있다. 예컨대 왕궈웨이王國維가 바로 정자호로서 마지막에는 죽음으로 자신의 뜻을 밝혔다. 갑자기 쿤밍호昆明湖에 몸을 던진 것이다. 왕궈웨이가 철거하고 싶지 않았던 것은 대체 무엇일까? 혹자는 황상이 자금성紫禁城에서 쫓겨나자 잠시 생각에 잠기더니 모든 것이 다 끝났다고 판단했던 것이라고 설명한다. 모든 것이 다 철거되고 시간이 정지한 상태에서 살아 있는 것이 무슨 의미가 있느냐는 질의를 던지면서 더 살지 않기로 했다는 것이다. 이런 견해는 보편적인 반대

● 도시 건설의 토지 징발에 불복하여 집을 내놓지 않는 세대주.

에 부딪혔다. 왕궈웨이가 이렇게 반동적일 리가 없다는 것이다. 나이 든 그는 우울증에 걸려 20년 동안 줄곧 죽음만 생각했다는 것이 반론의 근거였다. 그가 죽고 싶어하는 한, 누구도 막을 수 없었다는 것이다.

그의 고결한 인품은 오래 추앙되고 기억되었다. 왕궈웨이의 죽음은 황제가 없어졌다는 변화에 기인한다. 믿지 못하는 이도 있겠지만 나는 누가 뭐래도 그렇게 믿는다. 황제가 없어졌다는 것은 큰일이 아닌 것 같았다. 군벌 펑위샹馮玉祥이 청 왕조의 마지막 황제 푸이溥儀를 자금성에서 내쫓아버리자 전 국민이 환호했다. 민국民國의 쓰레기 한 무더기를 치워버린 기분이었을 것이다. 하지만 왕궈웨이는 황제가 없어졌다는 것은 유생儒生과 성인聖人도 함께 없어졌음을 의미한다는 점을 잘 알고 있었다. 격률시格律詩도 없어지고 문언문文言文도 없어졌으며 충효와 절의節義, 인의예지신仁義禮智信도 없어졌다는 것을 알았다. 모든 것이 없어지고 새 하늘 새 땅이 되었다. 이게 좋은 일이 아니란 말인가? 하지만 왕궈웨이는 새 하늘과 새 땅이 자신에게는 완전한 무력감이자 막막함이라고 생각했다. 그래서 쿤밍호의 물이 아직 맑을 때 자신이 가야 할 곳으로 돌아가는 것이 낫다고 생각한 것이다.

좋다. 그럼 이제 2600년 전의 그 아이에 대해 얘기해보자. 아이의 이름은 이고夷皐이고 나이는 열다섯이었다. 일곱 살에 초등학교에 입학했다면 중학교 3학년이었을 것이다. 사회전체의 압박과 왜곡으로 인해 침식을 잊고 공부했다면 중점

고등학교에 합격할 수 있는 나이였다. 하지만 이고의 직업은 국왕으로서 시간과 정력이 무궁무진하다보니 자신을 불량소년으로 만들고 말았다.

이고의 일이 터지자 사관들은 회의를 열어 그에게 적절한 죄목을 찾아주었다. 중국의 관습에 따라 죄상이 구체적이고 자세하지 않으면 죄상에 해당하는 죄인이 되지 않을 수도 있기 때문이다. 하지만 이고는 충분히 오래 살지 않았기 때문에 범죄를 저지르기 전에 수많은 나쁜 짓을 저지를 시간이 없었다. 다 뒤져도 다음 두 가지 항목밖에 찾아낼 수 없었다. 노인네들은 기분이 썩 좋지 않았다.

첫째, 세금 징수를 가중시키고 성벽을 조각과 그림으로 장식했다는 것이다. 이는 무척 기이한 일이다. 공자는 일찍이 제자들을 나무라면서 "썩은 나무에는 뭔가를 새길 수 없다"고 지적한 바 있다. 공자의 말뜻은 그림을 새기지 말라는 것이 아니라 그림을 새기기에 적합한 나무를 구하기 어렵다는 것이었다. 어쩌면 이고는 미술애호가였는지도 모른다. 당시에는 종이가 없었고 비단 위에 그림을 그리려면 비용이 너무 많이 들었다. 그래서 담벼락에다 그리기로 한 것이다. 산시 출신인 나는 이 대목에서 문득 영락궁永樂宮의 벽화가 생각났다. 나와 고향이 같은 이고는 원元나라 때 태어났어야 했다. 하지만 궁금한 점은 이고가 매일 그림을 그리면서 물감을 구하는 데 어느 정도의 비용이 들었을까 하는 점이다. 여기서 또 다른 가능성이 발생한다. 그는 장식광으로서 자신의 궁전

전체에 벽화를 그리려 했을지도 모른다는 것이다. 그러려면 적지 않은 돈이 들었을 것이다. 미켈란젤로나 다빈치 같은 수많은 그림쟁이도 양성해야 했을 것이다. 하지만 다행히 이 고는 국왕이었다. 국왕이 자기 집 담벼락에 꽃송이를 그려넣는 일이 국가의 재정에 영향을 미치지는 않았을 것이다. 직장을 잃고 한가할 때 후베이박물관과 증후을曾侯乙* 묘를 구경하고 그 엄청난 규모에 놀라움을 금치 못했던 적이 있다. 증曾나라는 손바닥만 한 나라로서 춘추시대에는 제대로 거론되지도 않던 나라인 데 비해 진晉나라는 대국이었는데 설마 국왕이 벽화를 그리는 일 때문에 소득세와 영업세를 크게 인상해야 했단 말인가? 게다가 정권을 잡고 있는 사람은 정경正卿인 조돈이었다. 증세를 했다 해도 조돈이 결정할 일이지 소년인 이고의 생각은 아니었을 것이다.

물론 아이가 벽에 춘화를 그렸다면 얘기는 달라질 수 있다. 하지만 이고에게 어떤 성 조숙증 징후가 있었다면 사관들이 일찌감치 기록했을 것이다. 애석하게도 그런 일은 없었다. 이 시기에 이고는 다른 일에 흥미를 갖고 있었다.

다름 아니라 새총이었다. 이것이 소년 이고의 두 번째 죄목이다.

이 분야에 관해서는 나도 좀 아는 편이다. 새총을 만들려면 우선 Y자 모양의 나뭇가지가 있어야 한다. 혹은 직접 철사

• 전국시대 초기 주 왕족의 제후국인 증나라의 군주 증후을의 묘로서 현재 후베이성 쑤이저우隨州에서 서쪽으로 2킬로미터 떨어진 곳에 있다.

를 구부려 새총의 틀을 만들 수도 있다. 그런 다음 사방에서
고무줄을 찾아야 한다. 나는 고무줄을 구하지 못해 전전긍긍
하는 초조감을 완전히 이해한다. 하지만 밝히고 넘어가지 않
을 수 없는 사실은 팬티에 달린 고무줄은 너무 느슨하기 때
문에 새총을 만들기에 전혀 적합하지 않다는 것이다. 같은
이치로 머리를 묶는 고무줄도 적합하지 않다. 탄성이 강하지
않아 발사 거리에 상당한 제한이 있고 쉽게 끊어지기 때문이
다. 가장 좋은 재료는 의무실에서 쓰는 고무관이다. 이런 링
거용 고무줄을 손에 쥐면 동글동글한 질감이 느껴진다. 탄력
과 인성, 폭발력을 고루 갖춘 재료가 아닐 수 없다. 이처럼 탄
력이 충분한 새총을 어디에 쓰는 걸까? 새를 잡을까? 새는
날아다니는 데다 맞춰 떨어뜨린다 해도 사방에 아무도 없으
니 재미가 없을 것이다. 그럼 유리창을 깰까? 맞다. 바로 지
금 그 얘기를 하고자 한다. 적막한 오후에 한 아이가 여기저
기 미친 듯이 돌아다니다가 문득 이 세상이 너무 재미없다고
느낀다. 그래서 어느 집 유리창을 조준해서 새총을 당긴다.
진흙 탄알은 번개처럼 날아가 와장창하는 소리와 함께 그 집
유리창을 박살낸다. 어두운 곳에 숨어 기다리면 창문을 여는
소리가 들리면서 그 집 누나가 창가에 모습을 드러내 분노를
발산한다.

"어느 집 더러운 개자식이 낯짝도 모르게 이런 짓을 하는
거야!"

속이 시원하겠지만 아이는 밖으로 나오진 않는다.

『춘추』의 이 대목을 읽으면서 예나 지금이나 변하지 않는 것이 있다는 점을 발견했다. 적어도 우리 세대까지는 변하지 않고 있었다. 대개 불량소년들이 새총을 즐겨 가지고 놀았다는 것이다. 나는 유리창을 깼지만 이고는 새총으로 무얼 했던 것일까? 이고는 누대에 올라가 사람을 쏘았고, 맞추면 손뼉을 치면서 좋아했다. 맞추지 못하더라도 행인들이 머리를 감싸쥐고 쥐처럼 달아나는 모습에 배꼽을 움켜잡으며 웃었다. 이런 일은 내가 새총을 가지고 놀던 시기와 달랐다. 당시에는 사방에 아무도 없을 때만 새총을 쏘았다. 이고처럼 하고 싶은 마음은 있었지만 감히 그렇게 할 수 없었다. 어렸을 때 나는 하늘도 두렵지 않고 법도 무섭지 않았다. 인간 세상에 파출소라는 곳이 있는지도 몰랐다. 아버지는 간부학교에 갇혀 있고 엄마는 야근을 했기 때문에 사람들이 보호자를 찾는 것도 두렵지 않았다. 하지만 내가 어렸을 때는 건달들이 있었다. 궈더강郭德綱*은 상성相聲**에서 이렇게 외친다.

"건달들은? 건달들은 다 어디 간 거야? 세상이 어떤 세상이기에 건달들이 하나도 눈에 보이지 않는 건가!"

나이 든 노형 하나가 어느 날 문득 오늘날에는 불량배들만 있고 건달은 찾아보기 어렵다는 것을 깨닫고는 감상에 젖었다. 가을바람이 소슬한 듯한 느낌이다. 내가 어렸을 때는

---

* 중국의 유명한 상성相聲 공연자.
** 베이징에서 기원하여 중국 전역에서 유행하고 있는 설창說唱 기예의 하나로 풍자와 유머로 웃음을 자아내는 것이 특징이다. 기본적인 표현 수단은 설說과 학學, 두逗, 창唱이다.

우리 동네에도 건달이 있었다. 정규 직업 없이 놀면서 세월을 보냈다. 그러다가 어느 집에 부모에게 못되게 구는 놈이 있다는 소문을 들으면 득달같이 달려가 몇 마디 호되게 호통을 쳤다. 우리 같은 조무래기들을 이끌고 가서 패싸움을 벌인 적도 있었다. 싸움의 이유는 당시에도 몰랐고 지금도 알지 못한다. 그렇다고 맘대로 유추해서 지어낼 수도 없다. 요컨대 손에 새총을 쥐고 있어도 어른들은 쏘지 못했다. 여자나 어린아이들을 쏘았다가 건달 형에게 걸리면 아주 세게 꿀밤을 몇 대 맞았다. 그 노형이 말했다.

"이웃집 누나에게 도발하다가 누나가 건달 형을 찾아가면 어쩌려고 그랬어?"

두려울 게 없었다. 이웃집 누나는 건달을 보면 얼굴을 돌리고 길게 땋은 머리를 나풀거리며 가버렸기 때문이다. 누나는 건달을 일본 놈들만큼이나 싫어했고 걸핏하면 차갑게 한마디 던졌다.

"지저분한 건달 새끼!"

여러 해가 지나 그 누나가 바로 그 건달 형에게 시집을 갔다는 소식을 들었다. 생각해보면 웃음이 절로 나오는 일이었다. 어릴 때는 눈꺼풀이 너무 얇아서 인간 세상의 품격과 운치를 견디지 못했다.

이고 얘기로 돌아가보자. 그가 남을 때려도 뒤처리를 해주는 사람이 있었다. 누군가 울면서 조돈의 집을 찾아갔다.

"이고가 저를 때렸어요. 관리를 제대로 하시는 거예요 마는 거예요?"

조돈은 마당으로 달려나가 세 번이나 돌아보고 다시 건물 안으로 들어와 이리저리 둘러보았다. 결국 자리에 주저앉으며 그를 관리하지 않기로 결정했다. 관리하지 않는다고 해서 이고의 행동이 옳다는 뜻은 아니었다. 오히려 이 때문에 그와 이고의 관계가 좀 복잡해졌다. 그는 이고의 감독자인 셈이었다. 계부나 다름없었다. 우아한 단어로 표현하자면 아부亞父라고 할 수 있었다. 친아버지에는 약간 미치지 못하는 아버지다. 하지만 여기서 말하는 약간은 엄청난 차이일 수도 있었다. 이고는 군왕이고 그는 신하다. 그는 이고에게서 권력을 잠시 빌렸을 뿐이다. 빌렸으면 언젠가는 돌려줘야 하고 일단 돌려주면 다시 빌릴 수 없었다. 지난 3000년 동안 이러한 관계는 한 번도 좋은 결과를 낳은 적이 없었다. 조돈의 위기는 이고의 청춘기였다. 아이는 자라서 아버지를 시해할 생각을 갖게 되었다. 친아버지는 오래전에 세상을 떠난 터인데 그를 죽이지 않으면 또 누굴 죽이겠는가? 조돈은 이런 상황을 고려한 데다 새총을 쏘아 사람을 죽이는 것도 아니라는 판단에 관여하지 않기로 한 것이다.

그 후에 이고는 정말로 사람을 죽였다.

이 일에 관해 얘기하기 전에 먼저 다른 얘기를 하나 해야 할 것 같다. 기원전 626년, 초나라에 정변이 발생했다. 초 성왕成王의 정권이 친아들에 의해 전복된 것이다. 이때는 이고의 아버지가 왕위에 등극한 이듬해로 이고는 아직 세상에 나오지 않았다. 전해지는 바에 따르면 초 성왕은 아주 똑똑한 사람이었다고 한다. 하지만 사람이 어리석은 일을 범하게 되는 것은 객관적 법칙이다. 사람이라면 반드시 어리석은 짓을 범하게 되어 있다. 그런 적이 없다면 아직 얼마 살지 않았다는 것을 설명할 뿐이다. 성왕 46년 아들 상신商臣을 태자로 세우기로 마음먹은 성왕은 영윤令尹인 자상子上에게 의견을 구했다. 자상은 반대했다.

"대왕께서는 아직 후사를 염두에 두실 만큼 그렇게 늙지 않으셨습니다. 게다가 건강이 이렇게 좋으신 데다 궁중에는 총애하시는 첩도 많습니다. 마음이 약해지시면 먼저 세운 태자를 폐하고 엄마가 예쁜 다른 아이를 세우게 될 가능성도 있습니다. 이렇게 다들 태자의 자리를 차지하려고 발버둥치다보면 반드시 난리가 나고 말 겁니다. 게다가 대왕께서 세우려 하시는 이 공자는 장차 늑대 같은 존재가 될 것입니다. '벌침 같은 예리한 눈과 승냥이 같은 날카로운 목소리'를 가지고 있어 남을 생각할 줄 모릅니다……."

듣기는 안 좋지만 인성에 대한 풍부한 경험에서 우러나온 말이었다. 성왕은 화를 내지 않았다. 하지만 이 말이 그의 귀에 들어가지도 않았다. 그는 자신이 그렇게 용속하리라고는 믿지 않았다. 정말로 상투적인 현상에 빠지게 될 거라고 믿지 않았다. 이리하여 그는 상신을 태자로 세웠다. 그러나 몇 년 지나지 않아 젊은 요녀 하나가 앵앵거리기 시작했다. 우리 아이를 태자로 세워주세요…….

초 성왕이 이런 말을 듣고 어떤 생각을 했는지는 아무도 모른다. 하지만 앵앵거리는 소리가 바람을 타고 상신의 귀에 들어가자 청천벽력으로 변하고 말았다. 그는 서둘러 스승인 반숭에게 달려가 물었다.

"어떻게 하면 아버지의 마음을 알 수 있을까요?"

대단히 노련한 인물이었던 반숭은 문득 성왕의 여동생, 즉 상신의 고모를 떠올렸다. 이 고모는 오빠인 성왕이 가장 아끼는 동생이었다.

"가서 고모의 심기를 건드려봐라. 그러면 진실한 말을 들을 수 있을 게다."

구체적인 방법은 알려줄 필요가 없었다. 어차피 그 고모는 성깔이 좋지 않았다. 고모가 탁자를 내리치며 호통을 쳤다.

"이 천한 년에게서 나온 왕바단 새끼! 꼴을 보니 네 아비가 널 죽이려 하는 것도 이상할 게 없는 것 같구나!"

이렇게 감춰져 있던 패가 드러났다. 이리하여 스승과 제자의 대화가 시작되었다. 반숭이 물었다.

"문제를 해결할 수 있겠느냐?"

아버지를 구슬려 마음을 돌리게 할 수 있느냐는 뜻이었다. 상신이 말했다.

"불가능합니다."

"그럼 떠날 수 있겠느냐?"

"그럴 수 없습니다."

"그럼 큰일을 치를 수 있겠느냐?"

"네!"

벌침 같은 눈이 눈빛처럼 밝아졌다. 승냥이 같은 목소리가 흉악하게 울렸다. 상신은 아버지를 죽이기로 마음먹었다!

성왕은 궁중에 갇혔다. 대들보에 줄 하나가 걸려 있었다. 아버지에게 목을 매라는 것이었다. 아버지는 아들에게 간청했다. 죽기 전에 다른 욕심은 없지만 곰 발바닥 찜을 한 번만 먹고 죽게 해달라는 것이었다.

상신이 웃으면서 말했다.

"아버지, 산에 가면 곰은 얼마든지 있습니다. 곰 발바닥은 너무나 많지요. 하지만 아버지에겐 시간이 없습니다. 그건 그냥 포기하시고 어서 갈 길을 가세요."

곰 발바닥은 천하의 진미라고 한다. 맹자도 "나는 생선을 좋아한다. 곰 발바닥도 좋아한다. 이 두 가지를 동시에 얻을 수 없다면 생선을 포기하고 곰 발바닥을 택하겠다"[94]라고 말한 바 있다. 맹자는 철저하게 원칙을 지키는 인물이었다. 나는 곰 발바닥을 먹어보지 못했다. 하지만 맹자도 맛이 훌륭하다고 했으니 틀림없는 천하일미일 것이다. 하지만 군자는 부엌을 멀리해야 하는데 어떻게 곰 발바닥을 조리해야 할지 맹자는 알지 못했다. 주방에서 곰 발바닥을 조리하려면 양저우揚州의 원로 셰프라 해도 며칠의 시간이 걸린다. 깨끗하게 다듬어서 주방으로 보낸다 해도 어마어마한 나무를 장작으로 때야 한다. 솥에서 나온 뒤에는 또 며칠에 걸친 조리 과정이 필요하다.

그래서 성질 급한 사람은 뜨거운 두부를 먹을 수 없듯이 곰 발바닥을 먹기 어렵다. 물론 맹자는 성질 급한 사람이 아니었다. 그는 곰 발바닥이 식탁에 오르기를 기다리면서 한편으로는 호연지기를 길렀다. 이에 비해 상신의 아버지는 사실 무척이나 다급했다. 그에게 필요한 것은 곰 발바닥이 아니라 곰 발바닥이 조리되는 시간이었다. 곰 발바닥을 삶고 또 찌다 보면 그사이에 구원병이 달려올 수도 있을 터였다. 그도 다급했지만 아들은 그보다 더 다급했다. 그렇기 때문에 끝내 곰 발바닥은 먹을 수 없었다.

이쯤 얘기했으면 누구나 소년 이고의 살인과 곰 발바닥의 관계를 짐작할 수 있을 것이다. 이 사건의 내막은 이미 상세한 고찰이 불가능한 상태다. 『좌전』에서는 열 자가 채 안 되는 기본적인 사실만 제공하고 있을 뿐이다.

"조리사가 곰 발바닥을 다 삶기 전에, 그는 조리사를 죽여 버렸다."[95]

또한 「공양전公羊傳」에도 목격자 증언의 한 구절 기록되어 있다.

"곰 발바닥이 익지 않자, 공이 노하여 커다란 술잔으로 때려 죽였다."[96]

다시 말해서 이고는 기다리고 기다리다 결국 김이 모락모락 나는 곰 발바닥이 상에 오르자 황급히 입을 내밀면서 젓가락으로 곰 발바닥을 한 점 집어들었다. 그런데 아직 덜 익은 것이었다! 불행히도 발바닥 힘이 아주 센 곰을 만났던 모양이다. 겉은 흐물흐물한데 속은 딱딱했다. 그는 조리사를 불러 발길질을 하면서 심하게 욕을 해댔다. 조리사는 목을 뻣뻣하게 세우고 또박또박 반박했다. 어린 악마는 손에 잡히는 대로 구리로 된 술잔을 들어 조리사의 머리를 내리쳤다. 일격에 머리가 깨지고 뇌수가 삐져나왔다!

앞에서도 얘기한 바 있지만 곰 발바닥을 먹는 것은 인내심을 기르고 인성을 연마하는 일이었다. 곰 발바닥이 미처 익지 않으면 기다리는 사람은 재촉할 것이다. 그러면 조리사는 하루만 더 고면 완전히 익을 거라고 대답할 것이다. 하지만 어린아이들은 어떤가? 가장 시간이 많으면서도 기다릴 줄은 모르는 것이 아이들이었다.

옛사람들은 왕자가 법을 어기면 서민들과 죄가 같다고 말한다. 여기서 주의할 것은 왕이 아니라 왕자가 그렇다는 것이다. 왕은 심판의 대상이 되지 않는다. 왕이 심판의 대상이 된 것은 프랑스 대혁명이 마지막이다. 그 뒤로는 왕조가 존재하지 않았다. 군주제의 핵심은 왕과 법과 정의가 같은 뿌리에서 나온다는 사실이다. 하늘의 자연법이 바로 왕법이고 왕은 하늘과 법의 중개자다. 하늘은 그보다 크지만 그는 법보다 크다.

대단한 반동이 아닐 수 없다. 하지만 그 자체로 이치를 갖는다. 한 사회가 그 성원 전체에게 법률의 권위를 믿게 하려면 당연히 가장 좋은 방법은 루소가 상상했던 것처럼 모든 원리와 현상에 정통한 사람들이 한자리에 앉아 상의하고 흥

26. 조씨 고아

235

정하여 모두가 자각적으로 준수할 수 있는 원칙을 만드는 것이다. 하지만 중국과 외국의 조상들이 반드시 루소처럼 똑똑한 것은 아니었다. 그들은 더 큰 가능성을 생각했을 뿐이다. 다름 아니라 이 집단이 아주 빨리 싸움을 벌이게 되는 것이다. 땅바닥에 깨진 이빨과 뇌수가 가득할 때쯤 마침내 사람 수가 가장 많아 세력이 큰 쪽이 정하는 원칙이 왕법보다 더 지혜롭고 공정할 수도 있는 것이다. 따라서 중국의 조상들은 직접 어떤 초월적 권위에 호소하는 경향이 있었다. 하늘과 신과 왕이 바로 그것이다. 하늘과 신은 애당초 쟁론의 상대가 될 수 없고, 왕은 또 왕법 위에 있기 때문에 쟁론의 상대가 되지 못한다. 이는 적어도 분쟁을 줄일 수 있는 최소한의 밑천이 되는 것이다.

또 한편으로는 세상의 모든 일이 결함만 있고 완벽은 없다. 왕이 법을 능가하는 것이 보기에는 무척 시원할 수도 있다. 하지만 또 다른 면에서 생각하자면 왕도 법률의 보호를 받지 못한다. 이고는 사람을 죽였다. 그가 일반 백성이었다면 공공연한 재판을 받을 수 있었을 테고, 오늘날처럼 공소인과 변호사가 필요했을 것이다. 사람을 죽이긴 했는데 그 이유가 무엇일까? 이고의 정신 상태는 어땠을까? 어려서부터 아버지가 없는 고아였는데 도대체 어떤 생활을 해왔을까? 감독자이자 보호자인 조돈은 그 책임을 제대로 완수했을까? 어쨌든 누가 뭐라 해도 이고는 미성년자였다…….

지금은 이 모든 것이 사라졌다.

그럼 뭐가 있는가? 침묵하는 천도天道가 있을 뿐이다. 천도는 사람의 마음속에 있다. 이고라는 이 소년은 공부를 싫어했고 곰 발바닥이 다 익지 않았다는 이유 하나만으로 무고한 사람을 죽였다. 그는 이때 이미 자신이 아주 오래되고 의미심장한 기억을 건드렸다는 사실을 알지 못했다.『태평어람太平御覽』에는『전자纏子』를 인용하여 "걸왕桀王의 천하에서는 술이 탁하다고 조리사를 죽였고, 주왕紂王의 천하에서는 곰 발바닥이 덜 익었다고 조리사를 죽였다"고 기록하고 있다.

그랬다. 이고는 이미 폭군 걸왕과 주왕의 화신이 되어 있었고 사람들의 기억 속에 가장 잔인하고 포악한 군주로 남아 있는 인물들과 똑같은 일을 저질렀던 것이다. 엄정하고 윤리적인 법관이었던 맹자는 그와 그의 동류同類들에게 하늘을 대신해 도를 행하는 판결을 내렸다.

"주紂라는 못된 필부 하나를 죽였다는 소문은 들었지만 군주를 시해했다는 얘기는 듣지 못했다."[97]

그는 군주가 아니었다. 국민의 공적일 뿐이었다.

결국 정의는 실현되는 법이다. 단지 정의를 실현하는 방식이 종종 사람들의 생각 밖에 있을 뿐이다. 그 시절 진晉나라에서는 모든 사람이 숨죽인 채 뜻밖의 사건이 일어나기를 기다리고 있었다. 그들이 사랑했던 아이, 그들이 공동으로 모든 희망과 축복을 기탁했던 그 아이는 이미 사라져버리고 기대하는 바는 이뤄지지 않았다. 하지만 코드는 바람과 같다. 지금 이 소년, 이 '군주가 아니었던' 군주는 외롭게 홀로 전당에 앉아 두려운 눈빛으로 모든 나뭇잎마다 액운이 깃드는 것을, 모든 바람이 번개처럼 흔들리는 것을 응시하고 있다…….

하늘의 뜻은 너무 높아서 묻기 어렵다

커다란 별이 하늘을 옆으로 가로질렀다.

초가을이었다. 서늘한 바람이 불고 백로가 내렸다. 차가운 오리 울음소리가 들렸다. 서늘한 바람이 깃털을 움직이자 참매들이 황야에 섰다. 사방으로 자신들이 격살한 야생 조류들을 진열해놓았다. 신비한 제전을 거행하기라도 하는 듯했다. 매들의 눈은 호랑이 같았고 가을의 색인 금빛에 침전되어 있었다. 가을의 금속은 천지를 살기로 뒤덮었다. 사형수들은 나무 위에 매달린 잎을 세고 있었다. 자신들에게 남은 마지막 날들을 세고 있었다.

갑자기 커다란 별이 나타났다. 혜성이었다. 하지만 긴 꼬리를 그으며 사라지는 별이 아니라 민들레 같은 빛의 덩어리였다. 머리칼을 마구 흐트러뜨린 머리통이 계속 생장하고 팽창하는 것 같았다. 얼음처럼 차가운 화염이 타오르면서 천천히, 아주 밝게 2600년 전 높고 청량한 하늘을 가로질러 북두성좌의 깊은 곳으로 사라지는 것 같았다.

그날 저녁, 이 세상 사람 모두 이 별을 주시하고 있었다.

모든 사람이 이 별이 그냥 온 것이 아니라 어떤 신비하고 중요한 소식을 가지고 왔다는 사실을 알고 있었다. 이 별은 미래를 예시하러 온 것이었다.

사관들은 밤새 잠을 자지 못했다. 동시에 점성가이기도 했던 그들은 이런 별을 본 적이 없었다. 궁중에 비밀리에 보관 중인 전적에서도 이런 별에 대해 언급한 대목을 찾을 수 없었다. 이 별의 출현은 극도로 흉하고 위험할 것이 분명했다. 천계의 질서가 혼란해졌다는 것은 필연적으로 천하의 대란을 의미했다.

하지만 각국의 전문가들은 자신들이 앞으로 어떤 일이 일어날지 모른다는 사실을 인정하는 수밖에 없었다. 이 별은 그들의 지식 범위를 넘어서고 있었다. 천하가 희망을 잃었다. 천하가 갑자기 낙양洛陽을 생각했다. 그들은 평소에는 이곳을 생각하지 못했다. 이곳은 주나라 천자가 거주하는 곳이었다. 논리상으로는 일종의 코드가 되는 인물이 있는 곳이지만 실제로는 그렇지 않을 가능성도 있는 곳이었다. 하지만 이때, 사람들은 갑자기 그를 생각했다. 그의 쇠락한 왕성王城과 사관들은 여전히 천하 모든 지식의 원천이었다. 이 순간, 그들은 한 가지 생각을 도출해내야만 했다.

모든 카메라가 주 왕실의 태사대太史臺에 집중되어 있었다. 사관과 원사院士들은 문을 걸어 잠그고 회의를 진행하고 있었다. 며칠 밤낮을 먹지도 마시지도 않았다. 감히 뛰어 들어와 그들의 사색을 방해하는 사람도 없었다. 굳게 닫힌 문 뒤에서 노인네들이 무얼 하는지 아는 사람도 없었다. 공개되지도 않았고 투명하지도 않은 행위였다. 전 세계가 숨을 죽이고 그들이 다들 운명을 선포하기를 기다렸다.

마침내 문이 열리고 수석 원사가 부축을 받으면서 기어 나왔다. 수염이 긴 노인이 앞을 바라보면서 자신들의 토론 결과를 발표했다.

"앞으로 7년 안에 송宋나라와 제齊나라, 진晉나라의 군왕이 전부 세상을 떠나 천하가 어지러워질 것이다!"

죽어서 어지러워진다는 것은 좋은 죽음이 아니었다!

노인은 눈꺼풀을 들어올려 잠시 앞을 바라보았다. 하늘에서 지상을 내려다보는 눈빛이었다. 권력의 최고봉에서 용과 맹호들이 몸부림치는 것 같은 세 나라 군왕들의 얼굴을 바라보고 땅강아지와 개미 같은 하찮은 미물을 내려다보는 것 같았다. 그러더니 몸을 돌려 가버렸다.

『좌전』 문공 14년, 기원전 613년의 일이었다.

그 후 기원전 611년, 송宋 소공昭公 저구杵臼가 사냥 도중 정변을 일으킨 군인들에 의해 살해되었다. 정변의 주모자는 동생 포鮑와 그의 할머니였다. 역사서에서는 포를 '아름답고 요염했다美而艶'고 기록하고 있다. 그의 할머니는 이처럼 '아름답고 요염한' 손자를 보고서 그와 성관계를 맺고 위세를 과시할 생각을 했다. 할머니는 친할머니가 아니라 그의 할아버지인 송 양공襄公의 정실부인이었다. 송 양공은 도덕을 매우 중시해 전쟁할 때도 상대가 강을 건너고 있을 때는 공격하지

240

않고 적이 강을 다 건널 때까지 기다리던 인물이었다. 하지만 뜻밖에도 이처럼 도덕을 중시하지 않는 여자를 아내로 맞는 바람에 하늘가의 새 풀들이 전부 먹이가 되고 말았다. 다행히 포는 도덕을 중시하는 아이였다. 포가 말했다.

"할머니, 저는 할머니랑 잘 수 없어요. 제게는 원대한 뜻이 있거든요……"

다시 세월이 지나 기원전 609년에 제齊나라 의공懿公이 그의 기사이자 경호원이던 자에게 살해되어 시신이 교외의 이궁離宮 대나무 숲에 버려졌다. 사건의 자세한 내막은 이 책 「대중목욕탕에서 싹튼 유혈 사건澡堂子引發的血案」을 참조하기 바란다.

그 별이 나타내는 징후는 시계처럼 정확했다. 7년째 되던 해인 기원전 607년에 대장군 조천趙穿이 폭군 진晉 영공靈公을 도원桃園에서 살해했다. 영공의 살수를 피해 망명했던 조돈은 국경선에서 장탄식을 하며 배회하다가 소식을 듣고는 시서詩書를 바람에 휘날리며 미친 듯이 기뻐하다가 날듯이 말을 달려 도성으로 돌아왔다. 그곳에는 거대한 인파가 그의 귀환을 기다리고 있었다.

물론 후대의 희곡 작가들은 이야기를 이렇게 단순하게 묘사하고 있지 않다. 그들은 더 많은 시신을 갈망했다. 진 영공이 조돈을 살해하고 조씨 가문 전체를 박멸하기를 기대했다. 그들은 인간의 정의가 절대로 가볍게 실현될 수 없다고 생각했고 정의를 한 고아의 몸에 기탁했다. 그리고 또 이 고아가 먼 곳으로 팔려가 쓰레기 상자 속에서 숨이 막혀 죽는 일은 없어야 한다는 점을 보장해야 했다…….

한편 당시의 사관들은 다른 견해를 갖고 있었다. 진晉나라 태사太史 동호董狐 역시 아주 길고 멋진 수염을 갖고 있었다. 진나라에서 동호는 사회의 양심이자 진리이며 정의였다. 강력한 권력을 두려워하지 않는 공공 지성이었다. 이런 그가 일성을 내뱉었다.

"조돈이 군왕을 시해했다!"

'시弑' 자에는 엄격한 도덕적 판단이 담겨 있다. 조돈은 군주를 살해한 죄인이라는 것이다! 동호의 원칙성은 대단히 단단하고 완고했다. 그는 진 영공이 죽든 말든 신경 쓸 생각이 없었고 나라의 처지가 복잡하고 암담하다고 생각하지 않았다. 철도 경찰이 각 구간을 나누어 담당하고 있는 것처럼 그가 담당하는 것은 시비와 흑백을 분명히 밝히는 일일 뿐이었다. 그리고 이 일의 시비는 흑과 백처럼 분명했다. 합법적인 군주가 비합법적으로 살해당해선 안 된다는 것이었다.

불쌍한 조돈은 조씨 고아보다 더 억울했다.

"그게 어째서 내가 죽인 것이란 말인가? 분명히 조천이 죽였다. 내가 죽일 거였으면 진즉에 죽였을 것이다. 또 도망칠 이유는 어디 있단 말인가!"

동호가 냉소를 지으며 말한다.

"그대는 너무 늦게 도망쳤다. 그대는 집정하고 있는 정경正卿이지만 단번에 재빨리 국경 밖으로 도망쳤다면 이 일은 그대의 책임으로 돌아가지 않았을 것이다. 하지만 지금 그대는 진나라를 떠나지 않고 있으니 진나라에서 일어난 일을 그대가 책임지지 않으면 누가 책임진단 말인가?"

조돈은 한동안 멍한 표정을 지었다. 그러고 나서 또 멍한 표정을 지었다. 자신이 왜 시간을 재촉하여 국경을 넘지 않았는지 기억을 되돌려보았다. 어쩌면 그는 정말로 뭔가를 기다리고 있었는지도 모른다. 어떤 일이 발생하기를 기다렸는지도 모른다. 혹은 걱정이 너무 많거나 마음이 너무 착하기 때문이었는지도 모른다. 자신의 땅과 인민을 떠나기 전에 서글픔을 참지 못하고 몇 구절 시를 남기느라 그랬는지도 모른다. 조돈이 갑자기 커다란 입을 열었다.

"염병할, 나야말로 지지리도 재수가 없군! 빨리 달아났다면 책임이 면제되었을 텐데…… 배불리 먹었으면 그걸로 만족했어야지 시는 무슨 놈의 시란 말인가!"

그 혜성에 관해 그는 아무것도 얘기하지 않았다. 7년 전에 그 혜성은 차갑게 하늘을 그었고 인간 세상의 정의와 불의는 이미 그 혜성에 의해 정해져 있었다. 혜성은 하늘의 의도이자 징후였다. 하늘의 뜻은 너무 높아서 묻기 어렵다. 하늘이 무엇을 기대하는지 아는 사람은 아무도 없었다.

이해부터 청나라 말기까지 이 혜성은 서른한 차례나 중국인들에 의해 목격되거나 기록되었다. 하지만 지식인들은 그 서른한 개의 별이 사실은 하나였다는 점을 인식하지 못했다. 반면에 멀고 먼 서양 바다의 한 사람은 이 점을 인식했다. 이 별의 이름은 핼리혜성이라 불리게 되었다.

핼리혜성은 76년에 한 번씩 나타난다고 한다. 이는 천상의 장관이자 드라마다. 남쪽과 동쪽 사람들의 말에 따르면 이 일은 태양하고만 연관되어 있다고 한다.

하지만 누가 알겠는가? 어떤 사람들은 이 별이 왕궁 안 피와 정액과도 관련이 있다고 주장한다. 또한 관료 대인들의 머리와 사서의 기록 한 줄과도 연관이 있다고 주장한다.

2012년 초겨울 어느 날 밤, 나는 영화관에서 나왔다. 막 「온고溫故 1942」라는 영화를 보고 나온 것이다. 고개를 들어 하늘을 바라보니 별이 하나도 없었다. 문득 대단히 기이하다는 생각이 들었다. 하늘은 뜻밖에도 몇 가지 안 좋은 일들 때문에 그렇게 큰 움직임을 보였던 것이다. 게다가 지치지도 않고 78년에 한 번씩 이를 반복한다.

대단한 남자

승상의 저택 안에 있는 커다란 홰나무 아래, 이른 아침 죽은 사람이 누워 있었다. 나무에 부딪혀 죽은 것이었다. 나무에 피가 묻어 있고 뇌수가 흘러내리고 있었다. 몸에는 검을 한 자루 차고 있었다. 자객이었다. 조 대인 조돈을 죽이러 왔던 것이다.

여명 전 가장 어두운 시각에 자객은 조돈의 저택에 침입해 처마와 담벼락 사이를 날아 단숨에 침실까지 들어왔다.

조돈은 이미 조복朝服을 챙겨 입고 조정에 나갈 준비를 하고 있었다. 하지만 날이 아직 너무 일렀다. 노인이 된 그는 단정하게 앉아서 졸고 있었다.

뭘 더 기다린단 말인가? 손을 쓸 때가 온 것이다!

자객은 조돈을 바라보고 있었다. 바라보고 또 바라보다가 눈가에 눈물이 가득 고였다. 얼마나 좋은 사람이던가! 얼마나 훌륭한 지도자였던가! 우리 진晉나라 백성을 위해 이렇게 일찍 일어나 이토록 단정한 자세로 앉아 있지 않은가!

자객은 손을 쓸 수 없었다. 그는 한참이나 생각에 잠겼다. 자신이 침입해 들어온 것이 사람을 죽이기 위해서가 아니라 시를 읊기 위해서인 것 같았다. 이리저리 생각했지만 더 이상 생각을 이어갈 수 없었다. 픽 하는 소리와 함께 그는 커다란 홰나무에 머리를 박고 말았다.

이 일이 있고 나서 사관은 역사책에 이렇게 썼다.

이 자객은 죽기 전에 한숨을 쉬면서 말했다. "군왕에게 공경스러운 마음을 갖는 것을 잊지 말아야 한다. 군왕은 백성의 주인이다. 백성의 주인을 죽이는 것은 불충이요 군왕의 명령을 저버리는 것은 불신이다. 이 가운데 한 가지라도 저지른다면 차라리 죽는 것이 낫다."[98]

여기까지 읽고 보니 한 가지 의문을 떨칠 수가 없다. 이 자객은 왜 남을 죽이지 않고 자신을 죽였던 것일까? 이 문제는 아마 셜록 홈스를 불러와도 풀기 어려울 것이다. 이에 대해

『좌전』은 그나마 한 가지 견해를 제시하고 있다. 하지만 사람은 이미 죽었고, 죽기 전에 적당한 사람을 찾아 술 두 냥을 함께 마시며 자신의 심정을 토로하지도 않았다. 그렇다면 그의 '탄식'을 누가 들었단 말인가? 그의 말은 또 누가 받아 적었단 말인가? '7월 7일 장생전에 깊은 밤 은밀한 속삭임 주고받는 사람 없을 때'[•]와 같은 경우라 할 수 있다. 은밀한 속삭임을 주고받는 사람이 없었는데 누가 그걸 알았단 말인가? 이에 대해 첸중수錢鍾書[••]는 이렇게 해석했다.

"『좌전』의 서술은 대부분 실제로 한 말을 기록한 것이 아니라 대신 말한 것으로 후세의 소설이나 희곡에 나오는 대사나 독백과 크게 다르지 않다. 좌구명이 인물과 장소를 설정하여 성격과 신분에 맞게 목구멍과 혀에서 나오는 말처럼 적절히 꾸민 것이라 정말 그런 것처럼 생각하게 된다."

알고 보니 그랬다. 정말 그런 것처럼 생각하게 만드는 것이다. 이는 진실이 아니라 진실에 대한 상상이었던 것이다.

정말로 문제는 있었다. 자살 동기가 분명하지 않을 뿐만 아니라 그 자객이 대체 누구인지도 분명하게 밝혀지지 않았다. 『좌전』에서는 그를 '서예鉏麑'라고 불렀으나 『여씨춘추』에 이르러서는 이름이 '저미鉏麛'로 바뀐다. 또한 『설원說苑』에서

• "七月七日長生殿, 夜半無人私語時." 당唐나라 시인 백거이白居易의 명시 「장한가長恨歌」의 한 구절이다.

•• 1910~1998. 현대 중국의 작가이자 문학 연구자다. 대표작으로 소설 『포위된 도시圍城』와 문학이론서 『담예록談藝錄』 등이 있다.

는 '차지미且之彌'로 바뀌었다가 『고금인표古今人表』에서는 다시 '치미且彌'로 바뀐다. 한 사람이 서로 다른 네 개의 이름을 갖고 있다는 점은 무엇을 설명하는 것일까? 그가 누구인지, 어느 쪽 사람인지 정확히 파악하지 못했다는 것을 의미한다.

그리고 그 나라 승상의 저택에는 경비나 보안요원들도 없었단 말인가? 누구나 바람처럼 숨어 들어가 몰래 엿보고 고민하다가 자살까지 할 수 있단 말인가?

포리와 사관들은 창피해서 아무 말도 하지 못했다. 결국 똑똑한 사람 한 명이 나섰다.

"그럼 자금성은요? 자금성에는 CCTV가 아주 조밀하게 설치되어 있지 않나요? 어떻게 사람들이 그런 곳에 들어가 물건을 훔칠 수 있는 건가요?"

좋다. 기자는 이런 세부적이고 자질구레한 문제에 얽매이고 싶지 않았다. 그는 녹음기를 켰다.

"우리 개인적으로 얘기를 해봅시다. 절대로 보도하지 않을 것을 보증하겠습니다. 지금 우리가 얘기할 문제는 이겁니다. 그의 이름이 무엇이든 간에 이 사람이 존재했던 것은 분명한 사실입니다. 이 사람이 자객이었을까요? 아침 일찍 칼을 소지한 채 승상의 저택에서 사망했다는 것이 그가 자객이었음을 충분히 증명할 수 있을까요? 만일 이 남자가 칼을 소지하고 있지 않았다면, 그가 목표한 것은 승상 댁 아가씨가 아니었을까요?"

그러자 포리와 사관들이 전부 화를 냈다.

"그는 자객이에요. 국왕이 보낸 자라고요. 그때는 확신하지 못했지만 나중에 국왕 신변에 있는 사람이 증언을 했단 말이에요!"

기자는 음산하고 깜깜한 감옥과 매달아놓고 매질하기와 잠 안 재우기 등 갖가지 잔혹한 고문과 형벌의 방식들을 떠올려보았다. 2600년 전의 자백에 대해 그는 한 글자도 믿지 않았다. 하지만 그 뒤에 이어서 들려오는 일에 대해 흥미를 갖지 않을 수 없었다. 국왕 이고가 자신을 위해 곰 발바닥을 조리하던 셰프를 죽였다는 것이다.

이 일의 요점은 이미 앞서 설명한 것처럼 소년 범죄로서 과실이 살인에 이른 사례다. 게다가 이 아이는 아버지를 난처한 입장에 처하게 만들지도 않았다. 어려서부터 아버지가 없었기 때문이다. 어린 시절의 훈육이 결핍되다보니 그 죄를 논하면서 용서 여부를 따질 부분이 없어졌다. 여기까지 말하고 나니 갑자기 이틀 전에 한 여성분이 찾아왔던 일이 생각난다. 이 여성은 대화를 나누던 중 몹시 괴로운 일이 있는지 눈꼬리가 자꾸 위로 올라갔다. 자세히 물어보니 소중한 아들의 이름을 바꾸는 문제를 놓고 고민하고 있었다. 이제 네 살인 아이에게 어떤 이름을 지어주면 좋겠냐는 것이었다.

"또 이혼하려는 건가요? 아이가 엄마랑 살겠다고 하나요? 그렇다면 이름을 바꿀 필요가 없어요. 남편의 성을 쓰지 않으면 됩니다."

여성은 화를 내면서 말했다.

"이혼은 무슨 이혼이에요? 외할머니가 싫어해서 그러는 거라고요. 그저…… 그저……."

그 아이의 이름은 리톈이^{李天一}였다. 여성이 돌아가고 나서 인터넷에 들어가보니 정말로 리톈이라는 이름을 가진 사람이 적지 않았다.

우리 아들이 천하제일이라는 뜻이다.

2600년이라는 세월이 지나면서 인간 세상은 많이 달라졌다. 춘추시대에는 아이에게 이름을 지어줄 때, 아무리 왕공 귀족이라 해도 입에서 나오는 대로 대충 지었다. 천한 이름 일수록 더 잘 자란다는 속념도 있었다. 예컨대 주공周公의 후손이면 극도로 존귀한 존재였을 텐데 뜻밖에도 이름은 흑견 黑肩이었다. 이고의 아버지 이름은 중이重耳였다. 한쪽에 귀가 두 개라는 뜻이다. 양쪽을 합치면 네 개다. 크기가 얼마나 되는지는 알 수 없다. 조돈의 아버지는 이름이 조쇠趙衰다. 지금이라면 적어도 조강趙強이라고 지었을 것이다. 공자는 태산에 올라간 뒤로 천하를 작다고 여겼지만 공천일孔天一이라고 개명하지는 않았다. 사실 그의 이름 구丘는 작은 산으로 둘러싸인 지형을 의미한다. 하지만 이고라는 이름은 상당히 통속적이다. 이夷는 평평하게 한다는 뜻이고 고皋는 물가의 높은 땅을 말한다. 물가의 높은 땅을 평평하게 다지려면 흙을 파내고 땅을 깎아야 한다. 하지만 이고는 국왕이었다. 적어도 진나라의 천하에서는 그가 제일의 인물이었다. 그렇지 않았다면 그렇게 거친 성격을 갖지는 못했을 것이다. 이제 그는 화가 나서 사람을 죽였다. 고대에는 국왕이라는 직업이 살인면 허를 가진 도살자나 다름없었다. 사람을 죽이는 것이 정상이고 죽이지 않는 것이 비정상이었다. 그는 사람을 죽이고 나서 손을 휘저으며 끌어내라고 지시했다. 아무 일도 일어나지 않은 것 같았다. 진秦나라 국민은 이런 광경을 목격하면서 속으로 생각했다. '와, 시작됐다. 국왕이 사람을 죽였다.'

변변치 못했던 이 아이는 뜻밖에도 사람을 죽이고 나서 몹시 당황했고 죄책감을 느꼈다. 그에게 친아버지가 있었다면 그를 잘 훈육했을 것이고 숲속의 왕은 영원히 자신의 연약한 모습을 드러내지 않았을 것이다. 당황하지도 않았을 것이다. 국왕은 모든 것이 옳은 존재로 정해져 있기 때문이다. 그에게 있어서 가장 위험한 순간은 자신의 잘못을 인정하는 때다. 잘못을 인정하는 순간, 더 이상 완벽하지 않기 때문이다. 문제는 친아버지가 죽고 그의 신변에 조돈밖에 없었다는 것이다. 이고는 어려서부터 조돈이 자신에게 왕위를 줄 생각이 없었지만 엄마가 울고불고 난리 치는 바람에 물러섰다는 사실을 잘 알고 있었다. 이 아이의 문제는 오만과 방자함이 아니라 두려움과 원망이었다. 아이의 엄마가 그렇게 땅바닥에 쪼그려 앉아 울면서 불쌍한 고아와 과부를 구해달라고 하소연했지만 조돈은 눈과 귀를 닫아버렸다. 그의 마음은 까마귀보다 검었다. 아이 엄마가 하루 종일 울면서 하소연하는 동안 그는 얼굴 한 번 내비치지 않았다. 결국 그는 이 왕위를 거지를 쫓아내듯이 그에게 상으로 던져주었다!

깊은 궁궐 안에서 이 외로운 아이는 매일 조돈에 대한 원망과 원한을 곱씹었다. 그에게는 이 세상이 전부 조돈의 것으로 여겨졌다. 어쩌면 이 세상이 바로 조돈이고, 거대하며 깊이를 알 수 없이 흉악한 조돈이 하늘의 매처럼 이 어린 토끼를 지켜주고 있는 것인지도 모를 일이었다.

이제 이 불쌍한 토끼가 조리사를 죽였다. 조리사는 땅바닥에 쓰러져 처치 곤란한 물체로 변해버렸다. 그는 갑자기 자신이 살인보다 더 복잡한 문제에 직면해 있다는 사실을 의식했다.

아이는 조돈이 더더욱 미워졌다. 그가 엄숙하고 매서운 어투로 자신을 질책하는 모습을 상상할 수 있었다. 조돈의 존재가 국왕으로 하여금 자신은 그저 일개 사람, 사람을 죽인 사람이라는 사실을 인식하게 했다. 이고는 자신의 행위가 포악하고 어질지 못한 악행이라는 사실을 모르지 않았다. 때로는 멍청하고 아둔했기 때문에, 때로는 고아였기 때문에 그는 그것이 악이라는 사실을 알면서도 이런 악행을 세상에 대한 반항의 방식으로 삼았던 것이다.

갑자기 『조씨고아』의 다양하고 복잡한 판본들이 하나같이 그 안에 조씨 고아 외에 또 다른 고아가 한 명 있다는 사실을 인식하지 못했다는 생각이 든다. 다름 아니라 진晉 영공이고다. 한 세대 또 한 세대 이어지는 관객의 눈에 이 사람은 그저 근거 없는 악일 뿐이다. 깊이 탐구할 필요도 없고 퇴고할 필요도 없다. 중국의 관객은 악에 대해서는 전혀 호기심을 갖지 않는다. 중국인들은 심연 속의 인물에 대해서는 전혀 호기심을 갖지 않는다. 이것이 중국인의 한계다.

이제 이 작은 악인은 한 나라의 군주가 되었지만 보통 범죄자처럼 황급히 시신을 훼손하여 범죄의 흔적을 없애는 데 급급하다. 이 일을 조돈이 알면 안 되기 때문이다. 하지만 조돈이 어떻게 모를 수 있겠는가? 아이는 세상의 모든 사람이 눈을 부릅뜨고 자신을 주시하고 있는 것을 느꼈다. 춘추의 왕궁은 아주 깨끗하고 단정하여 뒷문이나 개구멍이 없었다. 시신을 내다 버리려면 정문을 통하는 수밖에 없었다. 게다가 때는 대낮이었고 조돈이 바로 앞 조당에서 정무를 보고 있었다. 어떻게 해야 할까?

그랬다. 자신을 깊은 심연을 향해 떨어뜨렸다. 그는 일반적인 국왕의 살인 사건을 사람들을 질겁하게 만드는 시신 훼손 사건으로 변질시켰다. 조리사는 광주리에 담겼다. 광주리는 작고 조리사는 뚱뚱했다. 조리용 칼이 조리사를 여러 조각으로 분해했다. 그런 다음, 나이 든 아줌마 몇몇이 무거운 광주리를 머리에 이고 밖으로 나갔다.

조돈은 마침 마당에 서 있었다. 물론 그는 그 수상한 광주리를 보았다. 정확히 말하자면, 광주리 밖으로 삐져나온 억울한 손을 보았던 것이다. 무척이나 통통한 손이었다.

진상은 너무나 분명했다. 고문을 통해 자백을 강요할 필요도 없었다. 나이 든 아줌마들은 아이와 조돈 둘 중에 누가 더 높은지 잘 알고 있었다.

이 아이를 통제하고 교도하지 않으면 안 되는 상황이었다. 조돈의 얼굴이 검게 변하더니 걸음을 옮겨 안으로 들어가려는 순간, 누군가 그의 팔을 잡아끌었다.

"지금 가서 간권諫勸해봤자 아무 소용도 없을 것입니다."

"그럼 이제 어떻게 해야 한단 말이오?"

"차라리 제가 가겠습니다. 제가 말했는데 듣지 않는다면 그때 나서십시오."

물론 대단히 지혜로운 처사였다. 돌이킬 수 없는 정치적 교착상태를 피할 수 있는 조치였다.

자진해서 앞에 나선 대신이 아이에게 다가가기도 전에 아이가 울면서 말했다.

"내가 잘못했다는 걸 잘 알고 있으니 고치도록 하겠소."[99]

이는 사관이 기록한 원문 그대로다. 나는 이 아이의 말이 거짓말은 아니었다고 생각한다. 아이는 확실히 자신의 잘못을 알고 있었다. 하지만 잘못을 아는 것과 이를 고치는 것은 별개의 일이다. 고치지 못할 것이 뻔했다.

그 대신은 아이에게 무슨 말을 했을까? 이때 그는 아이가 스스로 화禍를 향해 뛰어 들어갔다는 점을 생각해야 했다. 아버지처럼 아이를 교도하는 수밖에 없었다.

"어느 누구에게 잘못이 없겠습니까. 잘못이 있어 고칠 수 있다면 이보다 큰 선함은 없을 것입니다. 『시경』에서도 '처음에는 누구나 다 잘하지만 끝까지 잘하는 사람은 드물다'고 하지 않았습니까? 잘못을 저지르고 고칠 줄 아는 사람은 드묶니다. 군왕께서 처음과 끝을 잘 마무리하신다면 국가 사직이 공고해질 것입니다."[100]

꼰대들이 노상 하는 말이다. 잘못을 고치면 좋다는 말이다. 모든 것을 다시 시작할 수 있는 것 같다. 하지만 동시에 "처음에는 누구나 다 잘하지만 끝까지 잘하는 사람은 드물다"라는 말은 인성과 인생, 정치에 대한 고인들의 비관적 인식을 담고 있다. 모든 것이 처음에는 아주 좋다. 하지만 모든 것이 초목처럼 쇠퇴하도록 운명으로 결정되어 있다.

이처럼 정확하지만 모순된 말의 의미를 지금 이 아이는 듣고도 실감하지 못한다. 눈앞에 적어도 두 가지 사례가 있다. 정치 교육과 인성 교육이 완전히 무효하다는 것이다. 이고는 잘못을 인정했지만 그 뒤로도 끊임없이 잘못을 저지른다. 잘못된 사례가 너무 많다보니 아문의 젊은 관리들은 닭털이나 마늘 껍질처럼 사소한 일들은 문제 삼지 않고 그냥 넘어갔고, 사관들도 자세히 기록하지 않았다. 요컨대 결국 조돈이 나서서 취간驟諫을 하게 되었다. '취간'이라는 것은 얼굴 표정을 바꾸면서 거친 언사로 질책하듯이 간언하는 것을 말한다. 군주와 신하 사이에 얼굴을 붉힌다는 것은 손에 든 패를 까고 결판을 내는 것을 의미했다.

이어서 앞서 말한 홰나무 자객 사건이 발생한다.

그 사람이 자객이라 해도 그를 이고가 보냈다는 어떠한 증거나 표시도 없다. 하지만 대중은 신속하게 판단을 내렸다.

"이 폭군이 뜻밖에도 이처럼 비열한 수단으로 충성스럽고 선량한 사람을 잔인하게 해쳤구나!" 지금 공연되는 것은 '공개적으로 선양된 살해 모의 사건'이다. 진나라 위아래 모든 사람이 그다음 얘기를 기다렸다. 일이 방금 시작됐으니 이렇게 끝나지는 않을 것이다.

이해 9월, 이고는 조돈을 연회에 초청했다. 좋은 연회가 아니었다. 군사가 매복되어 있었다. 자고로 누군가를 식사에 초대하는 것은 일종의 정치다. 두 마리 맹수가 한 여물통에 담긴 음식을 먹는 것보다 더 효과적으로 신임과 화해를 드러낼 수 있는 방법이 있을까? 작은 일은 크게 처리하고 큰일은 작게 처리하다보면 세상의 모든 일이 주고받는 술잔 속에서 다 제자리를 찾기 마련이다. 물론 술 몇 잔 더 마셨다가 강산을 잃고 목숨도 잃는 재수없는 사나이들도 시대마다 있었다. 이제 조돈과 이고 두 사람이 궁전에 신발을 벗고 앉았다. 한 잔, 두 잔, 세 잔, 네 잔째 마셨을 때, 궁전 계단 앞에 서 있던 시위 제미명提彌明이 갑자기 불길한 낌새를 눈치채고는 큰소리로 외쳤다.

"배불리 드셨으면 어서 가시지요! 술은 그만 드시고요!"

조돈은 신발도 제대로 신지 못하고 맨발로 뛰기 시작했다. 이때 커다란 개 한 마리가 으르렁대면서 나타났다. 「공양전」의 기록에 따르면 이 개는 '주구周狗'라고 불렸다. 옛 서주西周 땅에서 온 개였다. 후대 사람들이 말하는 티베트 개였다. 이 '홍문연'은 기본적으로 케케묵은 항우와 유방의 전고를 재현한 것이었지만 여기서 등장하는 티베트 개는 신선한 이미지였다. 이것이 바로 이고가 벌인 일이었다. 새총을 쏘던 그 소년은 거대한 개를 키우고 있었고, 개가 자신의 사냥물을 물어 죽이기를 갈망하고 있었다. 청춘의 피가 사악한 방식으로 끓어오르고 있었다.

"물어! 어서 목을 물어서 숨을 끊어버려라!"

하지만 제미명이 그 자리에 있었다. 장사는 목숨을 바쳐 주인을 지키면서 티베트 개의 공격을 막았다.

사전에 매복하고 있던 갑사들이 창을 들고 튀어나왔다. 조돈은 싸우면서 도망쳤다. 이때 그의 신변에는 다른 시위들이 없었고 게다가 그는 맨발이었다. 신발을 신은 사람을 이기는 것이 불가능했던 그는 충신이 충혼忠魂으로 변하는 모습을 눈 뜨고 봐야 했다.

바로 이때, 누군가 '창을 거꾸로 들었다'. 갑사들 가운데 한 명이 갑자기 앞으로 나서더니 몸을 돌려 다른 갑사들을 막아선 것이다.

저쪽에서는 제미명이 티베트 개의 목을 벴다. 물론 그의 목도 티베트 개에게 물렸다.

조돈은 다행히 화를 면했다.

이쯤 되자 조돈은 아무런 부담 없이 영공을 죽이라는 명령을 내릴 수 있었다. 하지만 그는 그렇게 하지 않고 짐을 챙겨 아내와 아이들을 데리고 도망쳤다. 다른 나라로 망명할 생각이었다. 망명을 택한 것은 죽음이 두려워서가 아니라 일종의 윤리적 선택이었다. 조돈은 사서에 남을 자신이 충신이기를 바랐다. 물론 그는 목을 내밀고 죽음을 기다릴 정도로 어리석지는 않았다. 그저 후세 사람들에게 '군주를 시해한 자'로 기억되는 것을 원하지 않았다. 사람들이 자신의 충성심에 야심의 구멍을 파는 것을 원치 않았다.

나중에 그의 동생 조천이 이고를 죽였다. 무서운 호랑이처럼 군왕의 목을 벴다. 추호의 두려움도 없고 망설임도 없었다. 이 사건이 사서에는 겨우 열 자로 기록되어 있다.

"을축년에 조천이 영공을 도원에서 살해했다."[101]

이때 조돈은 아직 국경을 넘지 않은 상태였으니 당연히 수레를 돌려 다시 정권을 잡았다.

사실 이 사건의 과정 전체를 되돌아보면 의문점이 많이 남아 있다. 이고는 아이였지만 조돈은 아이가 아니었는데도 군신관계가 극도로 긴장되어 있었다. 이고의 의도가 공개적인 음모인 상황에서 조돈은 시위 한 명만 데리고 연회에 참석했다. 그가 어떻게 이처럼 경솔할 수 있었을까? 좋다. 조돈은 이고를 위에서 아래를 내려다보는 식으로 경시했을 가능성이 아주 크다. 그는 이 아이가 뭔가 대단한 재주를 부릴 거라고는 믿지 않았다. 하지만 그가 화를 면한 것은 너무나 우연적이었다. 지나친 행운이었던 것이다. 제미명이 티베트 개를 막아낸 것은 이상한 일이 아니다. 하지만 아무리 그렇다 해도 조돈이 갑사들의 포위를 뚫었다는 것은 개연성이 떨어지는 일이다. 갑사 중에서 한 사람이 나서 그를 보호해주었다는 것은 너무나 공교로운 일이 아닐 수 없다.

결정적인 순간에 나서서 역사에 간여했던 이 작은 인물의 이름은 영첩靈輒으로 여러 해 전에 조돈에게서 큰 은덕을 받은 적이 있다고 한다.『좌전』은 이와 관련된 이야기를 상세히 기록하고 있다. 사관들은 이 이야기를 꼭 해야 한다고 생각했던 것이 분명하다. 그렇지 않다면 사건 전체가 인지상정에 맞지 않기 때문이다. 또한 동시에 이 이야기는 조돈이 얼마나 현명했는지를 잘 말해줄 뿐만 아니라 더 나아가 두 사람의 투쟁이 정의와 사악함의 투쟁이었음을 증명해준다. 영첩은 일찍이 조돈으로부터 은덕을 입은 바 있다. 그렇다면 그는 모살의 음모를 언제 알았던 것일까? 설마 앞으로 나서던 그 순간에 바로 그날 이고가 조돈을 죽이려 한다는 것을 알았을까? 그게 아니라 하루 전에 이미 모살의 계획을 알았다면, 혹은 한 시간 전에 알았다면 왜 미리 알려주지 않았던 것일까? 한 사람의 힘으로 결정적인 순간에 창을 거꾸로 든다는 것은 몹시 위험하고 시간상으로도 너무 늦은 행동이 아닐까? 제미명은 진나라의 유명한 역사力士로서 목숨을 걸고 개의 공격을 막아냈다. 그리고 이 영첩이란 인물은 뜻밖에도 혼자 여러 사람을 대적했으나 갑자기 사라져버려 종적을 찾을 수 없었다. 종적을 알 수 없다면 이 인물의 존재와 이야기에는 단 한 가지 근거만 남게 된다. 다름 아니라 조돈의 서술이다.『좌전』의 기록에 따르면 그렇게 다급하고 위태로운 순간에도 조돈은 황급히 도망치지 않고 이것저것 자세히 캐물었다고 한다.

"왜 날 구해주는 건가? 그대의 이름은 무엇이고 어디에 사는가?"

이는 너무 침착한 태도가 아닐까? 그때 그 갑사들은 대체 뭘 하고 있었던 것일까? 칼과 창을 든 채로 모든 동작을 멈추고 조돈과 영첩의 일문일답을 경청했던 것일까?

이 영첩이란 인물은 정말로 존재했던 것일까? 그 갑사들은 정말로 이고에게서 명령을 받은 것일까? 대권을 장악한 조돈에게 가장 중요한 권력은 궁정의 금위禁衛에 관한 권력이 아니었을까? 이고는 조돈의 감시하에서 어떻게 자신을 위해 목숨을 바칠 수 있는 호위 부대를 모을 수 있었을까?

다시 앞으로 돌아가보자. 홰나무에 머리를 박은 그 의심스러운 자객은 정말로 존재했던 것일까?

나는 이런 질문을 던지는 나 자신이 꼭 기자 같다고 생각한다. 나는 곧 기사를 한 편 쓸 것이다. 나는 무척이나 흥분한 상태로 진상을 추적하고 있다. 진상은 곧 진리다. 하지만 진리가 똥 밑에 있으면 똥이 된다. 사람들의 우상, 조돈이라는 인물은 온갖 궁리를 다해 연극 한 마당을 연출했다. 이 연극에서 유일한 의외의 가능성은 그 티베트 개다. 조돈은 예술의 대가로서 하늘을 가리고 바다를 건너는 속임수로 이고를 속이고 그 시대 사람들과 후대 사람들을 속였다. 드라마틱한 스토리에 탐닉하는 사관들도 속였다. 그는 아주 대단한 인물이었다. 그래서 이 글의 제목은 「대단한 남자」다. 이 남자는 광명정대하게 이고를 체포하여 심문해야 했다. 그리고 이를 통해 중국과 세계의 법치와 민주정치를 위한 빛나는 선례를 남겼어야 했다.

나도 이 이야기에 감동했다. 나는 나 자신이 너무 쉽게 감동한다는 것을 잘 안다. 그리고 그런 나의 성향을 좋아한다.

하지만 조돈에게는 정말로 외나무다리밖에 갈 길이 없었을 가능성이 크다. 정말로 내 바람대로 그는 시대의 기본적인 윤리를 위배함으로써 후세에 간신의 이미지를 남겼다. 물론 『춘추』라는 책에서는 군주를 시해하고 아비를 시해하는 일이 일상다반사였다. 수많은 사람이 망설임 없이 그런 행위를 감행했다. 아무런 심리적 장애도 없었고 그를 위군자僞君子라고 욕하는 사람도 없었다. 하지만 조돈은 자신에 대해 일정한 요구를 가진 인물이었다. 자신에게 권력과 성공을 요구했을 뿐만 아니라 개인과 국가의 정당한 가치를 추구했다. 그는 자신과 동시대 사람들이 선이라고 생각하는 길을 가고자 했다. 그렇다면 그가 어떻게 하는 것이 옳았을까? 간신이 되거나 열사가 되는 것 외에 다른 길은 없었을까?

음모에는 상상력이 필요하다. 인간의 도덕적 생활에도 상상력이 필요하다. 조돈은 길이 끝나는 지점에 다리를 하나 만들려 했다.

춘추시대 사람들은 오늘날의 우리처럼 역사와 생활이 부여하는 조건에 아주 깊이 제한을 받았다. 자신의 신념을 말하지 못하고 좋은 신념을 가지고 행동에 옮겼을 때, 그들은 부득이하게 넓은 진흙탕을 넘게 된다. 공자가 위대한 것은 집정의 기회가 없었던 덕분이라 할 수 있다. 이는 무척이나 다행스러운 일이기도 했다. 그렇지 않았다면 그가 성인이 되지 못했을지도 모른다는 회의감을 떨칠 수 없다. 사람이 침대에 누워 있을 때는 그림자가 없지만 일어나서 어떤 행동을 하게 되면 아무리 그가 광명을 추구한다 해도 필연적으로 어두운 그림자를 남기게 된다. 어느 날 밤 조돈이 마침내 불의한 폭군이 징벌을 받게 해야겠다는 결심을 했다고 가정해보자. 그가 이 일로 인해 깊이 심사숙고한 끝에 스스로 복잡한 연극을 연기하고 감독까지 맡았다고 가정해보자. 그리고 우리의 이러한 가설이 전부 진실이었다고 가정해보자. 설마 그가 자신이 처한 조건에서 정의를 실현하기 위해 최선의 노력을 다하지 않았을까?

누군가 즉시 내게 이것이 목적의 정당성을 수단으로 하는 정당하지 못한 해명이라고 일깨워줄 것이다. 수단이 정당하지 못한 목적 역시 정당할 수 없을 것이다. 이렇게 일침을 놓는 사람들은 정말로 지면紙面에서만 살고 있기 때문에 세상사의 어려움을 모른다. 문제는 우리가 필요로 하는 것이 조금씩 상대적으로 나아지는 세상인가 아니면 나쁜 세상 속의 죽은 성인인가 하는 점이다. 어쩌면 우리는 정말로 그런 세상이 있다고 믿고 있는 것인지도 모른다. 그곳에서는 모든 정당한 목적이 완벽하고 부드럽게 정당한 수단과 결합될까? 그렇게 완벽한 세상만 믿다보면 우리가 살고 있는 세상에서의 사유와 행동의 능력을 상실하게 되는 것은 아닐까? 실제로 선하고 아름다운 생활의 가능성을 단절시키게 되는 것은 아닐까? 설사 많은 곡절이 있다 하더라도, 눈처럼 하얀 옷이 더러워진다 하더라도 우리는 어려운 조건하에서 정의를 향해 나아가야 할 것이다.

물론 사태의 위험은 사실 우리 내면에 어떤 것들이 감춰져 있는지, 그것들이 우리를 어디로 인도해갈 것인지 단언할 수 없다는 데에 있다. 우리는 수단이 어떨 때, 어떤 현장에서 정당한 목적을 잠식하고 파괴하는지 알지 못한다. 인간은 외나무다리 위에 있다. 피안은 아득히 멀기만 한데 발밑은 깊은 어둠이다.

27. 대중목욕탕에서 싹튼
유혈 사건

국왕이 된다는 것은 무한히 즐거운快樂 일이다. 하지만 즐거움樂은 빠르고快, 빨라야만 즐거울 수 있다. 어떤 일들은 반드시 빨라야 하고 기회를 타야 한다. 그래서 한漢 고조 유방劉邦은 초조하고 다급하게 기의하자마자 고향을 향해 달려갔다. 가서 과거에 닭이나 개를 훔치는 도둑질에 한데 어울렸던 형제들을 전부 불러내 한 차례 실컷 먹고 마셨다. 물론 그가 먹고 마시기 위해 사람들을 부른 것은 아니었다. 그는 과거 형제들의 부끄럽고 황공해하는 얼굴을 살펴보면서 이를 무척이나 즐거운 일로 여겼다.

이른바 부귀해졌으면서도 고향으로 돌아가지 않는 것은 금의야행錦衣夜行과 다르지 않다. 우리는 조금만 성공해도 황급히 고향의 시골 마을이나 모교로 돌아가곤 한다. 사실 이는 유방의 경우와 다르지 않다. 냄새나는 발을 친구나 배우자의 얼굴에 들이미는 것에 지나지 않는다.

　황제 유방은 일세의 영웅이었다. 술에 취하면 「대풍가大風歌」를 지어 강개한 비탄을 토했고 형편없는 속됨 속에서도 격조를 찾아내곤 했다. 춘추시대 제齊나라에 이에 비견할 만한 군주가 한 명 있었다. 시호가 의공懿公으로 천자의 자리에 오르자 쾌재를 불렀지만 일처리는 아주 엉망이었던 인물이다. 그는 과거에 싸움 대상이었던 상대를 무덤에서 파내 '다리를 잘랐다'. 이런 보복은 사람들의 손가락질을 유발했다. 원한을 맺게 된 것은 당시의 몰이사냥이 원인이었다. 화살을 맞은 토끼나 멧돼지를 상대방이 가로채 달아나버린 것이다. 의공의 생각은 이런 것이었다. 네가 그때 아주 빨리 달아나지 않았더냐? 지금도 그렇게 빨리 달아나는지 한번 보자!

　사실은 조금 느리게 달렸다면 조금 늦게 죽을 수 있었을 것이고 국왕이 된 의공이 지나간 마음의 부채를 다시 꺼낼 필요도 없었을 것이다. 하지만 이 주군은 세상 돌아가는 이치를 잘 따지지 않는 사람이었다. 그는 국왕이 된 주요 즐거움이 바로 이치를 따지지 않는 것이라고 생각했다. 그래서 곧이어 이치를 무시하는 일을 했다. 그는 병융丙戎이라는 이름을 가진 젊은이에게 자신의 마차를 끄는 차부로 일하게 했다. 자신이 무덤에서 꺼내 다리를 부러뜨린 과거 싸움 상대의 아들이었다. 의공의 생각이 무엇인지는 겉으로 드러나지 않았다. 그런데 이 병융이라는 사람은 어떤 반응을 보였을까? 거절했을까? 아니면 이런 제안을 수용하고 몸을 낮춰 인내심을 갖고 일하면서 복수할 기회를 기다렸을까?

우리가 확인할 수 있는 것은 병융이 기꺼이 이런 명령을 받아들였고, 이때부터 근면하고 성실하게 약간의 호가호위狐假虎威를 하면서 즐거운 차부가 되었다는 사실이다.

이렇게 모든 것이 평안하고 무사했다. 그러다가 병융은 용직庸職이라는 사람을 알게 되었다. 이 용직이라는 인물도 내력이 평범하지 않았다. 뛰어난 미녀였던 그의 아내는 어떻게 된 일인지 모르지만 의공의 눈에 띄게 되었다. 앞서 말했듯이 의공은 세상 돌아가는 이치를 따지지 않는 사람이라 미녀를 강제로 입궁시켜버렸다. 그런 다음 미녀의 남편에게 한 가지 일자리를 마련해주었다. 자신의 '참승驂乘'을 맡게 한 것이다 다시 말해서 거마를 함께 타고 다니는 시종이 되게 한 것이다.

사정은 아주 명확했다. 의공이 타는 마차는 대단히 위험한 수레였다. 하지만 현대인의 관점에서 보자면 사실은 꼭 그렇지만도 않았다. 아주 오랜 시간이 지나도록 병융과 용직은 마음속에 다른 뜻을 품은 흔적이 없었다. 그들은 이미 아버지와 아내를 잊은 것 같았다. 어차피 국왕은 하나밖에 없었고 국왕의 차부와 참승도 그들 두 사람밖에 없었다. 생활은 아름답고 즐겁기만 했다.

그러던 어느 날, 의공은 교외의 이궁離宮으로 행차하려 했다. 당연히 이 두 사람이 그를 수행해야 했다. 그런데 의공은 정원에서 즐거운 시간을 보내기 위해 용직의 전처를 데리고 가고 싶었다. 결국 차부와 참승이 없는 행차가 되었다. 병융과 용직은 모처럼의 휴가를 현대의 레저 방식으로 보내기로 했다. 함께 대중목욕탕에 간 것이다. 두 사람은 아주 즐겁게 농담을 주고받으며 서로 가볍게 치고받는 장난을 했다. 하지만 농담이 선을 넘고 말았다. 치고받는 손발에 힘이 들어가기 시작했다. 두 사람은 정색을 했고 용직이 먼저 욕을 했다.

"야, 이 다리 부러진 놈의 자식아!"

이 소리에 화가 난 병융이 큰소리로 비아냥거렸다.

"마누라를 빼앗긴 놈 주제에!"

며칠이 지나 의공은 마차를 타고 죽림으로 산책을 가게 되었다. 죽림 깊은 곳에 이르자 병융과 용직은 미리 준비해 간 칼을 꺼냈다. 국왕은 그렇게 목숨을 잃었다.

얼핏 듣기에는 복수에 관한 이야기 같다. 하지만 이 이야기 속에 담긴 한 가지 문제가 사람들을 몹시 곤혹스럽게 만든다. 그들이 왜 그렇게 오래 기다렸는가 하는 것이다. 그들은 또 햄릿이 아니었기 때문에 사느냐 죽느냐 하는 문제로 여러 해를 고민하지 않았을 것이다. 주인에게 붙어다니는 시종으로서 그들에게는 무수한 복수의 기회가 있었을 것이다.

사마천의 눈매는 매서웠다. 그는 이 유혈 사건이 완전히 의외였다고 단언한다. 모든 것이 두 사람이 서로에게 했던 그 욕 때문이라는 것이다.

"야, 이 다리 부러진 놈의 자식아!"

"마누라를 빼앗긴 놈 주제에!"

다시 말해 그날 두 사람이 대중목욕탕에 가지 않았다면, 목욕탕에서 다투지 않았다면, 싸우다가 그런 욕을 하지 않았다면, 그들은 몸을 깨끗이 씻고 어린아이들처럼 평온하게 잠을 잤을 것이고, 이튿날 잠에서 깨 여전히 충실한 종복이 되었을 것이다. 하지만 대중목욕탕 안에서 유혈 사건의 싹이 트고 말았다. 두 사람은 팔을 걷어붙이고 꼴이 아니게 방종했다. 상대방의 코에 삿대질하면서 언성을 높였고 주먹질로 얼굴과 체면을 한꺼번에 망가뜨렸다. 그들에게는 다른 선택지가 없었다.

사실 다른 선택지가 없었던 것도 아니다. 예컨대 가서 원수를 죽일 것이 아니라 상대방을 죽일 수도 있었다. 아니면 병융이 아문에 가서 용직이 자신을 비방했다고 고소장을 제출할 수도 있었다. 하지만 이는 사후에 다른 사람들이 생각해낸 방법들이다. 춘추시대 사람들은 아직 이처럼 복잡하게 진화하지 못했다.

세상의 이치를 따지지 않는 그 의공이란 인물도 하나의 수수께끼다. 한 나라의 군주는 수천수만의 사람 중에서 종복을 선발하는데 그는 병융과 용직을 선택했다. 그는 도대체 대지大智였던 것일까 아니면 대우大愚였던 것일까? 의공이 수치를 모르는 소인배였던 것은 분명하지만 그렇다고 어리석지는 않았다. 그는 제齊 환공桓公 사후 여러 해 동안 잔인하고 피비린내 나는 시기에 왕위에 올랐다. 그는 인성의 필연적인

어둠과 그늘을 통찰했다. 나는 그가 가슴 가득 경멸의 감정
을 품고 도박을 했다고 믿는다.

"괜찮다. 과인은 과인의 신민을 이해한다."

그는 원래 이 도박에서 이길 수 있었다. 대중목욕탕만 없
었다면 이겼을 것이다.

28. 마구 움직이는 식지

그날을 얘기하자면 천하가 태평했다고 할 수 있다. 바람은 부드러웠고 해는 아름다웠다. 자공子貢은 마당에 서서 전갈을 기다리고 있었다. 갑자기 하늘에 검은 새가 한 마리 날아왔다. 땅에서는 자공의 식지가 갑자기 경련을 일으키면서 통제할 수 없는 상태가 되었다. 물론 빨리 병원에 가야 했다. 하지만 춘추시대의 자공은 갑자기 경련을 일으킨 손가락을 바라보면서 남몰래 속으로 웃었다. 사람들이 물었다.

"왜 웃는 겁니까?"

자공이 말했다.

"식지가 뛰면 맛있는 음식이 찾아오거든요. 뛸 때마다 어김없이 반응이 있었어요. 못 믿겠으면 기다렸다가 한번 보세요."

금세 많은 사람이 구경하기 위해 모여들어 전殿 안으로 들어섰다. 자공은 갑자기 놀라 소리를 지르고 말았다.

"과연!"

정鄭나라 국왕 영공靈公이 전 위에 단정하게 앉아 있고 그 앞에는 커다란 정鼎*이 하나 놓여 있었다. 그리고 자라탕 한 솥이 불 위에서 끓고 있었다! 자라탕은 그렇게 놀랄 만한 음식이 아니었다. 하지만 춘추시대에는 인간의 혀가 지금처럼 지구의 모든 미식을 석권하려 하진 않았다. 미식을 즐기는 식객들도 사방 100리 안에 있는 동물이나 식물로 만든 음식만 먹을 수 있을 뿐이었다. 게다가 이 커다란 자라는 초나라에서 온 것이었다.

영공이 자라탕이 끓고 있는 솥 앞에서 고개를 돌리면서 물었다.

"'과果'는 무엇이고 '연然'은 또 무엇인가?"

자라탕 때문에 특별히 흥분한 자공이 하늘이 특별히 내려준 식지를 들어올리면서 상세하게 설명했다.

"저의 이 손가락은 촉각과 미각과 후각을 겸비하고 있습니다. 게다가 맛있는 냄새를 맡으면 마구 움직이지요."

이런 얘기를 듣고 영공의 태도가 다소 부드러워졌다. 어떻게든 한 국자 떠서 그에게 맛을 보게 해주고 싶었다. 하지만 영공은 음식을 지키고 있던 터라 자공의 얘기를 들을수록 긴

● 고대 중국에서 음식을 익히는 데 사용하던 발이 셋이고 귀가 둘 달린 커다란 솥.

장이 되기도 했다. 그는 아예 화두를 이어받지 않고 한 그릇
또 한 그릇 자라탕을 먹는 데에만 집중하기로 했다.

자공이 간절한 눈빛으로 자라탕이 담긴 솥을 바라보고 있
고 그의 식지가 날아갈 것처럼 마구 뛰고 있는 광경을 상상
해보라. 마침내 그의 눈앞이 완전히 캄캄해졌다. 자신이 무
슨 짓을 하고 있는지조차 알 수 없었다. 어차피 다른 사람들
이 눈을 크게 뜨고 보고 있었다.

이 대신이 갑자기 달려들어 식지를 솥 안에 담그더니 입
으로 손가락을 빨면서 몸을 돌려 날 듯이 달아나는 것이었
다…….

장엄한 역사책에서 이 과정의 묘사는 일곱 자에 불과하다.
"손가락을 솥에 넣어 맛을 보고 나갔다."[102]

대로한 영공이 당장 명령을 내려 그를 다시 잡아다 잘라
버리라고 했다. 손가락을 자르라는 것이 아니라 목을 자르라
는 것이었다. 자공은 어떻게 되었을까? 1리 정도 도망가다가
손가락을 빨아 잠시 맛을 보고는 다른 생각을 갖게 되었다.

"내가 먼저 너를 죽여야겠어. 그러면 적어도 맛있는 자라
탕 한 솥을 손에 넣을 수 있을 테니까 말이야."

그리하여 영공이 보낸 사람들이 그를 죽이기 전에 그는
이미 몸을 돌려 영공을 죽이러 가고 있었다.

국왕을 죽인다. 후세 중국인들은 이 일을 생각할 때마다
놀라서 혈관이 폭발할 것 같으리라. 하지만 춘추시대에는 불
쌍한 국왕들이 자주 병아리처럼 살해당하곤 했다. 그 이유는

무엇일까? 대부분 약간의 도리가 부족했기 때문이다. 정나라 영공은 '참언讒言' 때문에 죽었지만 『좌전』을 읽어보면 어떤 국왕들은 더 우습게 죽었다는 것을 알 수 있다.

그 멀고 먼 춘추시대에는 화하華夏의 대지 도처에 거칠고 혈기왕성한 호걸들이 두루 흩어져 있어 툭 하면 크고 날카로운 이빨과 발톱을 드러내고 간과 뇌가 흙에 범벅이 되도록 싸웠던 것 같다. 춘추시대에 태어나 주군이 된다는 것은 대단히 위험한 직업을 갖게 되는 것임에 틀림없었다. 국왕들이 항상 혼자 식사를 하는 것도 수명을 단축시키는 원인이 됐을 것이고, 어떤 개인을 비판하고자 해도 항상 주변에 시위侍衛가 많지 않은지 살펴야 했다. 그러지 않으면 시위 가운데 일부가 당장 정색하면서 달려들어 그의 머리를 깨부술 수도 있기 때문이다. 그 시대에는 호메로스의 서사시 같은 장엄함, 광막함과 함께 거친 기질이 상존했다. 사람들은 모두 거대한 괴수이거나 거대한 신이었다. 그들의 중상모략과 탐욕, 질투, 분노와 원한, 허영심을 포함한 욕망과 감정들이 하늘처럼 넓고 땅처럼 거대한 일들을 만들어냈다. 『일리아드』와 다르지 않았다. 바다를 건너 싸우는 거대한 전쟁도 누군가 남의 마누라를 빼앗아갔기 때문에 일어난 것이었다.

나는 그 시대가 행복했는지 불행했는지 감히 단정하지 못한다. 하지만 그 시대가 무척 귀여웠다는 생각이 든다. 그 시대는 우리의 유년처럼 오래 기억되고 있고 입에서 입으로 널리 유전되고 있다. 하지만 사실 춘추시대는 우리 마음속에서 어지럽고 흐릿한 한 덩어리의 그림자에 지나지 않는다. 누군가 우리의 기억을 제거하여 그 떠들썩하고 장난기로 가득했던 유년을 잊어버리게 한 것처럼 춘추도 흐릿하게만 기억되는 것이다.

그 사람은 어쩌면 우리의 스승인 공자일 수도 있을 것이다. 춘추시대에 유일하게 좋은 성격을 가졌던 사람은 아마도 공자 선생님일 것이기 때문이다. 그는 강도들의 소굴에 떨어진 서생처럼 노파심으로 모두 야만과 불같은 기질에서 벗어나 모든 일에 있어서 규범을 지키고 도리를 중시하도록 가르치고 유도했다. 물론 그 결과는 아무런 효과도 없는 것으로 나타났다.

공자는 화가 나서 『춘추』라는 책을 쓰는 수밖에 없었다. 사람들의 어수선한 이야기를 써내 사람들이 수치심을 느끼는지 못 느끼는지 보려 했던 것이다. 전해지는 바에 따르면 모두 수치심을 느끼며 부끄러워했다고 한다. "공자가 『춘추』를 쓴 뒤로 난신과 도적들이 두려워하게 되었다"[103]는 기록이 이를 방증해준다. 하지만 나는 이 말이 지식인들의 거짓말일지도 모른다는 의심이 든다. 주로 자신들의 손에 들고 있는 붓이 얼마나 신기한지 강조하고 과장하기 위해 거짓말을 했을 것이다.

물론 붓은 중요하다. 상앙과 이사, 한비의 붓도 차가운 빛이 번득이는 예리한 기물이었다. 하지만 진시황은 이 예리한 붓들을 전부 병마용의 검으로 변화시켜버렸다. 아이들이 말을 듣지 않으면 매섭게 매질해서 정리해버렸다. 이때부터 사람들은 마침내 이 세상에서 말을 하면서 최고 권력자에게 복종하지 않으면 안 된다는 사실을 알게 되었다. 이어서 한 무제의 시대가 되었다. 그는 말로는 오로지 유가의 학술만 추존한다고 했지만 실제로는 왕도王道와 패도覇道를 뒤섞어 펼쳤다. 더 정교하고 세밀하게 정리한 것이다. 그 아이들도 이제 다 커서 도를 깨닫고 규범을 이해하게 되었다. 황상에게 악담과 욕설을 들으면 머리를 땅에 대고 절을 올려야 한다는 것을 알았고 『춘추』에 대해 언급할 때면 얼굴에 부끄러움과 회한이 가득했다. 아이들이 오줌 싸는 일 따위는 거론할 필요가 없었다. 이렇게 안온한 세월은 유유하게 명 왕조까지 흘러왔다. 황제는 대대로 광적인 가학증 환자였고 툭하면 대신들을 끌어내 군중 앞에서 곤장을 쳤다. 그런 대신들의 얼굴을 자세히 살펴보면 행복의 미소가 걸려 있었다……

29. 기둥을 끌어안고
사랑의 노래를 부르다

그날 하루도 천하가 태평했다. 봄이라 경치는 따스하고 밝았다. 제^齊나라 국왕 경공^{頃公}은 외국의 사신을 맞고 관례대로 공무를 진행했다. 따를 만한 일정한 규정이 있는 터라 이치에 따르기만 하면 뜻밖의 일은 발생하지 않을 것이었다. 몹시도 한가했던 경공의 어머니가 갑자기 허둥대며 지붕에 올라가 먼 밖을 바라보려 했다. 사실 전부 검은 머리에 누런 피부인데 뭐 볼 것이 있었겠는가? 하지만 이번에는 상당히 공교로웠다. 진^晉나라의 사자 극극^{郤克}은 곱사등이였고 "노^魯나라 사자는 절름발이, 위^衛나라 사자는 외눈박이였다".[104] 의전실에서는 왕의 어머니에게 특별한 즐거움을 제공하기 위해 사람들에게 곱사등이와 절름발이, 외눈박이 흉내를 내면서 이 세 사신을 조정으로 안내하게 했다. 정말로 국왕의 어머

니는 시종 미소를 지었고 좌우의 부인네와 시녀들도 덩달아
웃음을 터뜨렸다. 일시에 꽃가지가 걷잡을 수 없이 떨리고
꾀꼬리 무리가 미친 듯이 날면서 세 사신을 웃음거리로 만들
었다. 동시에 세 사신은 살인을 예고하는 세 자루의 칼이 되
었다.

성질이 사악하고 저열한 사람에게는 후과가 심각할 수밖
에 없었다. 노나라와 위나라는 둘 다 소국이고 제나라는 슈
퍼 대국인 터라 세 사신은 터져나오는 분노의 소리를 삼키며
참는 수밖에 없었다. 성질이 포악한 극극은 본국으로 돌아가
면서 황하를 향해 맹세했다.

"내가 장차 보복을 위한 것이 아니라면 절대로 이 강을 건
너는 일은 없을 것이다!"

이로 인해 제齊와 진의 관계는 급전직하로 악화되었다.
2년 후, 진이 제齊를 정벌했고 4년 후에는 진이 제를 또다시
정벌했다. 주수가 된 극극은 궁지에 몰린 적을 끝까지 추격
하여 용서하거나 봐주지 않고 처단했다. 제나라가 보복을 줄
이고 사과함에 따라 천하는 잠시 태평해졌다.

이 전쟁의 의의는 어디에 있는 것일까? 더 이상 극극을 향
해 웃음을 보이는 사람이 없게 되었다는 데에 있었다. 극극
이 가는 곳이면 어디서든 사람들은 노모를 집 안으로 들여보
내고 창문을 꼭 닫았다. 물론 이는 아주 멋진 일이었다. 대장
부라면 이 정도는 되어야 하는 것이다! 그러나 잊지 말아야
할 것은 해마다 전쟁에서 소모되는 것이 극극 집안의 돈과

양곡이 아니라는 사실이다. 도처에 널브러진 시신들 가운데 제나라 왕과 그의 어머니를 알지 못하는 사람이 없었다. 극극은 단호하게 자신의 '인격 존엄'을 되찾으려 했다. 하지만 양곡을 받고 병사가 된 우리의 백성은 누구의 감정도 상하게 한 일이 없었다. 백성이 누구를 불러 조롱하고 약을 올렸단 말인가?

앞에서도 언급한 바 있지만 춘추시대는 호메로스의 시대와 유사했다. 그 시대 사람들은 제멋대로 방자하게 행동하고 혈기를 부리는 데 있어서도 상당한 개성과 오락성을 갖추고 있었다. 그런 까닭에 5·4 이후의 서생들은 대부분 춘추시대를 동경했고 그 시대의 중국인들이 가장 편안하게 생활했다고 믿었다. 물론 이런 견해에는 나도 동의한다. 누가 나를 건드리면 나는 즉시 병마를 동원하여 그의 집을 부숴버려야 속이 시원할 것이다. 하지만 여기에도 문제가 있다. 무엇보다 모든 사람이 그렇게 속이 시원할 수는 없었다는 것이다. 그렇지 않다면 세상의 집이 하나도 남지 않고 다 파괴되고 말았을 것이다. 둘째, 기분이 좋지 않다고 곧장 세계대전을 일으켜 남들의 목숨과 돈을 낭비하는 것은 부정부패나 뇌물 수수와 다를 것이 없다. 따라서 이성을 갖춘 어떤 문명도 개인의 기분을 위해 장기적으로 그렇게 높은 원가를 지불하진 않을 것이다. 춘추시대가 끝나고 전국시대가 지나는 동안 결국 상앙과 이사, 한비 같은 인물이 나타났고 진시황과 병마용이 출현했다. 공자와 노자 같은 큰 스승들의 긴

고주緊箍咒*도 효력을 발휘했다. 하나같이 모든 사람의 생각과 행동을 제한하는 사회규범과 관련된 인물들이다. 사람들이 전혀 통쾌할 수 없어진 것이다.

사실 제나라 왕과 그의 어머니가 남들에게 굴욕을 안긴 사건에는 다른 해결 방법이 없었던 것도 아니다. 예컨대 극극이 그 자리에서 장갑을 벗고 결투를 요청하는 것이다. 왕의 어머니가 이런 대결에 나서는 것은 아무래도 좀 어색할 테니까 제나라 왕이 대신 나설 수도 있었을 것이다. 상대를 이길 자신이 없다면 일찌감치 사과하면 됐을 것이다. 무예가 뛰어났다면 단칼에 극극을 죽일 수 있었을 것이고, 그러면 극극은 생명으로 명예와 존엄을 지켰으니 호한으로 기억되었을 것이다.

물론 이런 방법이 다소 야만적이긴 하다. 하지만 공공 자원을 남용하여 사적인 원한을 갚는 것에 비하면 훨씬 더 경제적이고 체면도 서는 방법이다. 유럽의 중세에는 이런 방법이 크게 유행했다. 게다가 실제로 두 나라의 국왕이 닭털이나 마늘 껍질처럼 하찮은 일을 가지고 검을 들고 격렬하게 결투를 벌인 적도 있었다. 양쪽의 신하들은 옆에서 수수방관했다. 이것이 두 사람의 사적인 일이라는 것을 잘 알았기 때문에 두 사람이 알아서 해결하도록 놔둔 것이다.

하지만 중국에서는 누구도 이런 일을 참을 수 없을 것이

● 『서유기西遊記』에서 삼장법사가 손오공을 단속하기 위해 머리에 씌운 금테를 조일 때 사용하는 주문으로 여기서는 유가를 비롯하여 사람들의 삶을 규제하는 갖가지 이념을 말한다.

다. 떠들썩한 일이 있으면 반드시 사람들이 모여 서로 바싹 달라붙어서는 환호하면서 둘러싸고 동참해야 했기 때문에 극극은 싸우고 싶지 않아도 싸워야 했을 것이다. 그러지 않고서 앞으로 어떻게 강호에서 자신의 인기를 유지한단 말인가! 중국의 24사^史는 온통 이런 시끌벅적함 그 자체다. 공적인 일이 바로 사적인 일이라 공과 사가 한 번도 분명하게 구별된 적이 없었다.

이 문제에 관해서는 춘추시대의 똑똑한 사람들도 생각해 보지 않았던 것은 아니다. 그 유명한 제^齊나라 장공^{莊公}의 간통 사건에서 안영^{晏嬰}은 시끌벅적한 구경거리를 앞에 두고 어울려 함께 구경할 것인가 거리를 유지할 것인가 하는 양자택일을 놓고 고민했다. 제나라 장공은 대신 최서^{崔杼}의 아내와 사통하고서도 전혀 거리낌 없이 당당하게 부적절한 성관계를 계속했다. 아주 자연스럽게 최서의 모자를 가져다 다른 사람에게 선물하기도 했다. 이런 사실이 후세에 알려지면 최서는 궁색한 웃음을 짓거나 꼬불꼬불한 오솔길이 곧장 청운에 닿는 꿈을 꾸어야 했을 것이다. 하지만 때는 춘추시대였다. 사람들의 성격이 대단히 거칠었던 시대였다. 최서는 이를 악물고 사람들을 매복시켜 그날이 오기만을 기다렸다. 장공이 신바람 나서 또 최서의 대문 안으로 들어섰다. 최서는 집 안에서 아내를 붙잡아두고 있었다. 잔뜩 흥분한 장공이 문을 두드려도 열어주지 않고 창문을 두드려도 반응이 없었다. 뜻밖에도 그는 "기둥을 부여안고 노래를 불렀다!"¹⁰⁵ 기둥을 끌어안고 사랑의 노래를 부른 것이다. 노래의 상대는 구구 절절 진심을 느꼈지만 여전히 모습을 드러낼 수 없었다. 바로 이때 최씨 집안 사람들이 대문을 닫아 걸고 칼과 몽둥이를 휘두르면서 죽이려고 달려들었다. 장공이 황급히 소리쳤다.

"나는 국왕이다!"

상대방의 대답은 아주 절묘했다.

"음탕한 도적이 있다는 말은 들어봤지만 무슨 국왕이 있다는 말은 들어보지 못했소!"

제나라 장공은 이렇게 죽었다. 그의 대신 안영이 최서의 집 대문 밖에 서서 안에서 나는 시끌벅적한 소리를 들으면서 시종 몸을 움직이지 않자 사람들이 물었다.

"당신은 충신이 아니었소? 우리 대왕의 촉수가 아니었소? 어째서 안으로 뛰어 들어가지 않는 거요?"

안영이 말했다.

"군왕이 사직을 위해 죽거나 도망친다면, 대신도 자신의 책임은 자기가 져야 하기 때문에 반드시 군왕을 따라야 합니다. 하지만 이처럼 닭이나 개를 훔치는 일 때문에 죽는다면 혼자 그렇게 죽어야지요. 비천한 그의 노비가 아니라면 누구도 그를 따라야 할 의무는 없습니다."[106]

안영은 이렇게 공공의 일과 개인의 일을 구별했고, 구별할 수 있었기 때문에 자존을 지킬 수 있었던 훌륭한 사례를 남겼다.

30. 변호사 등석을 기리며

중국 최초의 직업 변호사는 등석鄧析일 것이다.

춘추시대에 자산子産은 정鄭나라의 상국이 되었다. 그에게는 이상이 있었다. 자신이 무엇이 옳고 무엇이 그른지 잘 안다고 생각해 사람들에게 어떻게 하면 정확한 삶을 살 수 있는지 알려주기로 마음먹었다. 이런 사람이 뜻을 이루지 못했다면 아마도 공자孔子가 되었을 것이고, 후대 사람들은 그가 가리킨 방향을 마음에 품고 동경했을 것이다. 하지만 자산은 불행히도 뜻을 이루었고 하루아침에 권력을 손에 쥐게 되었다. 권력을 쥐자마자 그는 명령을 내리기 시작했다. 그가 가장 먼저 한 일은 등석을 처리하는 것이었다.

그 전에 정나라는 법령을 반포했다. 관례에 따라 법령은 팻말에 써서 성문에 내다 걸었다. 이를 '현서懸書'라고 했다.

만일 국왕이 어느 날 갑자기 길을 걸을 때 왼발을 먼저 딛는 것이 안 좋다는 생각이 들어 이를 금지해야겠다고 마음먹으면 방법은 아주 간단했다. 한 구절만 써서 붙이면 그만이었다.

"길을 걸을 때 왼발을 먼저 땅에 내딛는 자는 곤장 50대에 처한다!"

이튿날이면 전국의 백성이 모두 어딘가로 가기 위해 발을 뗄 때 엉덩이에 힘을 주고 생각을 반복해야 했다.

이는 원래 아주 좋은 일이다. 법령으로 금지하는 것은 이른바 큰 다스림이다. 하지만 등석이라는 인물이 나타났다. 이 사람은 법률을 연구하는 것이 취미였다. 게다가 아주 튼튼한 입을 가지고 태어났다. 그의 뾰족하고 예리한 치아는 손님이 찾아오면 더 왕성하게 움직였다. 보라, 그가 수많은 사람 사이에 서서 손가락으로 뭔가를 알려주는 동시에 머리를 흔들면서 뭔가를 평가하고 있다.

"왼발을 먼저 내디딜 경우 곤장 50대를 친다면 오른발을 먼저 내딛는 수밖에 없습니다. 하지만 오른발이 땅에 닿은 다음에는 어떻게 하나요? 왼발을 땅에 디뎌야 하지 않을까요? 이렇게 하자면 신발을 신는 사람마다 엉덩이를 맞아야 하지 않겠습니까?"

그렇다, 이는 원래 아주 명백한 일이었다. 그가 이렇게 생각을 휘젓는 바람에 사람들은 전부 멍청해지고 말았다. 정나라 백성은 전부 길을 걸을 수 없게 되었다. 어떻게 해야 하나? 자산은 이 문제의 해결에 착수했다. 그가 선택한 방법은

'현서'를 취소하고 앞으로의 법령을 고시하지 않는 것이었다. 관부官府에서 말하는 대로 시행하기로 한 것이다. 예컨대 어떤 사람이 거리에서 갑자기 잡혀가 곤장 50대를 맞는다면 그는 틀림없이 어떤 법령을 위반했을 것이고, 어떤 법령을 위반한 것인지에 관해서는 묻지 못하게 하는 것이다. 만일 따져 묻는다면 그는 또 다른 법령을 위반한 것이 되어 다시 곤장 50대를 맞게 된다.

이는 확실히 좋은 방법이었다. 법률 집행의 효율이 대대적으로 향상되었다. 동시에 법률에 대한 백성의 경외심도 증강되었다. 하지만 새로운 문제가 발생했다. 재수가 없어서 곤장 50대를 연달아 여러 차례 맞은 사람이 엉덩이가 하늘을 향하게 하여 집으로 실려가서는 엄마 아버지를 부르며 울어대다가 이리저리 생각해보았다. 신비한 법률에 대해 자세히 알아야겠다는 열정을 억누를 수가 없었다. 어떤 이유로 자신의 엉덩이가 터져야 했는지 알아야 했다. 그럼 어떻게 해야 할까? 등석을 찾아가는 수밖에 없었다.

이리하여 등석의 집 앞은 법률 지식의 지원을 요구하는 백성으로 만원을 이루게 되었다. 등석이 똑똑한 사람이었다면 그 뛰어난 입에 굳게 자물쇠를 채우고 열쇠를 우물 속에 던져버렸을 것이다. 하지만 손님이 오면 더 힘이 넘치는 그의 입은 필연적으로 작동하지 않을 수 없었다. 그는 침이 비처럼 날리도록 열정적으로 사람들에게 법률과 상황의 관계를 설명해주었다.

"먼저 맞은 곤장 50대는 모 조항에 의거한 것이고 나중에 맞은 곤장 50대는 모 조항에 근거했다고 하지만 당신의 상황에 근거하자면 둘 다 법률적인 근거가 없습니다."

자원봉사로 상담을 해준 것이면 그만이었겠지만 등석은 공공연하게 보수를 받고 소송 준비를 대행해주었다. 이는 엄연히 후세에 변호사들의 업무 영역이었다. 춘추시대에는 화폐경제가 그다지 발달되지 않았기 때문에 등석이 받은 대행료의 기준은 큰 사건은 옷 한 벌, 작은 사건은 상의나 바지 한 점이었다. 결국 사업이 크게 흥성하여 고객이 벌떼처럼 몰려들었다. 내 생각에 등석의 아내는 점포를 열어 집 안에 잔뜩 쌓여 있는 옷들을 좁쌀이나 돼지고기로 바꿔야 했을 것이다. 그렇게 바꾼 엄청난 양의 좁쌀과 돼지고기를 어떻게 했는지는 모르겠다.

이와 동시에 정나라 민풍이 그다지 순박하지 않게 변해버렸다. 과거에는 관아에 끌려가 곤장을 맞는 사람들은 아무런 반항도 하지 않고 태감처럼 무력한 눈길을 아래로 깔았다. 하지만 이제는 곤장을 들기도 전에 큰소리로 따져댔다.

"잠깐만요! 등석을 불러다가 분명하게 설명해주시오!"

그런 다음 목청을 높여 아이들 엄마에게 소리쳤다.

"어서 새 옷 한 벌을 지어 등석 선생을 찾아가도록 하구려!"

이리하여 『여씨춘추』의 기록에 따르면 "정나라가 커다란 혼란에 휩싸였고 백성의 입은 시끄러워졌다!"[107] 문제를 해결하지 않으면 안 되는 상황이 되고 말았다. 자산은 상국으로서 단호하게 결정을 내렸다.

"등석을 죽여서 그 시신을 백성에게 보여주라."

물론 그 효과는 아주 좋았다. 더 이상 감히 곤장을 맞지 않겠다고 큰소리치는 사람이 없었다. 정나라는 이때부터 안정적인 치세가 이루어졌다. 자산은 공자孔子가 되지는 못했지만 공자도 그의 성취에 대해 찬탄을 금치 못하면서 어지럽기 그지없는 춘추시대에 왕도를 실행한 모범이라고 평가했다.

이 문제에서 나는 공자의 의견에는 그다지 동의하지 않는다. 자산이 일을 해결하긴 했지만 우리는 전문적으로 일을 망쳐놓기만 한 등석도 기념해야 한다. 사람들을 몹시 번거롭게 했지만 법률을 민중에게 주려다가 희생당한 그와 그의 확실한 판단 및 주장을 잊지 말아야 한다.

31. 규칙의 붕괴

기원전 561년, 살구꽃이 피고 봄비가 내리는 강남.

오왕吳王 수몽壽夢이 감탄을 연발했다.

"계찰季札은 정말 어질구나! 계찰은 정말 어진 사람이야!"

제번諸樊이 듣고는 이것이 자기 들으라고 하는 말임을 모르지 않았다. 아울러 자신이 뭐라고 말해야 하는지도 알았다. 최근에 그는 해야 할 말을 이미 마음속으로 여러 번 내뱉은 터였다.

1000리 밖 주원周原*에는 주나라 태왕 고공단보古公亶父가 창昌이라는 이름을 가진 손자를 바라보면서 말했다.

"왕업을 일으키는 일은 창에게 달려 있는 것 같구나?"[108]

---

* 중국 서주西周(기원전 1111~기원전 771) 초기의 문화유적지로 지금의 산시陝西성 서부에 위치해 있으며, 우궁武功, 메이眉, 푸펑扶風, 치산岐山, 펑샹鳳翔, 바오지寶鷄 등의 현을 포함하는 지역을 말한다.

희姬씨 집안의 발전이 이 아이에게 달렸다는 것이다.

큰아들 태백太伯과 둘째 아들 중옹仲雍은 서로를 힐끗 쳐다 보았다. 그들은 이 말을 이미 여러 차례 들은 터였다. 이 아이 는 자신들 두 사람의 아이가 아니라 셋째 아들의 아이였다.

어느 날 태백과 중옹이 자취를 감췄다. 다시는 나타나지 않았다.

그 뒤로 고공단보는 세상을 떠났고 큰아들과 둘째 아들은 행방불명 상태가 되었다. 어떻게 해야 할까? 셋째가 왕위를 이어받았다. 셋째도 세상을 떠나자 왕위를 이어받은 사람은 바로 창昌이었다. 이 사람이 바로 주나라를 800년 동안 흥성 하게 했던 주 문왕文王이다.

우리는 아름답고 원만한 결과를 잘 알고 있다. 동시에 우 리는 그 과정도 알고 싶다. 사마천은 여러 학자의 견해를 종 합하여 우리에게 구체적인 사정을 설명하고 있다.

태백과 중옹은 한 차례 상의한 끝에 셋째 아들이 후계자 로 정해지면 두 형이 장애물이 되어 제대로 말을 하기 어려 울 것이라고 생각했다.

"아버님의 생각은 아주 분명하시다. 셋째를 후계자로 삼으 실 작정이신 거야. 우리 형들이 방해가 되어 솔직히 말씀하 지 못할 뿐이지. 아들 된 우리가 노인네를 난처하게 해드려 선 안 될 것 같아. 왕은 굳이 안 해도 그만 아니겠나. 아무래 도 우리가 사라지는 게 좋을 것 같아."

두 형은 짐을 정리하여 100명 남짓 되는 사람을 데리고 극한의 어려움과 고통을 감수하면서 동쪽으로 향했다. 그들이 도착한 곳은 지금의 우시無錫와 쑤저우蘇州 일대였다. 현지 군중은 두 형이 늘어놓는 자초지종을 듣고서 이들이야말로 진정으로 의로운 선비라고 감탄하면서 그 자리에서 일제히 땅바닥에 무릎 꿇고는 자신들의 왕이 되어달라고 외쳤다. 정말로 "하늘 끝 어디엔들 아름다운 꽃과 풀이 없으리"[109]라는 소식蘇軾의 시구처럼 어디서든 왕이 될 수 있었다. 두 형은 굳이 사양할 것 없이 나라를 세우고 국호를 오吳라고 정했다. 형이 먼저 국왕이 되었고 그다음에 동생이 이어받았다. 새로운 땅에 들어왔으니 그곳의 풍속에 따라야 했다. 문신을 하고 머리를 짧게 잘랐다. 몸에 아홉 마리 용을 새기고 머리를 어깨에 닿을 정도로 짧게 자른 것이다. 그러고는 사진을 한 장 보내 자신들은 새 땅에 잘 정착했으니 너무 걱정하지 말라고 당부했다.

그 과정과 결과는 똑같이 아름다웠다. 여기에는 중국인들이 알고 있는 정치 행위에서의 중요한 미덕 가운데 하나인 겸양이 담겨 있다.

주 왕조 개국의 역사에서 이 이야기는 이들 왕족의 도덕성이 대단히 높았다는 것을 분명하게 보여주고 있다. 이러한 성현들이 천하를 통치해야 하는 것이 마땅했다. 이에 대해 옛사람들은 추호의 의심도 없었다. 나중에 주석가들은 이것으로도 만족하지 못하고 한 걸음 더 나아간 승화升華를 시도했다.

"태백과 중옹이 몰래 나라를 떠난 것이 첫 번째 겸양이고, 태왕이 붕어했다는 소식을 듣고도 돌아가 문상하지 않은 것이 두 번째 겸양이다. 동생인 셋째가 세상을 떠났다는 소식을 듣고도 돌아가지 않은 것은 세 번째 겸양이다. 이렇게 세 번이나 겸양이 이어졌으니 고인들의 풍격은 도저히 따라갈 수가 없다."

맞는 말이다. 고인들의 풍격은 따라가기 어렵다. 오늘날의 사람들은 전부 타락하여 소인배가 되어버렸다. 계란 속에서 뼈를 찾고 작은 틈 속에서 벌레를 찾으면서 세상 사람들이 전부 자신들처럼 소인배이기를 간절히 바란다. 도덕성에 대한 우리의 상상력은 도덕성의 수렁에 대한 깨달음에도 훨씬 미치지 못한다. 여름벌레는 얼음을 말하지 못한다는 말이 있듯이, 여름벌레인 우리는 이런 이야기들에 대해 약간의 의심을 갖는다.

사마천은 대지 위를 두루 돌아다녔으니 지금의 산시성 치산岐山현에서 우시와 쑤저우로 가는 일이 지금도 쉽지 않은 일이지만 3000년 내지 4000년 전에는 목숨을 걸어야 하는 장거라는 점을 잘 알 것이다. 당시의 우시와 쑤저우는 경제가 발달한 지역이 아니라서 몹시 험하고 편벽한 곳으로 동남 오랑캐의 땅이었다. 이번에 두 형제가 그곳으로 간 것은 오늘날 어떤 사람이 꼬치구이가 될 수도 있는 위험을 감수하고 원시 부락을 가로질러 가는 것과 다르지 않았다. 당시 태백과 중옹의 도피에는 두 가지 가능성이 있다. 첫째는 마음속에 도덕적 열정이 불타올라 두 사람에게 무궁무진한 동력을 제공했다는 것이다. 둘째는 비교적 이성적인 가설로, 갖가지 요소와 이에 대한 선택지를 계산한 결과 도망치는 수밖에 없다는 결론을 내렸다는 것이다. 멀리 도망칠수록 좋다는 것이 그들의 생각이었다. 실제로 당시의 우시와 쑤저우는 해변에 위치해 있었고, 바다가 막지 않았다면 그들은 계속 더 멀리 갔을 것이다. 왜 도망쳐야 했는지는 우리 모두가 충분히 상상할 수 있을 것이다.

동력의 하나는 열정이고 또 다른 하나는 이성이었다. 둘 중 어느 것을 믿을지는 개인의 자유다. 어차피 고인들은 열정을 믿었다. 중국의 고인들은 정치 행위 속의 겸양에 대해 병적인 관심을 갖고 있었다. 그들은 특별히 이런 유형의 이야기를 하거나 경청하는 것을 즐겼다. 이런 이야기들 속에 담긴 최고 수준의 정치적 도덕성은 정치를 하지 않는 것이다. 예컨대 유명한 백이伯夷와 숙제叔齊는 고죽국孤竹國 국왕의 큰아들과 둘째 아들이었다. 국왕은 원래 작은아들 숙제에게 왕위를 계승하게 하려 했으나 아버지가 세상을 떠나자 숙제가 말했다.

"형님, 형님이 먼저 국왕을 하세요."

백이가 말했다.

"노, 노, 노, 동생, 자네가 먼저 국왕을 해야 하네."

형제가 서로 양보하는 사이에 음식이 다 식어버렸다. 두 사람 다 아예 국왕이라는 것을 하려고 하지 않았다. 결국 함께 증발하여 주나라로 가기로 마음먹었다. 하지만 주 무왕은 양보하지 않는 사람이라는 것을 알게 되었다. 양보하지 않을 뿐만 아니라 가로채기도 했다. 이리하여 형제는 그를 무시하고 주나라의 녹은 먹지 않겠다며 산 채로 굶어 죽었다.

갖가지 흔적이 태백과 중옹이 그런 정치적 거식증 환자는 아니었다는 사실을 말해준다. 그들은 통치자에 대해 흥미가 있었다. 어쩌면 아주 큰 관심을 갖고 있었던 것인지도 모른다. 두 사람은 한 무리의 백성을 이끌고 오나라 땅에 들어갔다. 이는 사실 무장 식민이나 다름없었다. 그곳 사람들은 비교적 순박했다. 당장 외부에서 온 사람을 성장이나 촌장으로 선출하지는 않았겠지만 이 기간에 어떤 일이 발생했는지 물을 수는 없었다. 후대 사람들도 물을 수 없었다. 요컨대 현지의 토착 세력보다 주나라 사람들이 선진 생산력을 갖추고 있을 뿐만 아니라 선진문화도 지니고 있었다. 창과 붓이 전부 손안에 있었다. 그런 까닭에 우리가 겸양의 이야기를 들을 수 있게 된 것이다.

이야기는 생활보다 높다. 생활은 이야기의 모방이다. 지금 오왕 수몽이 이처럼 개탄하고 있을 때, 제번은 이야기가 반복되고 있다는 것을 알고 있었다. 오왕 수몽이 바로 고공단보이고 자신은 태백인 셈이었다.

수몽에게는 네 아들이 있었다. 제번이 장자이고 그 밑으로 여제余祭, 여미余昧, 계찰季札 세 동생이 있었다. 아버지의 생각

은 서열상 앞에 있는 세 사람을 다 건너뛰고 마지막 한 명을
자신의 후계자로 삼는 것이었다.

도덕적으로 고상한 고인들에게도 이는 극도로 골치 아픈
일이었다. 고공단보는 말하기가 어려웠고 오왕 주몽도 말하
기 어려웠다. 말하기 어렵다는 것은 미안하다는 뜻이 아니라
모두가 이것이 처참하고 비통한 변란을 의미할 수 있다는 것
을 알아야 한다는 뜻이었다. 고인들은 바보가 아니었다. 어
렵사리 적자이고 장자인 아들을 후계자로 세우는 방법을 생
각해냈다. 적자이자 장자인 아들이 바보이고 그보다 어린 동
생이 호걸일 가능성을 모르는 바가 아니었다. 고인들은 그저
알기만 할 뿐이었다. 안 좋은 규칙보다 더 안 좋은 규칙은 규
칙이 없는 것이다. 형제끼리 서로 싸우고 죽여 가문도 파괴
되고 사람도 죽는 것보다는 바보를 선택하는 것이 더 바람
직했다. 어차피 세월은 천천히 흐르고 바보도 결국에는 죽기
때문이다.

하지만 오나라의 사정은 약간 달랐다. 여기에는 한 가지
이야기가 있다. 이 이야기가 사람들에게 아무런 의심 없이
수백 년간 전승되어 내려오는 것은 이미 도덕적 범례이자 정
치적 전통이 되었기 때문이다. 세 형에게는 쟁론이 불가능한
모범 사례가 있었다. 다름 아닌 태백과 중옹이었다.

그리하여 첫 번째 방안은 세 형이 밭에 나가 농사를 짓고
넷째가 직접 왕위를 이어받게 하는 것이었다. 이 방안은 부
회장에게 이사장 직을 맡게 하고 회장에게 상임부회장을 맡

겨 화장실 청소를 하게 하는 것과 마찬가지였다. 실행이 불가능한 방안이었다.

두 번째 방안은 조종의 선례를 받아들여 세 형이 전부 실종되는 것이었다. 하지만 오나라 땅이 이미 하늘 끝인데 어디로 도망친단 말인가?

게다가 첫 번째 방안이든 두 번째 방안이든 근본적인 문제를 안고 있었다. 넷째 계찰에 대해서는 누구나 그가 현자라는 사실을 알고 있다는 점이다. 현자를 나타내는 표식 가운데 하나가 겸양이다. 그는 숙제와 마찬가지로 무슨 일이 있어도 먼저 국왕의 자리에 앉으려 하지 않았다. 그는 누군가 재촉을 해야 형들보다 더 빨리 뛸 수 있는 사람이었다.

어떻게 하나? 당시의 오나라 사람들은 융통성 없이 고지식하기만 했다. 이는 처리하지 않으면 안 될 일이었다. 이를 위해 그들은 역사상 보기 드문 정치 실험을 했다. 역사를 거꾸로 되돌려 형이 죽으면 그 지위를 동생이 계승하는 제도를 시행한 것이다. 그 목적은 계찰이 최종적으로 국왕이 되게 하려는 것이었다. 다시 말해서 장남이 죽으면 둘째가 하고, 둘째가 죽으면 셋째가 하는 것이다. 그럼 셋째가 죽으면 어떻게 할까? 넷째는 하기 싫어도 해야 하는 것이다.

세 형은 상의한 끝에 누구도 사심을 가지면 안 되고, 누구도 도중에 생각을 바꿔 왕위를 자기 아들에게 주려고 해선 안 된다고 뜻을 모았다. 물론 이러한 실험의 전제는 계찰이 반드시 그들보다 오래 살아야 한다는 것이었다. 보아하니 그들 모

두 이것이 굳이 말하지 않아도 다 명심하고 있는 일이라 생각
하는 것 같았다. 게다가 그들 모두 애써 자신들이 최대한 일
찍 죽을 수 있는 조치들을 취하고 있는 것 같았다. 요컨대 양
생을 하지 않고 불필요하게 몸을 혹사하며 하늘을 우러러 "어
째서 아직도 안 죽게 하시는 겁니까!"라고 외치곤 했다.

이 실험은 아주 부드럽고 완벽하게 성공에 접근했다. 셋째
까지 무사히 세상을 떠난 것이다.

어쨌든 나는 이 모든 것이 인간의 정치활동에 있어서 도
덕적 실천의 상당히 비범한 사례라고 생각한다. 특히 제번에
서 여미에 이르기까지 세 사람도 유약하고 무기력한 이들이
아니었다. 안연顔淵 같은 사람들이 아니었다. 그들은 모두 남
성적인 군주로서 강인하고 거칠고 호전적이었다. 그들의 속
마음에는 틀림없이 강력한 도덕적 열정과 엄숙한 도덕적 금
기가 존재했을 것이고, 이를 통해 왕위 계승 문제에 있어서
의 탐욕과 야심을 끊어냈을 것이다.

하지만 결국 문제가 생기고 말았다. 문제는 계찰에게 일어
났다. 계찰이 정말로 만년의 안연 같은 모습을 보인 것이다.
그는 맨 처음에 가졌던 마음을 바꾸기를 거부하면서 아주 단
호하게 도덕으로 통하는 완전한 길은 외길이라고 고집했다.
방향을 바꿀 여지가 없다는 것이었다. 여미가 죽기 전에 오
나라 사람들은 그에게 왕관을 바쳤다. 그는 본체만체하면서
진지하지 못한 한마디를 내뱉었다.

"나에게는 부귀가 귀에 스치는 가을바람과 같을 뿐이다."

그러고는 꽁무니가 빠지게 달아나버렸다.

오나라 사람들은 여미의 아들을 국왕으로 세우는 수밖에 없었다. 그가 오왕 요僚다.

하지만 이 게임은 계속 진행될 수 없었다. 갑자기 규칙이 바뀌고 평형이 깨져버렸다. 첫째 제번의 아들이 이런 게임을 하지 않겠다고 한 것이다.

"진즉에 이럴 줄 알았으면 애당초 우리 아버지가 돌아가셨을 때 내가 국왕이 되었어야 했어. 아무리 해도 그에게 왕위가 돌아가진 않았을 거라고!"

이 일의 결과는 춘추 역사상 가장 놀라운 한 장면이 되고 말았다. 술자리에서 자객 전제가 생선 배 속에 단도를 감춰 가지고 들어와 오왕 요를 찔러 죽인 것이다. 첫째 형의 아들이 왕위를 탈취하여 스스로 왕위에 올랐다. 그가 바로 오왕 합려다.

사실이 증명하듯이 합려는 오나라에서 가장 위대한 군주였다.

사람들은 정치 참여와 공공의 책임 부담을 거부할 자유가 있다. 그리고 이러한 자유를 지키기 위해서는 엄청난 용기가 필요하다. 백이와 숙제, 계찰 등이 그 대표적 사례다. 하지만 한 국가 혹은 정치 공동체는 그 구성원 혹은 특정 성원들이 적극적으로 정치활동에 참여하고 공권력을 장악하며 이를 바탕으로 규칙을 확립할 필요가 있다. 만일 이러한 일들이 반듯하게 이루어지지 못한다면 하나의 공동체나 기구, 회사는 '맡고 싶지 않다' 혹은 '절대로 맡지 않는다'를 원칙으로 삼아 지도자를 선택하게 된다. 그렇다면 매우 드물게 우리는 우러러보게 만드는 도덕의 실천을 보게 될 것이다. 하지만 대부분은 위군자와 잠재적 법칙을 발견하게 될 것이다. 아니면 규칙의 붕괴를 맞아들이는 수밖에 없을 것이다.

이렇게 간단한 도리를 옛사람들은 왜 이해하지 못했던 것일까? 공자와 맹자는 또 왜 이해하지 못했던 것일까? 그들이 나보다 똑똑하지 못한 것이 아니라 그들이 인성을 나보다 더 투철하게 보았던 것이다. 백이와 숙제, 계찰이 모범이 될 수 있었던 것은 하고자 하는 사람은 너무나 많고 규칙은 또 너무 허술하고 빈약해서 욕망과 능력을 가장 잘 갖추고 있으면서 규칙에 부합하는 사람을 선발하지 못했거나 혹은 권력을 제약하고 감독하는 규칙이 갖춰져 있지 않았기 때문이 아닐까? 어떻게 해야 할까? 겸양하도록 모든 사람을 교도하는 수밖에 없을 것이다.

부귀는 귀에 스치는 가을바람 같고 가을바람은 사람을 근심에 젖게 한다.

32. 물고기와 검

창장강 유역의 타이후太湖호에는 살치*가 산다. 천하 최고의
맛이다.

살치는 아주 희귀한 물고기로 간장 등의 조미료를 넣지
않고 찌는 청증淸蒸 방식으로 먹는 것이 가장 적합하다.

산시山西 출신인 나는 생선을 별로 좋아하지 않는다. 하지
만 술자리에서 청증으로 조리한 살치를 만나면 반드시 한 접
시를 더 주문한다. 눈앞에 놓인 한 접시는 내가 다 먹고 다시
주문한 한 접시를 나머지 사람들이 나눠 먹게 하는 것이다.
사람들 모두 비난하고 조롱하지만 나는 전혀 아랑곳하지 않
고 혼자 즐거워한다.

* '조鯈'라고 불리기도 하며 몸이 심하게 얇고 길다. 머리와 몸통이 연결되는 부분의 등쪽은
약간 오목하게 파였으며, 주둥이 끝에는 약간 위를 향한 입이 있다.

청나라 시인 원매袁枚의 『수원식단隨園食單』을 읽어보면 살치에 관해 "어육이 가장 가늘다"라는 구절이 나온다. 이는 틀린 말이 아니지만 여기서 말하는 '가늚'은 '얇음'을 의미한다. 그래도 나쁘지 않다. 가늘면 얇기 마련이다. 살치의 가늚은 심후하고 풍만함을 능가한다. 그래서 절임 음식에 적합하다. 원매는 또 이렇게 말한다.

"술을 넣고 찐 준치와 함께 조리하는 것이 가장 맛있다. 혹은 겨울에 소금에 절여두었다가 감주를 넣고 한 이틀 숙성시키는 것도 좋다. 강에서 그물로 잡은 살치는 술을 넣고 조리하면 그 맛을 말로 다 표현할 수 없다."

말하지 말라. 그만 얘기하라. 입안에 침만 고일 뿐이다.

요컨대 청증의 방식으로 조리하는 것이 좋고 술을 약간 넣고 찌는 것도 나쁘지 않다. 적어도 청나라 시기에는 이것이 이미 살치를 먹는 일반적인 방법으로 통용되었다.

먹는 방법이 하나 더 있다. 원매의 생각에 귀를 기울이는 것이다. 그의 생각을 알고 나면 틀림없이 아쉬움에 탄식이 터져나올 것이다. 원매의 방법은 다름 아니라 구워 먹는 것이다.

쑤저우蘇州 우현吳縣 수커우향胥口鄉에 자어炙魚라는 이름의 다리가 있다. 2500여 년 전 이곳에는 온갖 구이 음식 가게들이 줄지어 몰려 있었다. 뭘 구운 것일까? 양꼬치가 아니었다. 생선구이였다. 그 시기는 물이 깨끗하여 물고기와 어부, 생선구이 가게 주인들이 식객들과 동고동락하고 있었다. 그 시기의 오나라 사람들은 가까운 후대나 지금처럼 그렇게 꼼꼼하지 못했다. 하나같이 거칠고 투박한 사람들이라 손을 써야 할 때만 손을 써서 싸움도 하고 살인도 했다. 생선을 먹을 때는 가시를 뱉지 않았다. 청증으로 조리한 생선은 우아하게 먹고 불에 굽는 생선은 대충 구워 대충 먹었다. 오월吳越의 영웅본색을 드러내는 방법이었다.

이날 가게에 손님이 한 명 왔다. 생김새가 특이하고 괴상한 사람이었다. 말이 없고 눈매가 깊었다. 호랑이와 매가 합쳐진 얼굴 뒤에는 곰의 그림자가 비쳤다. '말이 없다'는 것은 좀처럼 입을 열지 않는다는 뜻이다. 중학교 교과서에 나오는 베이징 원인猿人이 바로 그의 모습이었다. 이 원인이 앉아서 생선을 먹기 시작했다. 다 먹고도 가려고 하지 않았다. 왜 가지 않는 걸까? 생선 굽는 기술을 배우려는 것이었다.

문: 그는 어떤 기호를 갖고 있나요?
답: 먹는 걸 좋아합니다.
문: 그가 가장 좋아하는 음식은 무엇인가요?
답: 생선구이입니다.

이제 검에 관해 얘기해보자. 춘추시대 말기에는 오나라와 월나라의 검이 천하에 두루 유명세를 떨쳤다. 전문가들의 추측에 따르면 주나라 태왕太王의 아들 태백太伯과 중옹仲雍 형제는 기산岐山의 주원周原에서 곧장 오나라 땅으로 가서 왕을 위해 산을 차지하는 동시에 구리 장인을 데리고 왔다. 당시의 구리 장인은 최고의 전략적 인재들이라 그 가치가 첸쉐썬錢學森*에 뒤지지 않았다. 산시陝西성 사부 몇 명이 먼 변경의 오월吳越 지역에 뿌리를 내렸다. 몇 백 년이 지나면서 조와 기장을 먹던 위장이 생선을 먹는 위장으로 바뀌었다. 오월도 특수한 강철의 생산지가 되었다. 정확히 말하자면 특수강 공업의 중심지가 된 것이다. 구야자歐冶子** 회사와 간장干將, 막야莫邪 부부의 점포는 유명한 보검 주조 기업이 되었다. 주조하여 제조하는 검을 "고기에 시험하면 소나 말을 베기에 충분했고 쇠에 시험하면 대야나 술병을 잘랐다".[110] 구리로 된 대야나 술병이 검의 날에 수박처럼 두 동강이 난 것이다.

당시의 검 주조 기술을 오늘날에 정확히 판단하는 것은 불가능하다. 대략적으로 설명하자면 가마를 만들고 풀무를 설치해 불을 붙인 다음, 광석을 제련하고 숯을 굽고 다시 광석을 제련하고 또 숯을 구웠다. 이런 식으로 하여 마지막에는 가마 바닥에 구리 쇳물이 응고되어 남는다. 그러면 이를 화로에서 꺼내 가공하여 검을 만드는 것이다.

물론 실제 검 제작 작업은 그렇게 간단하지 않았다. 그렇

● 1911~2009. 중국의 유명 항공역학 연구자이자 우주 과학자이며 동기동력학자다. 중국 저장성 항저우시에서 태어나 상하이의 자오통대학 기계공학과를 졸업했다. 중국의 무기 산업 발전에 지대한 공헌을 했다.

●● 춘추전국시대에 검을 만드는 장인으로 용연龍淵에서 첫 번째 보검인 '용연龍淵'을 주조하고 '진아秦阿'와 '공포工布' 등의 보검을 연이어 제작하여 중국 병기의 효시가 되었다.

지 않았다면 대규모 강철 제련도 가능했을 것이다. 광석을 쏟아부어 정금精金을 제련해내거나 구리 쟁반과 구리 대야를 던져넣어 못쓰는 찌꺼기를 만드는 것은 방법이 같을지언정 결과는 달랐다. 이것이 바로 운용의 묘다. 모든 것이 마음에 달려 있는 것이다. 그 시기에는 논문을 써서 직위에 대한 평가를 받아야 하는 일도 없었고 저작권료를 챙길 수도 없었다. 고대에는 마음속의 일들을 장인이 죽고 나면 사람들에게 전수할 수도 없었다. 하지만 고대의 대중은 뭔가 알고 싶은 것이 있으면 그에 대해 생각하고 또 생각했다. 중국식 상상은 결국 그 몸을 벗어나지 못했다. 그래서 전해지는 말에 검을 제련하는 장인은 머리털과 손톱을 쇳물에 넣기도 하고 심지어 자신을 쇳물에 던지기도 했다고 한다. 전해지는 바에 따르면 경덕진景德鎭의 자기를 예찬하는 대형 연극도 이런 식으로 제작되었다고 한다. 그들이 정말로 도자기 식기를 팔 생각으로 그랬는지는 알 수 없다.

우리 집의 식칼은 보도寶刀다. 등불 아래 비춰보면 서리 같은 칼날 위에 얼음 결정체 같은 무늬가 나 있는 것을 알 수 있다. 이것이 바로 전설에 나오는 '귀문만리龜文漫理'● '용조홍파龍藻虹波'●●다. 2500년의 세월을 되돌아가면 강호에서 칼 한 자루가 나온다. 영웅들의 간담을 서늘하게 한 칼이다!

● 거북 문양과 불규칙적인 문양으로 용천에서 생산되는 보검의 날을 미화하는 말이다.
●● 용 문양과 무지개의 파상 문양이라는 뜻으로 역시 용천에서 생산되는 보검의 날을 미화하는 말이다.

춘추시대의 검은 기술 수준이 최고봉에 이르러 있었다. 칼날에 이러한 무늬가 있어 자세히 보지 않으면 잘 보이지 않는다. 처음 피는 부용芙蓉이나 줄 지어 떠 있는 별, 넘치는 연못물 같은 무늬도 있다. 우리 집 식칼의 무늬가 어떻게 생겨난 것인지 나는 모르지만 전문가들은 안다. 하지만 춘추시대의 검의 무늬가 어떻게 생겨난 것인지는 전문가들도 모른다.

저우웨이周緯는 고대 병기사를 전문적으로 연구하다가 1949년에 세상을 떠났다. 어리석어 보일 정도로 박학하고 고상했던 그런 인물은 다시 보기 어려울 것이다. 그는 인도의 대마사혁도大馬士革刀에서부터 말레이반도의 크리스 나이프에 이르는 다양한 단도를 연구했다. 전부 꽃무늬를 지닌 칼들로 기술 수준이 대단히 정교했다. 게다가 전문가들의 추측에 따르면 크리스 나이프의 기술은 고대 오월吳越의 장인들이 전수했을 가능성이 매우 크다. 솔직히 말하자면 대마사혁도와 크리스 나이프의 날은 강철 날이고 춘추시대의 검은 동검이다. 따라서 사실이 주장을 뒷받침하지 못한다.

인심은 깊이 알 수 없지만 천의天意는 때때로 살필 수 있다. 하루는 검을 볼 줄 아는 설촉薛燭이라는 진秦나라 사람이 멀리 월越나라까지 여행을 갔다. 행운이 따랐는지 그는 구야자가 출품한 검들을 만져볼 수 있게 되었다. 그 가운데 하나에는 어장魚腸이라는 이름이 붙어 있었다. 이름 그대로 검의 날에 생선 창자 무늬가 나 있었다.

그 검을 유심히 살펴보던 설촉의 표정이 갑자기 크게 변했다.

"무릇 보검은 쇠를 가공하는 과정에서 이치에 따라 근본에 이르러야 하며 이에 역행해서는 안 됩니다. 그런데 이 어장 검은 본말이 전도되어 있습니다. 이치를 거스른 검이지요. 이 검을 소지한 사람이 신하라면 군주를 살해하게 되고, 아들이라면 아비를 죽이게 됩니다!"[111]

이 사람은 오늘날 대학에 적을 둔 평론가들처럼 사람들이 이해할 수 없는 논증을 제시했지만 결론은 모두가 알아들을 수 있었다.

어장이라는 검이 대단히 흉한 무기라는 것이다.

운명으로 정해진 사실이었다. 이 검은 생선 창자로서 군왕의 피를 기다리고 있었다.

오왕 요僚는 재위한 지 이미 13년이 되었다. 즉위할 때도 그는 이미 성인이었으니 그의 올해 나이는 적어도 서른은 되었을 것이다. 이날, 나이 서른의 오왕 요가 엄마를 찾았다.

"엄마, 엄마, 사촌 형이 제게 자기 집에 와서 밥을 먹자고 하네요."

엄마가 말했다.

"사촌 형은 좋은 사람이 아니니까 조심하도록 해라."

오왕 요는 가지 않아도 됐지만 왠지 모르게 결국 사촌 형 집을 찾아갔다. 어쩌면 그는 사촌 형에게 자신의 두려움을 들키는 게 싫었는지도 모른다. 하지만 동시에 그는 자신의 두려움을 성대하고 과장되게 표현하기도 했다. 그는 수입품 고급 갑옷을 세 겹으로 껴입고 궁문을 출발하여 사촌 형 집의 문 앞에 설 때까지 무장한 호위병들을 대동했다. 사촌 형의 집 본당에 들어간 그는 한가운데에 자리를 잡고 앉았다. 앞뒤로 열일고여덟 명의 무사가 서 있었다. 번득이는 창끝이 머리 위에서 천막을 이루었다.

이처럼 강대한 진영을 갖춘 것은 오로지 방어를 위한 것이라 그가 어떻게 생각할지는 정말 알 수 없었다. 어쩌면 한 가지 약점이 그의 판단력을 손상시킨 것인지도 몰랐다. 그는 생선을 좋아했고, 특히 구운 생선을 좋아했다. 그는 틀림없이 사촌 형 집에 기술이 뛰어난 고급 생선구이 사부가 와 있다는 얘기를 들었을 것이다.

이어서 그 베이징 원인이 나타났다. 그는 구리 쟁반을 하나 들고 다가왔다. 구리 쟁반 위에는 구운 생선이 담겨 있었다. 맛있는 냄새가 코를 자극했다. 그가 멈춰서더니 갑자기……

이는 순식간에 벌어진 일이었다. 그가 구운 생선을 찢으면서 오왕 요에게 다가왔다. 긴장한 무사들의 창끝이 동시에 움직였다. 요의 가슴이 완전히 열리면서 창자가 바닥에 가득 흘러내렸다.

하지만 때는 늦었다. 오왕 요가 자신의 가슴을 살펴보니 단검 한 자루가 꽂혀 있고 손잡이만 남아 있었다. 칼끝은 이미 등 밖으로 나와 있었던 것이다.

알고 보니 구운 생선 안에 어장 검이 들어 있었고, 이렇게 신하가 군왕을 시해했다.

자객의 이름은 전제專諸였고 주모자는 공자 광光이었다. 나중에 왕위에 오른 그는 이름을 합려闔閭로 바꾸었다.

전제는 선진 시기 테러리스트 가운데 가장 특수한 사례였다. 그에게는 어떠한 개인적 혹은 정치적 동기도 없었다. 그는 오왕 요와의 사이에 어떠한 억울함이나 원한도 없었고 공자 광과의 사이에도 아무런 의리나 은덕이 없었다. 그는 생활이 어려웠던 것도 아니다. 엄격하게 말하자면 그는 초楚나라 사람이었다. 누가 오왕이 되든 그와는 아무런 관계도 없었다.

그럼 그는 도대체 무엇을 도모했던 것일까? 『좌전』에서 『사기』까지 명확하게 말해주는 논저를 찾아볼 수 없다. 후한의 조엽趙曄이 쓴 『오월춘추吳越春秋』에서는 약간의 가설을 제시하고 있다. 이 책에서 소설가는 역사에 증거가 없다는 사실이 바로 전제의 동기라고 말한다.

나중에 합려를 보좌하면서 천하를 통치했던 오자서는 전제가 다른 사람들과 싸우는 모습을 보게 되었다. "그의 분노에는 만인의 기운이 담겨 있어 아무도 감히 당해내지 못했다."[112] 하지만 뒤에서 고함이 들려왔다. 그의 아내였다.

"아직도 돌아가지 않을 생각이에요?!"

이 한마디에 미친 호랑이가 갑자기 착한 고양이로 변하더니 아내와 함께 집으로 돌아갔다. 이 일이 있은 뒤로 두 사람은 서로 아는 사이가 되었다. 오자서가 웃으면서 물었다.

"영웅도 마누라를 두려워하는군요?"

전제가 힐끗 쳐다보고는 말을 받았다.

"수준이 안 맞잖아요. 대장부는 '한 사람에게 머리를 숙이지만, 만인 위에 있는 존재'니까요!"

그는 만인 위에 있어야 하고 반드시 한 사람에게는 머리만 조아려야 했다. 그는 줄곧 가문을 나온 뒤의 그 '한 사람'을 찾고 있었다. 미래의 오왕 합려는 오자서 같은 절세의 영웅을 발밑에 두려 했다. 그는 틀림없이 전제가 바로 그 사람일 거라고 단정했다.

사람은 무엇 때문에 자기 한 몸을 바치고 뜨거운 피를 뿌리는 것일까? 명리 때문일 것이다. 혹은 어떤 이념이나 신앙 때문일 수도 있다. 때로는 단지 사람에게 복종, 절대적인 복종이 필요하다는 간단한 이유에서일 수도 있다. 대상을 하나 찾으면 광적으로 그를 좋아하면서 그를 위해 목숨을 희생하는 것이다.

여름벌레는 얼음을 말하지 못한다. 춘추시대 사람들은 너무나 복잡해서 오늘날의 사람들이 다 이해하기 어렵다.

33. 영웅 요리

오왕 합려는 경기慶忌를 몹시 미워했다. 물론 이러한 미움에
는 시작과 원인이 있었다. 하지만 내 추측으로는 나중에는
그 원인이 전혀 중요해지지 않았을 것 같다. 오왕은 그저 단
순히 비분에 의해 그를 미워하게 되었고, 이런 미움 때문에
그의 생활에 목표가 생겼다. 다름 아니라 경기를 죽이는 것
이다.

오왕의 신하와 백성은 이미 오왕이 왜 경기를 미워하는지
기억하지 못했다. 그들은 더 슬퍼하고 분노하면서 그를 미워
했다. 동시에 경기를 죽이기 위한 다양한 방법을 열렬히 연
구했다. 이러한 방법들이 하나하나 다 실행되었다면 경기는
이미 여러 번 죽었어야 했다. 하지만 경기는 아직 살아 있었
다. 일찍이 예순네 마리의 말이 끄는 전차가 그를 뒤쫓았지

만 그가 바람보다 빨리 도망치는 바람에 전차는 그를 따라잡지 못했다. 그는 또 잡다한 기술을 갖춘 고수라 자객들의 쏘아대는 화살을 두 손으로 전부 받아냈다. 자객들이 사격이 끝났을 때, 화살은 전부 경기의 손에 들려 있었다. 한 무더기나 됐다. 그는 조용한 표정으로 자객들을 바라봤고 그들은 비분의 피를 토했다.

이리하여 요리要離라는 사람이 오왕을 찾아와 자신이 경기를 죽일 수 있다고 말한다. 오왕이 고개를 숙이고 요리를 쳐다본다. 오왕은 고개를 숙이지 않을 수 없었다. 요리의 키가 너무 작았기 때문이다. 오왕이 물었다.

"그대가 정말 해낼 수 있겠는가?"

요리가 작은 몸을 꼿꼿이 펴고서 대답했다.

"대장부에게 담력만 있다면 이루지 못할 일이 없습니다!"

이리하여 요리의 간절한 요구에 따라 오왕은 그의 아내를 죽이고 시신을 불태워 땅에 뿌렸다. 이 용맹한 남자 요리는 오왕의 악마 같은 손아귀에서 도망친 것처럼 꾸며 경기에게 몸을 기탁한다. 경기는 당연히 그를 받아준다. 적의 적은 친구이고 천하를 통틀어 오왕을 가장 미워할 수 있는 사람으로 요리만 한 자가 없었기 때문이다.

경기의 이런 생각은 착오였다. 경기는 결국 오왕을 이기지 못했다. 인성의 왜곡과 혼란에 대한 이해가 부족했기 때문이다. 장강에 떠 있는 배 위에서 요리가 갑자기 검을 뽑아 들고 그를 찌르려 했을 때 경기는 전혀 영문을 몰랐던 것이 분명하다. 다행히 그는 전설적인 그 민첩한 몸과 손을 잃지 않고 있었다. 그는 단번에 요리를 제압하며 첨벙 하고 강물 속에 던져버렸다.

이어진 일은 잔혹한 코미디와 다르지 않았다. 배 위로 올라온 요리는 휘청거리는 몸으로 다시 검을 들어 경기를 죽이려 하다가 또다시 첨벙 하고 물속에 던져진다. 이런 상황이 연달이 세 번이나 반복된다. 결국 경기는 그를 감당하지 못하고 긴 탄식을 내뱉는다.

"자네에게 졌네. 그냥 가게."

요리는 이렇게 오나라로 돌아온다. 그는 경기를 죽이지 못했지만 오왕은 한 차례 엄숙하고 진지한 사유 끝에 요리의 충정과 용기, 그리고 처자식마저 버리는 매서운 희생정신은 충분히 선양할 가치가 있다고 판단하고는 오나라 땅 일부를 그에게 잘라 준다.

내 추측에 요리는 원래 살고 싶어했을 것 같다. 그렇지 않으면 그는 일찌감치 강물을 잔뜩 마시고 익사했을 것이다. 하지만 오왕이 그를 그토록 칭송했음에도 그는 살고 싶어도 살아갈 수가 없었다. 결국 검을 뽑아 자기 목을 그었다. 자신을 죽인 것이다.

요리는 중국 옛사람들의 마음속에 영웅으로 남아 있다. 『여씨춘추』에서는 그의 사적을 서술하고 나서 뒤에 간단한 평론을 첨부했다.

"요리는 상금 때문에 움직이는 사람이 아니었다. 그래서 커다란 이익을 눈앞에 두고도 의로움과 바꾸지 않았으니, 가히 곧은 사람이라고 할 수 있다. 곧은 사람이기 때문에 부귀로 인해 욕된다는 것을 잊지 않았다."[113]

요리가 대단한 사람이라는 뜻이다. 사람에게는 얼굴이 있고 나무에게는 껍질이 있다는 것을 잘 알아 수치스럽게 작은 땅덩어리 하나 하사받은 것으로 왕 노릇 하려고 하지 않았으니 정말 고귀한 인물이라는 것이다.

이런 관점에서 말하자면 나도 요리가 영웅이었다는 사실에 동의한다. 그가 체면을 중시했기 때문만이 아니다. 물론 나는 그가 그런 얼굴을 하고 저승에 가서 어떻게 아내와 자식을 만나게 됐을지 걱정되기도 했다. 하지만 춘추시대 사람들도 오늘날의 중국인과 마찬가지로 내세나 저승 같은 것은 믿지 않았다. 그런 까닭에 모든 일을 처리함에 있어서 늑대처럼 매섭고 단호한 기질이 넘쳤던 것 같다. 또한 요리는 필경 정말로 자신이 모든 것을 선택하고, 행동하고, 그 결과를 책임지려 했다. 오늘날이었다면 그는 인터넷에 들어가 댓글을 올려 슬프고 억울하지만 안전한 방법으로 자신의 갖가지 원한을 풀었을 것이고, 이러한 토로와 발산이 마무리되면 전원을 끈 다음, 조용히 씻고 잤을 것이다.

34. 누구를 먹지 못하겠는가?

앞서 요리에 관해 이야기했지만, 이 영웅은 오왕의 원수를 갚기 위해 먼저 자기 아내와 아들을 죽였다. 이런 영웅들이 역사에는 상당히 많았다. 예컨대 전국시대 위魏나라 대장군 악양樂羊은 대규모 병력을 이끌고 중산국中山國을 공격했다. 당시 그의 아들은 중산국에 있었다. 장사를 하러 간 것인지 유학을 간 것인지는 알려지지 않았다. 중산 측에서는 가차 없이 악양의 아들을 솥에 넣어 국을 끓였다. 그런 다음 악양에게도 한 그릇 보내주었다.

악양은 이 국을 받아들고서 얼굴색이 바뀌거나 심장이 거칠게 뛰지 않았다. 얌전히 국그릇을 받아든 그는 단정하게 중군中軍*의 커다란 천막 안에서 한입 한입 국 한 그릇을 다 먹고 나서 손으로 입가를 훔치면서 성을 공격하라는 명령을 내렸다.

물론 성은 함락되었고 악양의 사적은 위나라에 전달되었다. 위 문후文侯는 크게 감동하여 말했다.

"악양의 이런 행동은 누구를 위한 것인가? 과인을 위하고 위나라를 위한 것이 아닌가!"

당시에는 일반적으로 밑에 있는 군중도 덩달아 감동하여 눈물을 훌쩍이는 소리가 사방에 가득 울려 퍼져야 했다. 하지만 이번에는 눈치를 모르는 사람이 한 명 일어나 말도 안 되는 소리를 지껄였다.

"아들의 고기도 먹는 사람이 누구를 먹지 못하겠는가!"[114]

이 말을 한 사람은 도사찬睹師贊이라는 인물이었다. 정말 이상한 이름이었다. 전국의 역사에서는 애당초 무게가 없는 인물이었다. 하지만 그의 이름은 영원히 불후할 것이다. 이 한마디를 말했기 때문이다.

나는 인간이 직립보행할 수 있는 것은 주로 두 손톱을 드러내고 싸우기 위한 것이라고 생각한다. 하지만 인간이 싸움 밖에 할 줄 몰랐다면 마지막 두 사람은 5만 년 전에 이미 사라졌을 것이다. 우리의 위대한 조상들은 싸우는 과정에서도 자신들이 늑대나 매가 아니라 인간이라는 이상한 생각을 가

---

* 전군에서 가장 가운데 위치하는 군대.

졌다. 1000만 년의 충돌과 원한과 생존 경쟁에서 일부 사람은 늑대나 호랑이, 매보다 더 흉포하고 잔인했을 것이다. 하지만 그 미약하고 고귀한 생각은 또 다른 사람들의 가슴속에 아직 사라지지 않고 남아 있었다. 나는 인간이고, 따라서 어떤 일들은 해서는 안 된다는 생각이었다. 나의 상대가 더 강대한 야수라면 어떨까? 좋다. 그래도 나는 여전히 인간이어야 한다.

만일 악양이 달리면서 그 통곡 속에서 죽어갔다면 그는 인간이었을 것이다. 물론 인간이 된다는 것의 단점은 자신의 유약함을 드러내고 자신이 원래는 어쩔 수 없이 이른바 약점의 마지노선을 지키고 있었음을 폭로하는 것이다. 하지만 악양은 자신이 강대해져야 한다고 생각했다. 그의 적보다 더 야수가 되고 더 두려움이 없어야 한다고 생각했다. 그리하여 그는 더 이상 아버지가 되지 않고 사람도 되지 않기로 마음먹었다.

그는 이로 인해 하마터면 '영웅'이 될 뻔했다. 다행히 도사찬이 문제의 본질을 까발렸다. 마음속에 기본적인 한계가 없는 사람, 사람이 사람이 되는 기본적인 입장을 포기한 사람이 어떤 나쁜 짓을 못 하겠는가?

분명하게 드러난 도리를 왜 위 문후와 군중은 생각하지 못한 것일까? 그들의 마음속에는 더 원대한 목표가 있었기 때문이다. 그들은 어떤 일은 크고 중요하기 때문에 쟁의가 불가능한 커다란 목표에 도달하기 위해서는 한 개인이 어떻

34. 누구를 먹지 못하겠는가?

게 하든지 전부 옳다고 생각했다. 목표의 정확성이 수단과 과정의 정확성을 보장한다는 것이었다. 바로 이 지점에서 사악함이 미덕이나 기개로 변하는 것이다.

이에 대해 중국 고대 성현들은 줄곧 서로 다른 견해를 보였다. 유가에서는 먼저 가정을 바르게 정리한 다음 나라를 다스리고 천하를 바르게 할 것齊家治國平天下을 주장했다. 너무 큰일에 관여할 필요 없이 먼저 사랑하는 부모 자식을 잘 건사해야 한다는 것이다. 이처럼 작은 것에서 시작하여 큰 것으로 일관하는 기준은 당연히 아주 지나치게 판에 박힌 듯한 느낌을 준다. 게다가 아주 쉽게 위군자僞君子들을 만들어낸다. 하지만 적어도 '누구든지 다 먹는' 악마는 예방할 수 있을 것이다.

빙빙 에돌아 얘기해봐도 인간은 어떤 상황에 처하더라도 인간의 말을 하고 인간의 일을 해야 한다고 말하고 있을 뿐이다. 이것이 그렇게 어려운가? 내가 보기에는 무척 어렵다. 예컨대 최근에 자전을 마구 뒤적거리다가 뜻밖에도 인류의 기본 생식 동작을 나타내는 글자가 없다는 사실을 발견했다. 나는 이해하려고 반나절을 노력했다. 아마도 편집자는 이 일이 보기에 좋지 않기 때문이라고 생각하여 또 다른 사전을 뒤적거렸던 모양이다. 그러다가 '식육침피食肉寢皮'•라는 단어를 발견했다. 이는 틀림없이 인간이 인간에 대해 해서는

● 그 고기를 베어 먹고 그 가죽을 벗겨 깔고 잔다는 뜻으로 원한이 골수에 사무친 것을 나타내기도 한다.

안 될 일이었다. 하지만 중국의 바르고 우아한 학자들은 이
단어를 이전에 삭제한 단어보다는 더 체면이 서는 글자라고
생각했다.

35. 초 영왕 전기

끈과 웃음

초나라 영왕靈王은 기원전 529년에 세상을 떠났다. 끈이 나무에 걸렸고 영왕은 끈에 걸렸다.

목이 올가미 안에 들어가 있었다. 이 일로 인해 그의 일생은 한 권의 통속소설이 되었다. 지나치게 완벽한 연극의 구조였다. 그는 그 동그란 올가미에 갇힌 작은 하늘을 보았을까? 12년 전 질식하여 고개를 돌린 그 얼굴을 보았을까? 물거품처럼 천천히 부풀어 오르던 그 두 눈을 보았을까? 얼룩덜룩 반점이 있는 그 갓끈을 보았을까?

바로 이렇게 영왕의 이야기는 작은 올가미로 시작되어 또 다른 올가미로 끝난다. 12년 전, 그의 손 근처에는 끈이 없었다. 그는 머리 위의 갓끈을 풀었다. 그렇게 힘들게 끈을 얻었다.

그때만 해도 그는 아직 공자 위^圍로 불렸다. 아버지 초 공왕^{共王}이 그에게 이런 이름을 지어준 것은 순전히 우연이었지, 절대로 어떤 운명의 폐쇄성 혹은 아Q의 동그라미, 목을 맬 동그라미를 예시하려던 것이 아니었다. 조정에서 집정하고 있는 초나라 영윤^{令尹}으로서 공자 위는 정^鄭나라 방문 길에 있었다. 그는 출국 방문을 무척이나 좋아했고 아이들이 설날을 기다리는 것처럼 그럴 기회를 기다리곤 했다. 하지만 이번에는 일정을 전부 취소하고 돌아가야 했다. 초왕이 병이 났기 때문에 서둘러 영도^{郢都}•로 돌아가 사랑하는 조카를 만나야 했다.

시위^{侍衛}가 관례대로 그의 검을 받았다. 그런 다음 어두침침하고 촛불 그림자가 흔들리는 내전으로 들어갔다. 공자 위는 그의 조카를 조심스레 살폈다. 조카는 아주 병약한 인물이라 애당초 위대한 초나라를 이끄는 중임을 담당할 능력이 부족했다. 초나라를 이끌 사람은 맹수의 날카로운 발톱을 지니고 있어야 했다. 한번 살펴보라. 그의 손이 얼마나 앙상하고 창백한가. 그는 한 마리 병든 닭 같아서 보는 사람들을 화나게 만들었다.

공자 위의 손은 날카로운 발톱 같았다. 하지만 그는 차라

• 춘추시대 초나라 도성으로 지금의 후베이^{湖北}성 장링^{江陵}현에 해당한다.

리 줄을 사용하거나 긴 갓끈을 사용하려 했을 것이다.

등불이 꺼졌다.

과거의 국왕이 세상을 떠나자 새 국왕이 세워졌다.

『사기』는 영왕이 재위하는 기간의 몇 가지 큰 사건을 기록하고 있다. 여기에는 진陳나라와 채蔡나라를 병합한 일도 포함된다. 채나라를 멸하는 방법은 채나라 제후를 초청해 국빈 방문을 진행하게 하고는 그에게 잔뜩 술을 먹여 단칼에 보내버리는 것이었다.

정말로 큰 사건은 제후들의 회맹을 거행한 것이다. 이는 춘추시대의 정상회담으로, 공인된 우두머리가 초청장을 보내 제후들을 불러 모으는 형식이었다. 반대로 말하자면 이렇게 한 번 손님들을 초청해야 본인이 어떤 사람인지 밝히고 자신이 우두머리임을 확인시킬 수 있었다. 다시 말해 작은 울타리 안에서 강세를 드러내는 것이다. 초대장을 발송해 남들이 오려고 하지 않는 건 큰 문제가 되지 않는다. 그저 우두머리로 하여금 더 큰일을 벌이도록 자극할 뿐이다.

"듣자 하니 자네도 맹회를 개최하려 준비한다더군. 이 어르신이 가서 시끌벅적하게 만들어주지. 데리고 갈 사람은 그리 많지 않네. 한 20만 명 정도 될 걸세. 다 수용할 수 있겠나? 장소가 너무 좁아 사람들이 서로 발을 밟을 일은 없겠지?"

그래서 맹회를 거행하는 것은 작은 일이 아니라 근본적인

국책이자 위세를 드러낼 수 있는 중요한 계기가 되었다. 영왕은 이 일을 매우 중시하고 전국적인 힘을 다 동원하여 잘 거행하려고 했다. 그 결과 (그 시대의 미국이라 할 수 있는) 진晉나라는 오지 않았다. 진나라가 오지 않자 송宋나라와 노나라, 위나라도 감히 오지 않았다. 하지만 아직 제나라가 있고 정나라가 있었다. 진陳나라와 채蔡나라도 아직 멸망하지 않은 터였다. 정나라와 진나라, 채나라는 초나라에 보호비를 바치고 있는 터라 감히 오지 않을 수 없었다. 요컨대 맹회는 아주 성대하게 거행되었다. 각국 수뇌가 소를 잡아 피를 마시면서 하늘을 향해 도덕을 중시하고 전쟁을 하지 않을 것을 맹세했다.

이 일을 해내고서 영왕은 세상과 강호가 다르지 않다고 생각했다. 수년 후 그와 대신 자혁子革은 한 차례 깊이 있는 연구를 진행했다. 영왕은 아주 진지했고 자혁은 엄숙했다. 하지만 좌구명과 사마천은 참지 못하고 미친 듯이 웃어댔다. 서둘러 이번 담화를 기록함으로써 후세에 두루 전해 영원한 웃음거리가 되게 하기로 마음먹었다.

영왕이 말했다.

"우리 집안의 조상들은 300년 전에 제齊나라, 진晉나라, 노魯나라, 위衛나라와 더불어 주왕을 위해 목숨 바쳐 일했소. 그런데 주나라 천자께서는 그들에게는 적지 않은 보물을 상으로 내리시면서 유독 우리 초나라에만 아무것도 주지 않으셨소. 나는 사람을 보내 주왕께 정鼎을 하나 요구할 작정인데 그대가 보기에 주실 것 같소?"

자혁이 대답했다.

"주지 않는 것은 불가능할 겁니다! 주왕은 지금 제, 진, 노, 위와 마찬가지로 우리 말에 복종하고 있으니까요. 정을 요구하는 것이 또 목숨을 요구하는 것은 아니지 않습니까. 주왕은 그걸 아까워할 수 없을 겁니다."

영왕이 또 물었다.

"정鄭나라의 허許 땅은 우리 조상들이 사시던 곳이오. 정나라에 돌려달라고 얘기하고 싶은데 그대가 보기에 줄 것 같소?"

자혁이 되물었다.

"주나라가 정을 아까워하지 않는데 정나라가 어찌 감히 땅을 아끼겠습니까?"

영왕이 말했다.

"과거의 제후들은 모두 진晉을 두려워하면서 우리를 두려워하지 않았소. 지금 우리 초나라는 초대형 도시가 여러 개 있고 성벽도 하늘에 닿을 정도로 높소. 그대는 제후들이 우리를 두려워하지 않을 것 같소?

자혁이 대답했다.

"두려워하고 경외할 겁니다!"

영왕이 크게 기뻐하며 말했다.

"자혁 그대는 옛일 이야기를 아주 잘 하는구려! 역사를 잘 이해하고 있고 학문도 깊은 것 같소!"

영왕이 물러가자 영왕의 수행원인 석보析父가 화를 냈다.

"자혁, 그래서야 우리 초나라의 엘리트라고 할 수 있는가? 어떻게 그리 예스맨처럼 모든 걸 긍정하는 건가? 초나라를 수렁으로 내몰 생각인가?"

자혁의 얼굴이 빨개졌을까? 역사에는 기록된 바가 없다.

이상이 영왕의 자신에 대한 느낌이다. 충분히 훌륭하다. 그에 대한 다른 사람들의 진실한 자기 느낌은 살지 못할 상황에 이르기 전에는 말하지 못한다. 따라서 영왕은 사람들을 살지 못할 상황으로 핍박하지 말았어야 했다. 하지만 문제는 그가 자신의 초나라를 너무 대단하게 생각하는 바람에 남들이 살 것인지 죽을 것인지를 고려하지 못했다는 것이다. 우두머리가 되면 천하를 향해 나아가게 된다. 천하에는 다스려야 할 불인불의^{不仁不義}한 일이 얼마나 많이 기다리고 있을지 알 수 없다. 예컨대 제^齊나라에서는 최저^{崔杼}와 경봉^{慶封}이 반란을 일으켜 제왕을 살해했다. 전해지는 바에 따르면 21세기의 보편타당한 가치관 중 하나는 민선 대통령을 전복시킬 수 없는 것이라고 한다. 기원전 5세기에서 18세기까지의 보편타당한 가치관은 적자 계승 군주를 전복시킬 수 없다는 것이었다. 최저와 경봉이 일을 아주 깔끔하게 처리했다면 아무도 이에 관여하지 않았을 것이다. 하지만 일이 뜻대로 이뤄지지 않아 경봉은 가솔들을 데리고 오^吳나라로 도피해야 했다. 이리하여 영왕은 관여하지 않을 수 없었다. 오나라에 교훈을 주고 정의를 신장시킬 수 있는 일인데 천하를 위해 어찌 하지 않을 수 있겠는가?

이리하여 그는 오나라로 병력을 보내 경봉을 체포하고 그의 구족九族을 멸했다. 경봉은 묶어서 광장으로 끌고 가 목을 베려 했다. 영왕이 간단한 연설을 했다.

"여기 죄인이 서 있다! 이자는 그의 군왕을 살해했다. 천하의 모든 사람은 그를 따라하지 말아야 할 것이다. 이것이 군왕을 시해한 자의 최후라는 것을 기억하라!"

하지만 한 가지 작은 실수가 있었다. 경봉의 입을 막지 못한 것이다. 자신과 가족이 곧 한 무더기의 고기 더미가 될 순간에 경봉이 또 무얼 두려워하겠는가? 사실대로 말하지 못할 거면 아예 말을 하지 않았을 것이다. 그는 목청 높여 큰소리로 외쳤다.

"그래, 맞는 말이다! 공자 위가 자신의 왕을 죽이고 스스로 왕이 된 것과 다르지 않다!"

광장에서 영왕은 수만 명의 병력을 거느리고 있었지만 마이크는 가지고 있지 않았다. 경봉이 외치는 소리를 수천 명이 들었을 것이다. 하지만 『사기』와 『좌전』에서는 이 수천 명의 반응에 대해 단 한 글자도 기록하고 있지 않다. 광장에 있던 사람들은 귀를 가지고 있지 않은 것 같았다. 정말로 그랬다. 모두가 영왕에게 탄복해 마지않았다. 이것이 진정한 우두머리의 위용이었다. 하지만 여기서 「곡량전穀梁傳」의 한 구절이 정적을 깬다.

"군인들은 모두 찬란하게 웃고 있었다."[115]

떠들썩하게 웃는 웃음도 아니고 하하 신나는 웃음도 아니다. 당연히 그런 웃음일 리 없다. 찬란한 웃음이란 소리 없는 회심의 미소다. 바람처럼 전염되는 웃음, 수만 명이 눈부시게 동시에 웃는 웃음이다.

전체적으로 볼 때, 영왕은 다른 성공한 인사들과 마찬가지로 아주 단순한 사람이었다. 자신의 요구만 알 정도로 단순했다. 증자曾子는 하루에 세 번 자신의 몸을 돌아보았다. 하지만 영왕은 어땠을까? 증자의 방식대로 하자면 그는 평생 단 한 번도 자신을 돌아보지 않았다. 확실히 그는 자신과 경봉이 같은 죄를 범했다는 사실을 생각지 못했다. 하지만 지금 그는 군중의 미소에 눈길을 돌려야만 했다. 군중은 무엇을 보고 웃었던 것일까? 뜻밖에도 그들은 웃고 있었다! 내가 만일 영왕이었다면 이 수만 개의 웃음을 수만 자루의 칼로 이 세상에서 당장 사라지게 했을 것이다. 그들의 웃음은 폭동이자 반란이었다. 그들은 슬그머니 웃는 웃음으로 악독한 동맹을 결성할 것이고, 나는 이 수만 명을 대면하고 서서 고독한 한 사람, 웃음을 당하는 사람이 될 것이다!

물론 나는 그들을 전부 죽이지 않을 것이다. 그랬다가는 사람을 죽일 사람이 없어지기 때문이다. 나라면 경봉을 단상으로 올라오게 할 것이다. 그런 다음, 그 수만 명의 군중으로 하여금 그의 얼굴에 침을 한 번씩 뱉고 큰소리로 그의 말이 전부 거짓말이라고, 사기꾼이라고 선포하게 할 것이다! 그러면 모든 사람이 방금 군중 앞에서의 자신의 그 웃음을 지워버려야 했을 것이다. 경봉의 얼굴에 뱉은 그들의 침도 실제로는 자신들의 얼굴에 떨어진 셈이 됐을 것이다. 더러운 액체가 점점 진실된 분노를 자극하여 모든 사람을 흥분하게 하고, 모든 사람으로 하여금 정말로 중요한 것은 자기 자신의 편에 서는 것임을 의식하게 만들었을 것이다.

하지만 그날, 영왕은 당황했다. 그는 히스테리를 부리듯 큰소리로 외치는 수밖에 없었다.

"저자를 죽여라!"

경봉의 머리가 땅바닥에 나뒹굴었다. 그 입은 아직도 소리 없이 웃고 있었다. 치아가 유난히도 희었다.

이는 기원전 538년의 일이다. '옛 이야기를 잘 하는 사람들'은 이것이 중요한 순간임을 알 수 있었다. 이 순간 영왕은 결정적으로 9년 후 나무 위에 매달리게 될 그 줄을 향하고 있었다. 그의 죄가 공표되었기 때문이 아니라 그 미소에 대해 뜻밖에도 힘을 전혀 쓰지 못했기 때문이다. 세상에 희롱당한 아이와 다를 바 없었다.

그랬다. 「벌거벗은 임금님」에는 두 아이가 등장한다. 한 명은 진상을 말하는 아이이고 한 명은 속임당한 임금님이다.

사람이 된 왕

앞서 말한 것처럼 영왕은 매우 단순했다. 요란한 걸 좋아하고 전쟁을 좋아하며 아첨하는 말을 좋아했다. 기본적으로 우리 집 고양이랑 성격이 같았다. 아주 작은 나라의 왕이었다면 며칠 엎치락뒤치락하는 것으로 끝났을 것이다. 다행히 그는 초나라에 살았다. 대국이었다. 하지만 대국도 이런 식으로 가다가는 무너질 수 있었다. 언제 끝날까? 정鄭나라 자산子産은 10년도 걸리지 않을 것이라고 장담했다.

이러한 예측은 『좌전』 소공昭公 4년 기원전 538년에 한 것이다. 영왕의 의지와 기세가 가장 왕성한 한 해였다. 그로부터 9년 뒤 소공 13년에 영왕은 전쟁에 패해 죽었다.

그 시기에 정나라는 소국이었다. 게다가 강대해질 희망도 거의 보이지 않았다. 하지만 자산은 작은 나라의 큰 인물로서 차가운 눈으로 큰 나라의 작은 인물들을 바라보면서 선견지명을 가질 수 있었다.

"나는 초나라를 두려워하지 않는다. 사치하고 오만하여 간언에 귀 기울이지 않으니 10년 가기가 어려울 것이다."[116]

이른바 '태汰'라는 단어의 의미는 '사치스럽다侈'와 같다. 함부로 돈을 마구 쓴다는 뜻에 경솔하다는 의미가 추가된 단어다. 우리는 이 영왕이라는 인물을 생각하면서 때로는 그가 춘추를 살았던 인물이 아니라 오히려 인터넷 속에 살아 있는 인물이라는 느낌을 받기도 한다. 예컨대 진晉나라는 당시에 슈퍼 대국으로 모든 면에서 초나라를 통제하고 있었다. 영왕이 즉위한 뒤로 쌍방은 남녀의 개입으로 관계가 완화되었다. 진왕이 규녀를 영왕에게 시집보내면서 두 명의 신하를 파견하여 초나라로의 송친 행렬을 성대하게 치장했던 것이다. 영왕은 기지를 부려 밤중까지 회의를 열었다.

"내가 가장 미워하는 것이 바로 진나라이니 분을 풀 수 있을 때 풀면서 사사건건 철저하게 관리하는 수밖에 없소. 내 생각에 한 명은 다리를 부러뜨려 내 문지기로 쓰고 다른 한 명은 거기를 잘라내 후궁에 남게 하는 게 좋을 것 같은데 그대들은 이에 대해 어떻게 생각하시오?"

아무도 말을 하지 않았다. 전부 명한 표정을 짓고 있었다. 다행히 침을 아까워하지 않는 한 사람이 자리에서 일어서 장황하게 다섯 수레나 되는 이치를 쏟아놓았다.

"지금 우리는 원수를 갚는 것이 아니라 혼례를 치르고 있는 겁니다. 원수를 갚는 일도 이렇게 수준 낮은 방식으로 해선 안 될 것입니다."

그 두 명의 진나라 대신 가운데 한 사람이 한선자韓宣子로 삼가분진三家分晉* 때 한나라의 조종祖宗이었다. 이때 정말로 그의 몸에 칼을 댔다면 이른바 전국칠웅戰國七雄은 하나가 준 육웅이 되었을 것이다.

이상을 통해 초왕이 특수한 유형의 통치자 그룹에 속한다는 것을 알 수 있다. 그들은 대개 사악함과 유치함을 동시에 지니고 있다. 그들은 수많은 사람에게 상해를 입히지만 이는 아주 깊이 생각한 악의에서 나온 것이 아니라 현실감각의 결

* 춘추 말년에 강대국이었던 진晉나라를 한韓, 조趙, 위魏 세 집안의 열경들이 나누어 차지한 사건이다. 역사적으로 춘추시대의 끝과 전국시대 시작의 분수령으로 평가되고 있다.

핍에서 나온 것이다. 타인에 대한 공감능력 결여와 불인^{不仁}, 그리고 세계가 운용되는 상식에 대한 철저한 무지가 원인인 것이다.

이처럼 걸어다니는 보물은 유치원이나 정신병원으로 보내야 마땅하지만 그는 어엿한 왕위에 앉아 있었다. 그러던 어느 날 그는 뜻밖에도 모든 사람이 자신의 적이라는 사실을 깨달았다. 그는 막막한 심정으로 더없이 억울한 표정을 지으며 물었다.

"내가 그대들에게 무슨 짓을 했던가?"

그날은 소공 13년, 기원전 529년이었다. 여명 때였을 가능성이 매우 크다. 영왕은 군영 안을 걷고 있었다. 이 군영에는 하루 전만 해도 그의 장사병이 가득했지만 날이 점점 밝아오면서 이제는 죽음의 폐허가 되어버렸다는 것을 알게 되었다. 아무도 없었다. 막사가 전부 텅텅 비어 있었다.

이런 상황에서 영왕이 보인 반응은 어떤 통속 영화보다 더 통속적이었다. 그는 몸을 돌려 남아 있는 몇몇 시종을 향해 거칠게 소리쳤다.

"사람들은 어디 갔느냐? 다들 어디 간 거냐고?!"

사람들은 전부 도망친 뒤였다. 모두 그의 적에게로 투항했다. 며칠 사이에 전지가 적들로 가득 찼다. 여기에는 그에 의해 쫓겨난 동생 자비^{子比}와 자철^{子晳}, 그가 줄곧 신임하고 대권을 위임하기도 했던 동생 기질^{棄疾}도 포함되어 있었다. 그들은 영왕이 군사를 이끌고 외지로 나간 사이에 도성을 점령했다. 그날부터 초나라 왕은 자비였다. 새 왕의 명령이 이미 군영에 도착해 있었다.

"도망쳤으나 돌아오는 사람들은 죄를 묻지 않겠지만 너무 늦게 돌아오는 사람들은 낭패를 보게 될 것이다."

그러자 영왕과 새 왕 사이의 수백 리에 달하는 도로 위로 먼지구름이 일었다. 수만 명의 초나라 장사병들이 미친 듯이 장거리 달리기 경주를 벌였다.

영왕은 부축을 받으며 수레에 올랐다가 다시 내렸다. 수레에 올라서야 시종이 우물쭈물하면서 그의 아들이 이미 반군에게 살해당했다는 사실을 말해주었기 때문이다.

영왕은 차차 정신을 차렸다. 역사가들은 그를 주시했고 텔레비전을 시청하던 이들도 그를 주시했다. 그는 울고 있었다. 사람들은 문득 그의 눈물이 국왕의 눈물이 아니라 아버지의 눈물이라는 것을 발견했다.

얼마 후 영왕이 한마디 물었다

"남들도 자식을 나처럼 이렇게 사랑하는가?"[117]

이 한마디는 영왕 일생의 진정한 기점이었다. 그 전까지 그는 타인들이 자신과 마찬가지로 인간이라는 사실을 한 번도 의식한 적이 없었다. 모든 사람이 같은 수평 위에서 공존하고 있다는 사실을 알지 못했다. 그는 왕이었을 뿐, 사람이 아니었던 것이다.

이제 그는 이 세상에 얼마나 많은 사람이 잔인한 권력에 목숨을 잃는지, 피 흘리는 아버지들의 마음이 얼마나 많은지 알게 되었다.

"내가 남의 자식을 많이 죽였으니 이런 지경에 이르지 않을 수 있겠는가?"[118]

시종이 물었다.

"도성으로 돌아가 형세가 어떤지 살펴볼까요?"

"그럴 필요 없다."

"아니면 성지城池에 머물면서 국제사회의 지원을 요구해볼까요?"

"아니다. 됐다."

"그럼 아예 해외로 망명하시지요."

"그럴 생각 없다."

몇몇 시종이 잠시 생각해보고 나서 말했다.

"그럼 좀 쉬고 계세요. 저희는 갈 길을 가야 할 것 같습니다."

말이 끝나기 무섭게 시종들은 가버렸다.

왕은 이제 사람이 되었지만 갈 곳이 없어 '홀로 산속을 방황해야 했다'. 그는 2500년 전 남방의 그 망망한 들판을 걷고 있었다. 2500년 이후의 사람들과 마찬가지로 믿고 의지할 데 없는 고독한 들판의 귀신이 되어버렸다. 그는 과거 궁중에서 일하던 노복을 한 명 만났다. 두 사람은 길가에 앉아 있었다. 그가 말했다.

"배가 고파. 사흘 동안 밥을 먹지 못했네. 먹을 걸 좀 주게."

노복이 말했다.

"새 왕의 명령이 떨어졌습니다. 대왕을 따르는 자는 죄가 3족에 미친다는군요. 게다가 여기는 황량한 들판인데 어디 가서 먹을 것을 찾아오겠습니까?"

말이 없었다. 그는 점점 혼수상태로 빠져들어가 노복의 다리를 베고 누웠다. 얼마 후 깨어나 보니 머리를 받치고 있는 것은 흙덩어리였다.

『오어吳語』의 기록에 따르면 이 굶주린 사람은 계속 고통스럽게 땅바닥을 기어다녔다고 한다. 이때 저 멀리서 어떤 사람이 걸어와 그를 일으켜 세운 뒤, 들쳐 없고 자기 집으로 갔다.

이 사람의 이름은 신해申亥다. 여러 해 전, 초나라 영왕이 그의 아버지를 풀어준 적이 있었다. 무쇠 같은 표정으로 집정한 관리였는데 이제 그 아들이 결연하게 이 노인을 거둬주고 있는 것이다.

한때 왕이었던 이 사람은 자신이 과거에 그런 일을 했다는 걸 잊었을 것이다. 자신이 한때 왕이었다는 사실도 잊었을 것이다. 그날, 그는 그 나무를 향해 걸어가 끈을 걸었다. 그 순간 그에게는 평생 한 일 가운데 지금 하고 있는 일만이 진정으로 지신을 위해 하는 것이었다. 그리고 그에게 가장 가치 있는 일이었을 것이다.

하지만 일은 이것으로 끝이 아니었다. 도성에서는 영왕의 폭정에서 해방된 환호가 이미 사라지기 시작했다. 이제 신문과 인터넷상의 기사 제목은 "영왕의 행방이 분명하지 않다!" "영왕이 산중에 은신하면서 반격을 준비하고 있다!" "영왕의 부대가 지금 도성에 가까이 다가와 있다!" 같은 것이었다.

소식은 갈수록 더 많아지고 긴장된 분위기는 갈수록 더 고조되고 있었다. 그 대규모 장거리 경주에서 앞서 달리던 사람들이 후회하기 시작하고 뒤에 처졌던 사람들이 기뻐하면서 희망을 갖기 시작했다.

밤중에 장강 위에 갑자기 횃불을 밝힌 쾌속선 몇 척이 나타나더니 유령을 태우기라도 한 것처럼 빠르게 왕래하기 시작했다. 강 위에서 스산한 함성이 울리면서 두려움에 잠 못이루던 성지에 전해졌다.

"영왕이 도착했다! 영왕이 왔다!"

성내는 큰 혼란에 휩싸였다. 누군가 황급히 왕궁 안으로 뛰어 들어갔다.

"대왕이 돌아왔어요! 빨리 도망쳐요. 시간이 없어요!"

새 왕 자비와 자철은 궁 밖에서 점점 가까이 들려오는 함성을 듣고 있었다. 그들은 분노한 사람들이 거대한 군중을 이루어 왕궁을 향해 몰려오고 있는 모습을 목도하고 있는 듯한 느낌이었다. 내일이면 왕궁 앞 광장에서 군중이 영왕의 귀환에 환호할 것 같았다. 군중은 영왕을 얼마나 사랑하는 것인가? 군중은 영왕만큼이나 순진하고 사악하고 변화무쌍했다.

신경쇠약에 걸린 이 두 사람은 자살하고 말았다.

그리고 나서 줄곧 어두운 곳에 숨어 있던 한 사람이 모습을 드러냈다. 기질이었다. 그가 왕위에 올랐다. 알고 보니 그가 바로 장강 위 쾌속선들의 주인이었다. 그는 뉴스의 발포자이기도 했다. 그는 영왕이 죽은 것이 분명하다고 선포했다. 그러고는 이름 없는 시신을 한 구 구해 영왕을 위한 성대한 장례를 거행했다.

이 새 왕이 바로 왕평푸王으로서 나중에 오자서에 의해 관을 파내 채찍질을 가하는 굴관편시掘棺鞭尸의 형을 당했다. 물론 이런 사실을 그 자신은 영원히 알 수 없었다.

36. 뽕나무 전쟁

정세가 돌변했다. 두 어머니가 전쟁을 일으켰다.

주제는 어떤 더러운 저질 창녀 같은 년이 내 뽕잎을 몰래 따갔느냐는 것이었다. 누가 그녀의 누에를 전부 죽이고 똥구 멍이 없는 아들을 낳게 만들었느냐는 것이었다!

그런 얘기였다.

하늘은 변하지 않고 도道도 변하지 않았다. 어떤 일들은 머리 위의 하늘처럼 지금도 그렇고 2000년 전에도 그랬다. 조금도 변하지 않았다. 예컨대 여자들이 싸우는 방식이 그렇다. 그런 까닭에 이 싸움은 전술을 자세하게 밝힐 필요가 없다. 어쨌든 여자들의 싸움은 말다툼이 재빨리 몸싸움으로 발전한다. 머리끄덩이를 잡아당기고 얼굴을 할퀴고 젖가슴을 움켜쥐고 입으로 무는 등의 거친 동작들이 이어진다.

하지만 뽕나무는 침묵했다. 뽕나무가 전쟁의 근원이었다. 뽕나무가 인류의 영원한 분노와 격정을 불러일으킨 것이다. 그 나무는 그저 뽕나무에 지나지 않았지만 자리를 잘못 골라 자라났다. 오나라와 초나라의 경계선에 자리를 잡은 것이다. 문제는 그 경계선이 한 가닥 줄이 아니라는 것이다. 경계선은 땅 위에 그려진 것이라기보다는 마음속에 그려진 것이었다. 그리고 사람들의 마음은 모두 아는 바와 같이 예나 지금이나 똑같다. 신선한 뽕잎이 가득 달린 이 나무는 그곳에 서 있었다. 2500년 전에 성실하게 양잠 사업에 종사하던 오나라 부녀자들과 초나라 부녀자들에게는 그 나무가 유전油田이나 다름없었다. 그리하여 그 경계선의 소재와 연유에 대해 오나라와 초나라는 완전히 다른 주장을 했다. 결국 그 나무가 오나라 것인지 초나라 것인지는 이빨과 손톱으로 해결해야 할 문제가 되었다.

요컨대 어느 날 이른 아침, 오나라 부녀자 혹은 초나라 부녀자들은 놀라운 사실을 발견하고는 눈이 휘둥그레졌다. 그 나무에 가득 달려 있던 뽕잎이 하나도 남아 있지 않은 것이었다! 누가 그랬을까? 물론 비겁한 초나라 사람들 아니면 오나라 사람들의 소행이었다.

여인들 사이의 전쟁은 서막에 지나지 않았다. 여인들의 진정한 살상 무기는 그녀들의 남편이었다.

"애들 아빠, 당신은 죽은 귀신이야? 내가 어쩌다 이렇게 물러터진 약골한테 시집을 온 거지?"

이쯤 되면 약골도 강해질 수밖에 없었다. 당장 주먹과 곡괭이를 챙겨 나서야 했다. 그날 해질 무렵, 초나라 쪽이 큰 승리를 거두면서 오나라 쪽을 완전히 박살내버렸다.

이는 그다지 신선한 일도 아니었다. 지난 2000여 년 동안 중국 민간에서는 생존 자원의 쟁탈을 위한 싸움이 비일비재했다. 심지어 조趙씨네 개가 나를 한번 째려봤다는 이유로 흉기를 들고 종족宗族 사이에 닭이 날고 개가 뛸 정도로 요란하게 싸움을 벌이는 일도 다반사였다. 하지만 이날은 장張씨네와 이李씨네 사이의 문제도 아니고 동쪽 마을과 서쪽 마을 사이의 싸움도 아니었다. 오나라와 초나라의 싸움이었다.

이리하여 문제가 끝없이 이어지게 할 수는 없었다. 사태는 신속하게 업그레이드되었다. 당시에는 전보나 휴대전화가 없었다. 그 시대에는 간부들이 사사건건 상부의 견해를 구하는 습관도 없었다. 오나라 지방관은 두말하지 않고 병력을 이끌고 국경을 넘어 초나라의 마을 하나를 닭 한 마리 남기지 않고 전부 초토화시켜버렸다.

이런 일을 일컬어 국경 분쟁이라고 한다. 이전까지만 해도 이 사건은 역사와 무관했다. 아무 관계도 없는 것이나 다름없었다. 그러나 이 사건 이후로 요란하고 살벌하지 않은 일에는 역사가들이 관심을 갖지 않게 되었다. 역사가들의 붓은 피를 좋아하게 되었다. 어떤 사건의 중요성에 대한 역사가들의 판단이 기본적으로 피를 기준으로 하게 된 것이다. 사마천은 피가 흘러 방패가 떠내려가는 상황을 눈으로 보면서 큰 구슬과 작은 구슬들이 옥쟁반 위를 구르는 것처럼 핍진하게 묘사했다.

"비량卑梁의 대부가 노하여 군대를 일으켜 종리鍾離를 공격했다. 초왕이 이런 소식을 전해 듣고는 대로하여 국가의 병력을 총동원하여 비량을 전멸시켜버렸다. 오왕이 이 소식을 듣고 군사를 일으켜 공자 광光이 모친 집안의 재건을 위해 초를 공격하여 종리와 거소居巢를 멸했다. 이에 초나라는 두려워하며 도읍을 영郢으로 옮겼다."[119]

이는 『사기』「초세가楚世家」에 나오는 글이다. 관심 있는 사람은 각자 찾아서 읽어보기로 하고 그다음 설명은 생략한다. 요컨대 뽕나무 전쟁은 오나라와 초나라 사이의 대규모 전쟁으로 발전했다. 그리고 오나라가 우세를 점하게 되었다.

태사공 사마천의 아주 짧은 이 글은 촌철살인이라 하기에 부족함이 없다. 그다음에 이어지는 2000자가 넘는 대목보다 훨씬 더 뛰어나고 장자오쭝張召忠*이나 마딩성馬鼎盛** 같은 군사 전문가들이 보름 동안 떠들어댄 언술을 능가한다. '노했다怒' '노했다怒' '대로했다大怒'로 이어지는 점층법은 끊임없이 확대되는 전쟁이 분노에 의해 팽창된 것임을 극명하게 보여주고 있다. 그리고 마지막 '공恐'자는 후세에 초나라 사람들이 즐겨 먹는 고추보다 더 맵게 인간의 가벼움과 변덕스

---

* 중국의 유명 군사전문가.
** 중국의 유명 군사평론가.

러움을 직설적으로 말해준다. 사람이 화가 났을 때는 존엄이
나 호방한 감정 따위는 애석하게도 사랑만큼이나 오래 지속
되지 못한다. 눈 깜짝할 사이에 변방의 성 두 개를 잃고 황망
히 도성에서 대규모 공사를 벌인 나라가 바로 그 당당한 초
나라였다. 도성 이외의 것들은 필요하지 않단 말인가? 아니
면 대인 나리들께서 자신들의 호화 저택을 지키는 일만 생각
했던 것일까?

　뽕나무 전쟁과 관련하여 『사기』와 『좌전』의 견해는 서로
다르다. 양자를 비교해보면 태사공은 시원한 서술만 고려했
는지 이 한 차례 전쟁을 추호의 빈틈도 허용하지 않는 번개
전쟁으로 묘사하고 있다. 당시에는 소식의 전달이 매우 느렸
고 고속도로도 없었으며 병력 파견도 상당이 느렸다. 따라서
전쟁은 몹시 지루하고 긴 연속극 같았다. '노했다'에서 '두려
워했다'에 이르기까지 시간이 아무리 적게 걸려도 반년은 걸
렸다. 그사이에는 또 수많은 일이 일어났지만 사마천은 번거
로운 것이 싫어 전부 생략해버렸다. 예컨대 오나라가 종리를
친 것은 지방 관리가 스스로 나서서 살인과 약탈을 자행함으
로써 분풀이한 것으로서 일이 끝나고 당연히 군대를 물려야
했다고 서술했다. 한편 이쪽에서는 초왕이 대로하여 비량을
공격하여 멸했다. 비량을 공격하면서 오왕이 대로하게 되리
라는 점을 생각했어야 하지만 초왕은 아예 그런 생각을 하지
않았다. 어쩌면 생각은 했지만 자신이 수습할 수 있을 거라

고 판단했는지도 모른다. 수습 방법은 호호탕탕 함대를 이끌고 오나라 국경을 따라 항해해 가다가 내친김에 월㐀나라를 방문하여 월왕과 함께 친선 회담을 거행하는 것이었다.

이러한 방법에는 예나 지금이나 특별한 변화가 없다. 이를 무력시위 혹은 전략적 동맹관계의 확립이라고 말한다. 아주 훌륭하고 힘 있는 방법이다. 하지만 언제든지 듣기 싫은 말을 하거나 비아냥거리는 사람들이 있기 마련이고 아무도 그를 부추기지 않지만 그는 참지 못하고 말을 하려고 한다. 예컨대 당시 초나라에 이처럼 골치 아픈 사람이 하나 있었다. 그의 이름은 수㐀였다. 수 선생은 차가운 눈으로 천하를 바라보다가 한 가지 의론을 냈다.

도대체 우리 초나라는 싸우고 싶은 것인가 싸우기 싫은 것인가? 대규모로 싸울 것인가 아니면 소규모로 싸울 것인가? 정말로 싸우려 한다면 이렇게 북을 치고 징을 두드리지 말아야 한다. 싸움이 무슨 연극인 줄 아나? 사람을 무는 개는 짖지 않고 짖을 줄 아는 개는 사람을 물지 않는다. 세를 과시하는 것은 정말로 싸우고 싶지 않다는 것을 의미하지만 그것이 바로 싸움을 부르는 행동이다.

"오나라는 움직이지 않음으로써 자신들로 하여금 출동에 속도를 내게 합니다. 그렇게 오나라 군대가 초나라 군대를 바싹 뒤쫓는데 국경에 아무런 방비도 하지 않는다면 성읍을 빼앗기지 않을 수 있겠습니까?"[120]

수많은 세월이 지나 1886년, 이홍장은 아시아 최대의 순양함인 '진원鎭遠'호와 '정원定遠'호를 포함하여 네 척의 철갑선을 보내 일본을 방문하게 했다. 전해지는 바에 따르면 1891년에도 황해를 장악하고 있다고 호언장담하던 중국 해군이 다시 일본을 방문하여 무력시위를 했다고 한다. 그러고 나서 1894년 갑오甲午해전이 벌어졌다.

그날 수 선생이 그 자리에 있었다면 뭐라고 말했을까? 자랑하면서 뽐내지 말라고 하지 않았을까? 8년이라는 시간 동안 이빨을 갈고 피를 빨아들인 일본 해군은 중국의 조정을 한 번도 찾지 않았다. 중국은 왼쪽으로 한 번, 오른쪽으로 한 번 자신감을 드러냈고 정말로 스스로를 믿었다. 이때 수 선생 같은 사람이 근심 어린 표정으로 이홍장에게 묻지 않았을까? 혹시 '분노한' 제군이 정말로 전쟁을 하려는 건지 묻지 않았을까?

물론 모두들 분노하고 자신감에 차 있긴 했지만 수 선생이 2000년 전에 했던 말을 듣는 사람은 하나도 없었다. 결국 오왕은 대로했다. 대로는 진정한 분노였다. 아무 일도 없는 것이 아니었다. 엄정한 성명이 아니라 심사숙고하여 내린 결단이자 혈기가 넘치는 강철 같은 의지였다. 어떤 희생을 치르더라도 가야 했다. 모든 것을 걸었다. 목숨도 원치 않았다! 초왕의 무장한 공금 여행은 원만하게 끝났다. 그리고 바로 이때, 오왕이 뒤에서 쳐들어왔다······.

재수없는 수 선생은 또 이렇게 말했다.

대왕께서 이렇게 몸부림을 치시고도 성채 두 개를 잃으셨으니 우리 초나라가 이런 몸부림을 몇 번이나 견뎌낼 수 있을까요? "초나라의 패망은 여기서 시작되는 것 같군요!"[121]

그랬다. 모든 것이 방금 막 시작되었다. 뽕나무 한 그루에서 시작하여 11년 뒤에 오나라 군대는 초나라 도성을 공격해 들어갔다.

그 뽕나무는 이제 오나라 차지가 되었다. 하지만 뽕나무를 다투던 사람들은 하나도 남지 않고 전부 죽었다. 뽕나무를 따면서 부르던 노래는 다시 들을 수 없었다.

37. 오자서의 눈

오자서伍子胥는 소관昭關을 지나면서 하룻밤 사이에 머리가 하얗게 셌다.

나는 이것이 중국 정신사에 있어서 잊힐 수 없는 중요한 사건이라고 생각한다. 소관 아래서 바람에 날리는 백발이 결연하게 경계를 그었다. 이쪽은 홍진의 세계이자 흑발이고 저쪽은 황량한 들판이자 고독한 영웅이었다.

사마천의 『사기』는 지금까지 어떤 저작물도 따라잡을 수 없을 정도로 가장 장엄한 중국어 텍스트였다. 『사기』를 읽으면서 「오자서열전」을 읽을 때면 풍운이 격동하고 귀신들이 놀라 울부짖는 것을 느낄 수 있다.

"내 눈을 오나라 동쪽 성문에 매달아달라. 월나라 도적들이 몰려와 오나라를 멸망시키는 것을 기필코 보고야 말리라!"

오자서는 이 한마디를 남기고 자신의 검으로 자진했다. 커다랗게 뜬 그의 두 눈은 정말로 성문에 걸렸을까? 그의 저주는 심판 같고 천벌 같았다. 2000여 년 전을 살았던 이 초楚나라 사람은 무엇을 보고자 했던 것일까? 단지 월왕 구천勾踐의 그 비겁하고 음험한 대군을 보려던 것이었을까?

사마천이 묘사한 오자서는 줄곧 미친 듯이 돌아다니고 도망치고 추격하는 상태에 있었다. 그는 발길을 멈출 수가 없었다. 윗사람들을 즐겁게 하고 친구들을 신나게 하고 세상이 자신을 편안하게 받아들일 수 있도록 하기 위해 그는 영원히 모든 관계를 제대로 관리할 수 없었고, 영원히 불만족스럽긴 하나 그런대로 살아갈 수 있었음에도 영원히 노기등등했고 언제든 검을 뽑아 목숨 건 싸움을 벌일 준비를 하고 있었다.

이런 사람은 다른 사람들에게 받아들여지기 쉽지 않다. 중국의 옛사람들도 일찍이 "너무 희고 깨끗한 것은 더러워지기 쉽다"[122]고 말하지 않았던가? 새하얀 옷을 입고 강호를 돌아다니면서 어떻게 옷에 진흙이나 먼지가 묻지 않을 수 있겠는가?

오자서는 그래도 굳세게 눈처럼 결백하기를 원했다. 결과는 어떻게 되었을까? 공연히 머리를 하얗게 세도록 만들고 말았다. 그는 남들에게 관대하지 않았고 자신에게도 관대하지 않았다. 이런 얘기를 하다보니 문득 루쉰이 생각난다. 생각을 이어가보지만 애석하게도 생각나는 사람이 루쉰밖에

없다. 중국인들 가운데 오로지 루쉰만이 오자서의 동반자가
될 수 있을 것이다.

사실 오자서에게는 동반자가 필요하지도 않았다. 그는 사
람들과 한데 뭉치는 걸 좋아하지 않았고 자기 주위로 사람
들이 모여든다고 해서 힘이 나지도 않았다. 그의 마음속에는
하느님도 없고 하늘의 뜻天道도 없었으며 용기를 더해줄 거
창한 언사도 없었다. 그는 영웅이었다. 모든 것을 고독하게
혼자 선택하고 싸움에서 자신의 운명을 받아들였다. '영웅'
이라는 단어에 대해 그는 전무후무한 정의를 내렸다. 영웅은
절대적인 '개인'이다.

이리하여 오자서의 깊고 그윽한 두 눈은 우리를 응시하고
있다. 2000년 전의 고독과 3000장丈의 백발이 지금 우리를
바라보고 있다……

38. 진나라 조정에서 울다

오자서와 신포서 申包胥가 길에서 만났다.

이때의 오자서는 외롭고 고독한 혼귀였다. 집도 없고 나라
도 없고 법도 없고 하늘도 없었다. 오로지 그 몸과 그 마음,
그 검 한 자루밖에 없었다. 반면에 이때의 신포서는 초나라
의 고관이었다. 그가 친구의 앞을 가로막았다. 그는 죽음의
추격을 피해다니던 도주범이었다. 오자서가 물었다.

"초왕은 우리 아버지를 죽이고 우리 형을 죽였네. 내가 어
떻게 했으면 좋을지 말해보게."

신포서가 긴 한숨을 내쉬고 나서 입을 열었다.

"그냥 가게."

신포서가 길을 내주었다. 하지만 오자서는 움직이지 않았
다. 그는 방금 자신이 던진 물음에 스스로 대답할 작정이었다.

"나는 초나라와 같은 하늘을 이고 있을 수 없네! 반드시 초를 멸망시켜 원수를 갚고야 말걸세!"

신포서가 말했다.

"자네는 초나라를 망하게 할 수 있을지 모르지만 나는 초나라를 지킬 수 있네. 자네는 초나라를 위태롭게 할 수 있을지 모르지만 나는 초나라를 평안하게 할 걸세!"[123]

여러 해 전에 영화계 친구와 한담을 나누다가 갑자기 오자서가 생각났다. 왜 오자서를 주인공으로 하는 영화를 찍지 않는 거지? 그는 중국 역사에서 비극적 성격이 가장 강한 영웅인데 말이야.

그날 저녁, 술을 많이 마시고 우리는 극도의 흥분과 어지러움 속에서 함께 오자서의 일생을 구성하는 모든 장면을 묘사하고 상상했다. 여기에는 그와 신포서의 조우도 포함되어 있었다. 이런 시도에는 고도古道의 석양이 필요하지도 않았다. 두 사람은 그 자리에 서 있었다. 아득히 먼 풍경이었다. 하늘은 그토록 높고 땅은 그토록 멀었다.

물론 술에서 깨자 이 모든 것이 없던 일이 되었다. 나는 지금까지도 그렇게 된 것이 천만다행이라고 생각한다. 적어도 오자서가 아직 어둠 속에 남아 있을 수 있기 때문이다. 그는 적어도 우리 세대의 떠돌이들에게 호되게 짓밟히지 않은 것이다.

이 시대가 어떻게 오자서를 이해하겠는가?

오자서와 신포서의 만남은 사람들의 윤리생활 속에 감춰

져 있는 깊은 심연을 걷어냈다. 사람들은 줄곧 자신에게 가정과 국가, 그리고 자신의 몸이 하나이고 한 가지 일이라고 말해왔다. 하지만 오자서는 이에 대해 질의를 던진다. 지금은 한 가지 일이 아니라면 어떻게 해야 하나? 신포서도 그것이 하나가 아니라는 사실을 잘 알고 있었다.

"자네에게 초나라에 보복하라고 하면 충성이라는 가치를 저버리는 것이 되고, 보복하지 말라고 하면 친구로서의 우정을 저버리는 것이 되겠지."[124]

우리가 신봉하고 있는 어떤 근본적인 가치들이 때로는 물과 불처럼 서로 받아들여지지 않을 수 있다. 그럴 때는 어떻게 해야 하나?

"자네는 자네 갈 길을 가게."

바로 이 순간, 친구는 둘 다 절대적인 선택을 했다. 이때부터 중용中庸을 따르지도 않고 평형을 추구하지도 않았다. 구차한 모습을 보이지도 않고 후회하지도 않았다. 이때부터 오자서는 초나라의 적이 되고 신포서는 자기 혼자 친구의 손에서 초나라를 구하기로 마음먹었다.

이런 친구, 이런 사람을 춘추 이후에는 다시 볼 수 없었다. 그들은 성인과 당승唐僧, 지식인들을 전부 궁지로 몰아버렸다. 이런 사람에 대해 우리는 어떤 판단도 내리지 못한다. 할 말도 없다. 뭐라고 말하든 그저 소인배의 마음을 드러내게 될 뿐이기 때문이다. 그들은 혈기에 의지하여 우리의 맨 바깥 가장자리를 뚫고 나갔다. 우리의 지혜와 정교한 말장난은 여전히 공허하게 맴돌고 있을 뿐이다.

혈기, 즉 피의 기운은 이 시대에는 완전히 이해될 수 없는 것이 되었다. 영화 「조씨고아」에서처럼 혈기가 끓어오르는 복수는 늘 애수에 잠기고 감상적인 모습을 보이는 지식인과 소시민들에 의해 이미 철저하게 사라져버렸다. 프로이센에 대한 마르크스의 분석을 읽어보면 늘 애수에 잠기는 감상적인 태도가 히스테리와 동전의 양면 같은 것임을 알 수 있다. 이 동전은 인터넷 시대의 광풍에 마구 돌고 있지만 영원히 뜻밖의 일은 일어나지 않을 것이다.

혈기는 위험한 것으로 인간의 생활에 있어서 영원히 노심초사하면서 억제해야 하는 부정적인 힘이다. 혈기는 절대로 허약한 히스테리도 아니고 필부의 순간적인 충동도 아니며 안전한 곳에 숨어 남을 욕하거나 큰소리치는 태도도 아니다. 혈기는 한 사람이 자신의 속마음이 인식한 공정과 천리天理에 의거하고 철석같은 자연법에 의거하여 내리는 일종의 결단이다. 이를 근거로 그는 절대로 타협하지 않고 진정한 '한 사람'이 되는 것이다. 그는 인간 생활의 어떤 평형의 법칙이나 지혜도 거부한다. 그는 단호하게 절대를 향해, 어둠을 향해 나아갈 뿐이다.

이런 혈기는 틀림없이 공동체의 질서를 심각하게 위협하게 된다. 알렉산더는 일찍이 이런 문제를 깊이 있게 의식한 바 있다. 혈기에 대한 그의 관점은 대단히 우유부단했다. 그는 이것이 중요한 가치라는 점을 부인할 수 없었다. 하지만 그는 또 인간은 반드시 자신의 혈기를 절제해야 한다는 신중한 자세를 제시했다. 공자도 마찬가지로 우리에게 혈기와 욕망은 사람을 극단으로 이끌고 절벽으로 몰아가기 때문에 두 가지를 발휘할 때는 반드시 안정된 곳을 찾아 단단하게 발을 딛고 서서 행해야 한다고 일깨운 바 있다.

맞는 말이다. 하지만 알렉산더와 공자가 오자서를 설복시킬 수 있었을까 하는 부분에 대해서는 여전히 회의적이다. 그 길에서 오자서는 혈기만을 따랐다. 거대하고 전횡적이며 불의하고 비이성적인 폭력에 대해 한 사람, 한 마리의 맹수가 필연적으로 보이게 되는 반응을 보였다. 고독하게 이에는 이로 대항하는 것이었다.

이 짧은 글을 쓰는 동안 친구가 보내준 글을 한 편 읽게 되었다. 내가 평소에 존경해 마지않는 작가 장청즈張承志 선생의 글이다. 그분이 글에 쓴 이야기는 중앙아시아에서 일어난 일에 관한 것이었다. 나는 글의 관점에 놀라움을 금치 못했지만 그와 동시에 또 오자서를 생각했다.

어쨌든 지금 내가 얘기하고자 하는 사람은 신포서다. 오자서와 헤어지고 나서 그는 줄곧 그날을 기다렸다. 그날이 결국 오고야 말리라는 것을 잘 알고 있었다. 그는 두려움으로 가득한 길고 긴 기다림 속에서도 그날이 오기를 기대했다.

그날이 마침내 찾아왔다. 오자서는 원수를 갚기 위한 대군을 이끌고 초나라의 도성을 공격해 들어갔다. 초나라에는 패망의 순간이 임박해 있었다.

얼마 후 1000리 밖, 진秦나라 궁전 앞으로 신포서가 다리를 절면서 지친 표정으로 다가왔다. 그는 이미 거지가 되어 두 손을 벌리고 있었다. 가진 것이 하나도 없었다. 그에게 필요한 것은 그의 초나라였다.

바로 이렇게 그는 궁전 대문이 있는 담벼락에 서서 울기 시작했다. 이는 어떤 유형의 울음이었을까? 신포서는 이레 밤낮을 쉬지 않고 울었다.

어떤 사람이 집 대문 앞에서 이레 동안 쉬지 않고 울고 있다면 그 집 주인은 몹시 잔인한 사람이거나 지독하게 둔한 사람일 것이다. 당시 나라의 주인이었던 진秦 애공哀公은 술을 좋아하고 미녀를 좋아했다. 당연히 대문 밖의 일은 좋아하지 않았다. 하지만 신포서가 이레 동안 계속 울어대자 철석같은 심장을 가진 진나라 사람들도 더 참지 못하고 애공을 붙잡아놓은 채 자세한 사정을 설명했다. 애공은 자기 이름에 맞게 몹시 슬퍼했고 감동했다.

"이런 게 바로 신하의 모범이다. 신하라면 모름지기 이런 모습이어야 한다! 진나라에는 왜 이런 신하가 없는 건가?"

애공의 말에 좌우의 신하들은 전부 난처하고 민망한 표정을 지으며 쓸데없는 짓을 했다고 자신들을 책망했다. 애공은 술을 한 사발 더 들이키고는 흥분을 감추지 못한 채 높은 산 큰 강처럼 웅장한 기세의 시를 한 수 지었다.

어찌 옷이 없다고 하는가? 솜옷을 그대와 함께 나눠 입으리라.

왕이 병사를 일으킨다면, 짧은 창 긴 날을 세워, 그대와 함께 원수를 갚으리라! [125]

"울지 마시오. 울지 말아요. 대왕께서 출병을 약속하셨소!"

신포서가 진의 조정에서 통곡한 일은 외교사의 기적이었다. 그의 눈물이 다하지 않은 것은 바로 혈기 때문이었다. 교활하고 능란한 계략은 쓸모가 없었다. 신포서는 자신을 내어놓았을 뿐이다. 그는 기본적인 천리를 제시했던 것이다. 이는 그가 보일 수 있는 절대적인 충성이었다.

그는 정말로 초나라를 구했다.

그 뒤로 신포서 같은 인물은 다시 나타나지 않았다. 사람들이 갈수록 똑똑해졌기 때문이다.

똑똑한 사례를 하나 들어본다.

전국시대에 초나라가 한韓나라를 공격하자 한나라는 진秦나라에 도움을 구하면서 근상靳尙이라는 사자를 보내 관례대로 순망치한의 이해관계를 설명했다. 이때 진나라의 주인은 선태후宣太后였다. 선태후는 젊은 나이에 과부가 되어 수절을 하고 있었지만 우아하고 아름다운 자태를 지니고 있었던 것 같다. 보고를 들은 그녀는 근상을 접견하면서 외교사의 경전이 될 만한 말을 한다.

"내가 선왕을 모실 때, 이미 죽은 귀신이 된 왕은 잠을 제대로 자지 못했소. 걸핏하면 그 뚱뚱한 허벅지로 내 몸을 내

리누르곤 했지요. 정말 견디기 어려웠소. 그런데 말이오. 때
로는 그가 온몸으로 나를 누르는데도 무겁다고 느껴지지 않
았소. 오히려 짜릿하고 상쾌했소. 그게 어떻게 된 일이었는
지 한번 알아맞혀보시오."

근상은 선태후가 자신을 불쏘시개로 삼으려 하는가 싶어
우물쭈물했다. 선태후가 먼저 말을 이었다.

"즐거움이라는 이익이 있기 때문이었소. 진나라가 병력을
일으켜 한을 구해주려면 군사 비용만 하루에 천금이 드는데
나로서는 감당하기가 어렵소. 그러니 우리 진나라가 무거움
을 느끼지 않도록 어떤 즐거움을 마련해야 하지 않겠소?"

근상은 울어봤자 소용없다는 것을 알았다. 한나라로 돌아
가 돈을 마련하는 수밖에 없었다. 하염없이 돈을 세야 했다.

풍경으로서의 고전

이 책의 저자 리징쩌는 중국작가협회 당위원회 서기처 서기로 상당한 고위 관료다. 산시山西 루이청芮城 출신인 그는 베이징대학 중문과를 졸업했다. 베이징대학 중문과는 우리나라 남북한을 합친 것에 맞먹는 면적의 일개 성省 전체에서 수석한 학생들만 들어갈 수 있는 중국의 최고 학부다. 한국에서는 의대나 법대가 가장 들어가기 힘든 것과 대조적으로 중국에서는 중문과가 들어가기 가장 어렵다. 이런 사실은 어쩌면 중국 사회의 숭문崇文사상 전통을 방증하는 것인지도 모른다. 돈과 권력의 상징인 의사나 법 기술자 같은 직업보다 사유와 글을 사회적 실천의 방법으로 삼는 문인이라는 정체성을 더 중시하는 사회는 적어도 지금의 우리 사회보다는 더 여유가 있지 않을까? 어쨌든 리징쩌는 내가 어쩌다 초청받아 참석하게 되는 대부분의 문학 행사에서 무대 혹은 상석에 앉아 있다가 치사를 하는 지위에 있는 인물이다. 중국식으로 표현하자면 '링다오領導'다. 그런 그를 나는 줄곧 작가 또는 학자로 인식하지 않고 다소 권위주의적인 공산주의 국가의 문화계 '링다오'로만 간주했다. 나로서는 범접하기 쉽지 않고 굳이 접촉할 필요도 없는 신분이었다. 그러다가 우연히 『인민문학』 한국어판인 『등불』에 실릴 그의 산문 한 편을 읽고 나의 이런 속 좁은 인식을 참회했다. 그의 글은 타이완의 문화 평론가이자 '직업 독자'인 탕누어唐諾의 통찰력을 능가했다. 결국 그의 산문을 번역하게 되었고 놀랍게도 그런 인연은 이 책을 번역하는 작업으로 확대되었다. 신나고 영광스런 일이었다.

300년이 채 안 되는 춘추시대 이야기를 가장 객관적이고 구체적인 관점으로 서술한 책이 『좌전』이다. 중국 문화와 중국 정신의 태동기인 이 시대는 전체 중국 역사에 있어서 최초의 질서 있는 안정기이자 치세治世라고 할 수 있다. 전국시대로 넘어가면서 이런 치세가 난세亂世로 전환되는 와중에 중국 역사는 파란만장한 이합집산의 행진을 시작하게 된다. 똑같은 춘추시대의 저작이면서도 공자를 담은 『논어』나 『맹자』에 비해 노魯나라의 역사가 좌구명左丘明이 『춘추』를 해석한 『좌전』은 상대적으로 우리에게 매우 낯선 저작물이다. 이는 중국의 고전을 수용하고 오늘날의 현실에 소환하는 태도와 방법에 커다란 문제가 있기 때문이다. 서점에는 『논어』와

『사기』에 관한 책이 무수히 많다. 정확히 말하자면 지나치게 많다고 할 수 있다. 반면 다른 고전 저작물들에 관한 책들은 희소할 정도로 적다. 고전의 수용과 소환이 일부 극소수 저작에 편중되고 그런 양상이 반복되며 고착화되는 것은 독자들이나 출판계 모두에게 이롭지 못하다. 우리에게 익숙한 고전들이 고전일 수 있는 이유는 2500년이라는 거대한 시차에도 불구하고 우리 삶을 둘러싼 갖가지 난제에 해결의 실마리를 줄 일정한 지략과 법칙, 방향이 있다는 믿음 때문일 것이다.『좌전』에는 수많은 인물의 이야기와 함께 이런 지략과 법칙, 방향이 담겨 있다. 이는 후세에 한漢나라 역사가 사마천司馬遷에 의해 또 다른 해석을 거친다. 춘추시대에 대한『논어』와『사기』의 서술은 주관적이고 편파적일 수밖에 없다. 이런 편파적인 상태를 해결하기 위해 우리에게는 탁월한 통찰력이 수반된 참신한 고전 해석서들이 필요하다. 다행히 앞서 언급한 탕누어도『안전眼前』(한국어판 제목은 '역사, 눈앞의 현실'이다)이라는 제목으로『좌전』에 대한 해석을 시도한 바 있다.『좌전』에 대한 탕누어의 해석은 다분히 전면적이고 논리적이며 사변적이다. 자신이『좌전』을 읽으면서 갖게 된 갖가지 질의에 대해 스스로 해답을 내리는 방식이다. 그에 비해 이 책에 담긴 리징쩌의 통찰 대상은『좌전』에 그치지 않고『논어』와『맹자』『사기』『전국책』등 춘추시대의 모든 저작을 아우른다. 그 방식은 탕누어에 비해 다분히 감성적이고 문학적이다.

요컨대 그가 우리에게 보여주고자 하는 것은 춘추라는 시대의 시비가 아니라 풍경이다. 춘추를 논리적으로 분석하는 것이 아니라 춘추의 삶을 재현하는 것이다. 그리고 이러한 재현의 방법은 문학적 서사다. 그는 오늘날 상품사회를 사는 사람들의 가장 기본적인 경험을 '놀라움'이라고 규정한다. 발터 벤야민도 이렇게 분석한 바 있다. 이런 놀라움의 경험은 대부분 표면적이고 말초적인 현상들에 지배된다. 특히 도시화, 산업화 시대로 들어선 지 오래인 중국인들의 경험은 수십 년째 눈이 휘둥그레질 놀라움으로 채워져 있다. 사회의 변화 속도가 너무 빠르기 때문이다. 리징쩌가 살고 있는 베이징은 중국 정치와 경제, 문화의 중심지로서 거대한 흡인력을 발휘한다. 거대한 대륙 각지에서 수많은 사람이 욕망을 밑천 삼아 베이징으로 몰려들어 이른바 '베이징 떠돌이 군상北漂'을 형성하고 있다. 그리고 그들의 성공이 중국의 시대와 문화를 상징하면서 엄청난 활력으로 작용하고 있다. 하지만 벤야민도 지적한 바 있듯이 이러한 활력은 화려하고 눈부신 곳으로만 편중되는 경향을 갖는다. 본질에서 벗어나 현상에만 집착하게 되는 것이다. 리징쩌의 문학은 중국 정신의 본질을 지향한다. 탕누어가 자신의 직업을 '직업 독자'로 규정하고 있는 데 비해 리징쩌는 자신의 직업을 '고전해석가'로 규정한다. 우리의 책 읽기에는 둘 다 필요하다. 이 책은 지금 우리가 중국의 본질을 잊고 현상에만 천착하고 있는 것은 아닌지, 고전이든 현대 문학이든 화려하고 빛나는 것만 알려고

옮긴이의 말

355

하는 것은 아닌지, 우리가 책 읽기를 통해 얻는 지식이 진정한 힘이나 에너지로 전환되고 있는지를 자문하게 만드는 책인 것 같다.

2022년 1월

김태성

1 『左傳』「鄭伯克段于鄢」. "不及黃泉, 无相見也."

2 『左傳』「鄭伯克段于鄢」. "大隧之中, 其樂也融融!"

3 『左傳』「鄭伯克段于鄢」. "大隧之外, 其樂也泄泄!"

4 『詩經』「鄭風」. "山有扶蘇, 隰有荷華, 不見子都, 乃見狂且."

5 『左傳』「桓公午年」. "君子不敢多上人, 況敢陵天子乎?"

6 『詩經 · 邶風』「二子同舟」. "二子同舟, 泛泛其景; 愿言思子, 心中养养; 二子同舟, 泛泛其逝° 愿言思子, 不瑕有害?"

7 『詩經 · 邶風』「新臺」. "燕婉之求, 籧篨不鮮."

8 『呂氏春秋』「仲春紀」貴生. "仰天而呼曰: '君乎, 独不可以舍我乎?'"

9 『呂氏春秋』「季秋紀」審己. "我已亡矣, 而不知其故, 吾所以亡者, 果何故哉? 我當已."

10 『呂氏春秋』「季秋紀」審己. "王之所以亡也者, 以賢也. 天下之王皆不肖, 而惡王之賢也, 因相与合兵而攻王, 此王之所以亡也."

11 『史記』「刺客列傳」. "乃市井之人, 鼓刀以屠."

12 『詩經 · 周南』「關雎」. "關關雎鳩, 在河之洲."

13 『詩經 · 周南』「關雎」. "悠哉悠哉, 輾轉反側."

14 『毛詩』「小序」. "「關雎」, 后妃之德也."

15 『毛詩』「大序」. "樂得淑女以配君子, 忧在進賢, 不淫其色, 哀窈窕, 思賢才, 而無傷善之心也."

16 『詩經 · 周南』「漢廣」. "南有乔木, 不可休息, 漢有遊女, 不可求思. 漢之廣矣, 不可泳思, 江之永矣, 不可方思."

17 『詩經 · 周南』「漢廣」. "之子於歸, 言秣其馬."

18 『詩經 · 周南』「漢廣」. "漢之廣矣, 不可泳思, 江之永矣, 不可萬思."

19 『呂氏春秋』「孝行覽」愼人. "夫子逐于魯, 削迹于衛, 伐树於宋, 窮於陳蔡. 殺夫子者無罪, 藉夫子者不禁, 夫子弦歌鼓舞, 未嘗绝音, 盖君子無所丑也若此乎?"

20 『呂氏春秋』「孝行覽」愼人. "如此可谓穷矣?"

21 『呂氏春秋』「孝行覽」愼人. "是何言也? 君子達於道之谓達, 穷於道之谓穷. 今丘也拘仁義之道, 以遭乱世之患, 其所也, 何穷之谓? 故内省而不改於道, 臨難而不失其德. 大寒既至, 霜雪既降, 吾是以知松柏之茂也…… 陳, 蔡之厄, 于丘其幸乎!"

22 『呂氏春秋』「孝行覽」愼人. "烈然返瑟而弦."

23 『呂氏春秋』「孝行覽」愼人. "抗然执干而舞."

24 『呂氏春秋』「孝行覽」愼人. "吾不知天之高也, 不知地之下也!"

25 『呂氏春秋』「孝行覽」愼人. "来而让, 不取其金."

26 『易經』「乾卦」. "君子終日乾乾, 夕惕若, 厲無咎."

27 『論語』「學而」. "朽木不可雕也, 糞土之墙不可圬也."

28 『孟子』「梁惠王」下. "寡人有疾, 寡人好貨."

29 『孟子』「梁惠王」下. "寡人有疾, 寡人好色."

30 『孟子』「梁惠王」下. "寡人有疾, 寡人好勇."

31 『孟子』「梁惠王」上. "上下交征利."

32 『孟子』「梁惠王」上. "率獸而食人."

33 『孟子』「公孫丑」上. "我善養吾浩然之氣."

34 『孟子』「梁惠王」上. "五十步笑百步."

35 『孟子』「梁惠王」上. "挾泰山以超北海."

36 『孟子』「梁惠王」上. "緣木求魚"(불가능한 것을 비유하는 말).

37 『孟子』「梁惠王」上. "君子遠庖廚"(군자는 음식을 만드는 과정에서 필연적으로 보게 되는 생명을 죽이는 잔인한 일을 해서도 안 되고 봐서도 안 된다는 뜻).

38 『孟子』「梁惠王」下. "與民同樂."

39 『孟子』「梁惠王」下. "國人皆曰可殺"(여론을 듣고 나서 정책을 시행해야 한다는 것을 비유한 말).

40 『孟子』「告子」上. "人性之無分善不善也, 猶水之無分于東西也."

41 『孟子』「告子」上. "人性之善也, 猶水之就下也. 人無有不善, 水無有不下."

42 『三字經』. "人之初, 性本善."

43 『孟子』「萬章」上. "象憂亦憂, 象喜亦喜."

44 『說苑』「建本」. "舜之事父也, 索而使之, 未嘗不在側; 求而殺之, 未嘗可得. 小箠則待, 大箠則走, 以逃暴怒也."

45 『孟子』「萬章」上. "父母使舜完廩, 捐階, 瞽瞍焚廩. 使浚井, 出, 從而揜之."

46 『孟子』「萬章」上. "謨蓋都君咸我績! 牛羊父母! 倉廩父母, 干戈朕, 琴朕! 弤朕! 二嫂使治朕棲!"

47 『孟子』「萬章」上. "舜往於田, 號泣於天."

48 『孟子』「公孫丑」上. "不受於褐寬博, 亦不受於萬乘之君."

49 『孟子』「公孫丑」上. "惡聲至, 必反之."

50 『孟子』「公孫丑」上. "視不勝猶勝也."

51 『孟子』「公孫丑」上. "自反而不縮, 雖褐寬博, 吾不惴焉; 自反而縮, 雖千万人, 吾往矣."

52 『中庸』第二十章. "知恥近乎勇."

53 『孟子』「滕文公」下. "方里而井, 井九百畝, 其中爲公田, 八家皆私百畝, 同養公田. 公事畢, 然後敢治私事."

54 『孟子』「滕文公」下. "今有人日攘其鄰人之雞者, 或告之曰: '是非君子之道.' 曰: '請損之, 月攘一雞, 以待来年, 然後已.' 如知其非義, 斯速已矣, 何待来年?"

55　『孟子』「公孫丑」下．"五百年必有王者興，其間必有名世者°由周而来，七百有余歲矣°……夫天未欲平治天下也；如欲平治天下，當今之世，舍我其誰也？吾何爲不豫也？"

56　『孟子』「滕文公」下．"後車数十乘，从者数百人，以傳食于諸侯，不以泰乎？"

57　『孟子』「滕文公」下．"非其道，則一箪食不可受於人；如其道，則舜受堯之天下，不以爲泰，子以爲泰乎？"

58　『孟子』「滕文公」下．"士無事而食，不可也！"

59　『韓非子』「說難」．"知所說之心，可以吾說當之．"

60　『春秋』「繁露」卷四．"甚矣，鲁公之淑，鲁公之美矣，天下諸侯之宜爲君者，唯鲁公矣．"

61　春秋「公羊傳」莊公十二年．"此虏也．尔虏何故？鲁侯之美惡乎至？"

62　『左傳』「僖公十四年」．"幸灾樂禍，不祥．"

63　『史記』「宋微子世家」．"寡人不能事鬼神，政不修，故水．"

64　『左傳』六四．"昔桀紂不任其过，其凶也忽焉；成湯文王知任其过，其興也勃焉，过而改之，是不过也．"

65　『左傳』十七．"宋國其庶幾乎！宋國要崛起了！"

66　『左傳』「莊公十一年」．"其興也勃焉，其亡也忽焉．"

67　明・無名氏，『臨潼斗宝』．"君子不乘人之危．"

68　『史記』「宋微子世家」．"君子不鼓不成列．"

69　『左傳』「僖公三十三年」．"子若欲戰，則吾退舍，子济而陳，迟速唯命，不然，纾我．老師舍財，亦無益也．"

70　『左傳』「僖公二十三年」．"子之能仕，父教之忠，古之制也．策名，委质，贰乃辟也．今臣之子，名在重耳，有年数矣．若又召之，教之贰也．父教子贰，何以事君？刑之不濫，君之明也，臣之愿也．淫刑以逞，谁則無罪？臣聞命矣．"

71　『左傳』「僖公九年」．"臣愿竭股肱之力，加之以忠，貞．其济，君之靈也，不济，則以死继之．"

72　『韓非子』「十过」．"璧則犹是矣，馬齿亦益長矣．"

73　『左傳』「僖公九年」．"人之欲善，谁不如我？我欲無贰，而能谓人己乎？"

74　『詩經』「大雅」抑．"白圭之玷，尚可磨也；斯言之玷，不可爲也．"

75　『左傳』「晉公子重耳之亡」．"男女同姓，其生不蕃，晉公子，姬出也．"

76　『左傳』「僖公二十三年」．"懷與安，实敗名．"

77　『左傳』「僖公九年」．"人实有國，我何爱焉？"

78　『左傳』「僖公二十三年」．"若以君之靈，得返晉國．晉楚治兵，遇於中原，其辟君三舍．若不获命，其左鞭，弭，右属櫜，鞬，以與君周旋．"

79　『左傳』「僖公十年」．"爲子君者，不亦難乎？"

80　『左傳』「僖公十年」．"欲加之罪，其無辭乎？臣聞命矣．"

81 『左傳』「僖公十三年」. "天災流行, 國家代有, 救災, 恤鄰, 道也, 行道, 有福."

82 『左傳』「僖公十三年」. "其君是惡, 其民何罪?"

83 『左傳』「僖公十四年」. "背施, 无亲, 興灾, 不仁, 貪爱, 不祥, 怒鄰, 不義, 四德皆失, 何以守國?"

84 『左傳』「僖公十五年」. "愎諫, 違卜, 固敗是求, 又何逃焉?!"

85 『左傳』「僖公十五年」. "陷君於敗, 敗而不死"

86 『周禮』「大司徒」. "若國有大故, 則致万民於王門."

87 『周禮』「小司寇」. "一曰詢國危, 二曰詢國遷, 三曰詢立君."

88 『左傳』「僖公十五年」. "若晉君朝以入, 則婢子夕以死! 夕以入, 則朝以死!"

89 『左傳』「寺人披見文公」. "君命無二, 古之制也, 除君之惡, 唯力是視."

90 『左傳』「僖公三十二年」. "击之, 必大捷焉!"

91 『左傳』「僖公三十二年」. "尔何知! 中壽, 尔墓之木拱矣."

92 『左傳』「文公六年」. "敌惠敌怨, 不在後嗣, 忠之道也."

93 『左傳』「文公六年」. "介人之宠, 非勇也. 损怨益仇, 非知也. 以私害公, 非忠也."

94 『孟子』「告子」上. "魚我所欲也, 熊掌亦我所欲也, 二者不可得兼, 舍魚取熊掌也."

95 『左傳』「晉靈公不君」. "宰夫胹熊蹯不熟, 殺之."

96 『春秋』「公羊傳」. "熊蹯不熟, 公怒, 以斗击而殺之."

97 『孟子』「梁惠王」. "聞诛一独夫也, 未聞弒君."

98 『左傳』「宣公元年」. "叹而言曰, 不忘恭敬, 民之主也. 賊民之主, 不忠, 棄君之命, 不信. 有一於此, 不如死也."

99 『左傳』「宣公二年 晉靈公不君」. "吾知所过矣, 將改之."

100 『左傳』「宣公二年」. "人谁無过, 过而能改, 善莫大焉. 詩曰: '靡不有初, 鲜克有终' 夫如是, 則能补过者鲜矣. 君能有终, 則社稷之固也."

101 『左傳』「宣公二年」. "乙丑, 趙穿殺靈公於桃園."

102 『左傳』「宣公四年」. "染其指, 嘗之而出."

103 『孟子』「滕文公下」. "孔子做春秋而乱臣賊子惧."

104 『史記』「晉世家」. "魯使塞, 衛使眇."

105 『史記』「齊太公世家」. "抱柱而歌."

106 『史記』「齊太公世家」. "君爲社稷死則死之, 爲社稷亡則亡之, 若爲己死己亡, 非其私昵, 谁敢任之!"

107 『呂氏春秋』. "鄭國大乱, 民口喧哗."

108 "興王業者, 其在昌乎?"

109 蘇軾「蝶恋花」春景 "天涯何處無芳草."

110 『戰國策』「趙策三」. "肉试則断牛馬, 金试則截盘匜."

111 『太平御覽』「兵部」卷七十四. "夫寶劍者, 金精從理, 至本不逆. 今魚腸倒本从末, 逆理之劍也. 佩此劍者, 臣弑其君, 子殺其父!"

112 『吳越春秋』「王僚使公子光傳」. "其怒有萬人之氣, 甚不可當."

113 『呂氏春秋』「仲冬紀」忠廉. "要离可谓不爲赏动矣. 姑臨大利而不易其義, 可谓廉矣. 廉故不以贵富忘其辱."

114 『戰國策』「魏策一」. "其子之肉尚食之, 其谁不食!"

115 『春秋·谷梁傳』「昭公四年」. "軍人粲然皆笑."

116 『左傳』「昭公四年」. "吾不患楚矣. 汰而愎諫, 不过十年."

117 『史記』「楚世家」. "人之爱子亦如是乎?"

118 『左傳』「昭公十三年」. "余殺人之子多矣, 能無及此乎?"

119 『史記』「楚世家」. "卑梁大夫怒, 發邑兵攻鍾离. 楚王聞之怒, 發國兵滅卑梁. 吳王聞之大怒, 亦發兵, 使公子光因建母家攻楚, 滅鍾离, 居巢, 楚乃恐而城郢."

120 『左傳』「昭公二十四年」. "吳不动而速之, 吳踵楚, 而疆场無备, 邑, 能無亡乎?"

121 『左傳』「昭公二十四年」. "亡郢之始於此在矣."

122 『後漢書』「黄琼傳」. "皎皎者易汚."

123 『吳越春秋』「王僚使公子光傳」. "子能亡之, 吾能存之; 子能危之, 吾能安之!"

124 『吳越春秋』「王僚使公子光傳」. "吾欲教子報楚, 則爲不忠; 教子不報, 則爲無亲友矣."

125 『詩經·秦風』「無衣」. "豈曰無衣, 與子同袍; 王于興師, 修我戈矛, 與子同仇."

고전의 배후
춘추, 비루한 왕들의 카니발

초판인쇄 2022년 2월 24일
초판발행 2022년 3월 14일

지은이 리징쩌
옮긴이 김태성
펴낸이 강성민
편집장 이은혜
마케팅 정민호 이숙재 김도윤 한민아 정진아 이가을 우상욱 박지영 정유선
브랜딩 함유지 김희숙 정승민
제작 강신은 김동욱 임현식

펴낸곳 (주)글항아리 | 출판등록 2009년 1월 19일 제406-2009-000002호

주소 10881 경기도 파주시 회동길 210
전자우편 bookpot@hanmail.net
전화번호 031-955-2696(마케팅) 031-955-2682(편집부)
팩스 031-955-2557

ISBN 978-89-6735-600-2 03910

www.geulhangari.com